Kriegstagebuch der Seekriegsleitung
1939–1945

Kriegstagebuch der Seekriegsleitung 1939–1945

Teil A
Band 3
November 1939

Im Auftrag des
Militärgeschichtlichen Forschungsamtes

in Verbindung mit
dem Bundesarchiv-Militärarchiv
und
der Marine-Offizier-Vereinigung

herausgegeben von
Werner Rahn und Gerhard Schreiber
unter Mitwirkung
von Hansjoseph Maierhöfer

Verlag E.S. Mittler & Sohn · Herford · Bonn

Signatur der Originalakte im Bundesarchiv-Militärarchiv:
RM 7/6

Frühere Signaturen:
Kriegswissenschaftliche Abteilung der Marine
(Oberkommando der Kriegsmarine/Skl)
Kr 25/Chef

Britische Admiralität
Case GE 103 PG 32023

Dokumentenzentrale des MGFA
III M 1000/3

Die Faksimile-Edition wurde ermöglicht durch eine namhafte Unterstützung des Bundesarchivs und der Marine-Offizier-Hilfe e.V.

CIP-Kurztitelaufnahme der Deutschen Bibliothek

Deutschland ‹Deutsches Reich› / Seekriegsleitung:
Kriegstagebuch der Seekriegsleitung 1939–1945 / im Auftr. d. Militärgeschichtl. Forschungsamtes in Verbindung mit d. Bundesarchiv-Militärarchiv u.d. Marine-Offizier-Vereinigung hrsg. von Werner Rahn u. Gerhard Schreiber unter Mitw. von Hansjoseph Maierhöfer. - Herford ; Bonn : Mittler
NE: Rahn, Werner [Hrsg.]; HST

Teil A.
Bd. 3. November 1939. - 1988
ISBN 3-8132-0603-3

ISBN 3 8132 0603 3; Warengruppe Nr. 21
© 1988 by Verlag E.S. Mittler & Sohn GmbH, Herford
Alle Rechte, insbesondere das der Übersetzung, vorbehalten
Einbandgestaltung: Regina Meinecke, Hamburg
Produktion: Heinz Kameier
Gesamtherstellung: Hans Kock Buch- und Offsetdruck GmbH, Bielefeld
Printed in Germany

Hinweise zur Edition
(Ausführlich dazu Bd 1, S. 9-E ff.)

Alle Anmerkungen folgen — bei fortlaufender Seitenzählung — den Eintragungen des KTB, wobei die Paginierung durch den Zusatzbuchstaben »A« von derjenigen des Originals unterschieden wird (z.B. S. 221-A). Auf den Textseiten befinden sich die Anmerkungsziffern am linken Rand, z.B. (15).

In den Anmerkungen werden primär die schwer lesbaren handschriftlichen Korrekturen, Bemerkungen und Ergänzungen aufgelöst. Von Hand vorgenommene Veränderungen (in der Regel mit schwarzer Tinte oder Bleistift), die als solche unzweifelhaft erscheinen, werden jedoch nicht berücksichtigt. Gleiches gilt für die zahlreichen Unterstreichungen etc.

In wenigen Einzelfällen enthalten die Aufzeichnungen des KTB Ergänzungen in Maschinenschrift, die das Format einer Seite sprengen. Sie werden als Fußnoten wiedergegeben.

Im Originaltext enthaltene Hinweise auf andere Teile des KTB bzw. Aktenbestände der Skl, soweit diese eindeutig zu identifizieren sind, werden mit genauen Angaben zum Fundort im Bundesarchiv-Militärarchiv (BA-MA) versehen.

Einen kurzen Kommentar zum Umschlag des Original-KTB enthalten die »Vorbemerkungen zur Edition« in Band 1.

Ganz generell ist auf folgende — das KTB mitunter ergänzende — Quelleneditionen aufmerksam zu machen (vgl. Bd 1 zu den ausführlichen bibliographischen Angaben):

○ Akten zur Deutschen Auswärtigen Politik 1918-1945. Serie D: 1937-1941, 13 Bde, Göttingen, u.a. 1950-1970; und Serie E: 1941-1945, 8 Bde, Göttingen 1969-1979 (zit.: ADAP, D bzw. E).
○ Hitlers Weisungen für die Kriegführung 1939-1945, hrsg. von Walther Hubatsch, Koblenz 1983 (zit.: Hitlers Weisungen).
○ Kriegstagebuch des Oberkommandos der Wehrmacht (Wehrmachtführungsstab) 1940-1945, hrsg. von Percy Ernst Schramm, 4 Bde, Frankfurt a.M. 1961-1979 (zit.: KTB/OKW).
○ Lagevorträge des Oberbefehlshabers der Kriegsmarine vor Hitler 1939-1945, hrsg. von Gerhard Wagner, München 1972 (zit.: Lagevorträge).
○ Der Prozeß gegen die Hauptkriegsverbrecher vor dem Internationalen Militärgerichtshof, 42 Bde, Nürnberg 1947-1949 (zit.: IMT).

Alle Seiten eines Monatsbandes sind im Original handschriftlich durchnumeriert, allein auf sie beziehen sich die Angaben in den Fußnoten. Ab November 1939 enthalten die Bände des KTB zwischen den Aufzeichnungen zweier Tage häufig mitgezählte leere Doppelseiten. Aus Ersparnisgründen werden diese nicht reproduziert, was jeweils kenntlich gemacht wird.

| Datum und Uhrzeit | Angabe des Ortes, Wind, Wetter, Seegang, Beleuchtung, Sichtigkeit der Luft, Mondschein usw. | Vorkommnisse | 4 |

I op 193/40   Prüf. Nr. 1

Geheime Kommandosache

Nur durch Offizier !

Kriegstagebuch der Seekriegsleitung

(1. Abteilung)

Teil A

Chefsache!
Nur durch Offizier!

Chef der Seekriegsleitung: Großadmiral Dr.h.c. R a e d e r

Chef des Stabes der
Seekriegsleitung: Konteradmiral   Schniewind

Chef der 1. Abteilung
Seekriegsleitung: Konteradmiral   Fricke

Heft 3

Begonnen: 1. November 1939
Abgeschlossen: 30. November 1939

VI

Datum und Uhrzeit	Angabe des Ortes, Wind, Wetter, Seegang, Beleuchtung, Sichtigkeit der Luft, Mondschein usw.	Vorkommnisse

Wetterkladde (Kriegstagebuch)
(Einlagen)

Datum und Uhrzeit	Angabe des Ortes, Wind, Wetter, Seegang, Beleuchtung, Sichtigkeit der Luft, Mondschein usw.	Vorkommnisse	5
1.11.		Besondere Feindnachrichten 1.11.:	

Atlantik:

England:

Krz. "Despatch" passierte 31.10. Panama - Kanal von Colon nach Balboa und soll am 1.11. auslaufen. Bestimmung unbekannt.

Linienschiff "Resolution" wird vom B-Dienst im Kanadabereich festgestellt (Übermittelt an Panzerschiffe).

Nach Daventry-Radio nahm 1.11. morgens Kanadische Station Camperdown den Hilferuf eines Dampfers "SOS Submarine" Position einige hundert Meilen Nordost Bermudas auf. Man nimmt an, dass es sich um ein englisches Schiff handelt. 4 Schiffe darunter 2 amerikanische Kriegsschiffe, sind auf dem Wege zur Unfallstelle. Ein Patrouillenboot hat die Position erreicht und nichts gefunden.

Schiffsbefragungsdienst Bilbao meldet:
Englische Dampfer aus spanischen Häfen sammeln sich in Bayonne in Geleitzügen. Englische Geleitzüge von Gibraltar werden nach Westen bis Kap St. Vincent von Kriegsschiffen und Flugzeugen begleitet. Dort Luftaufklärung nach Norden und Westen. Anschliessend sollen die Verbände im weiten Abstand von der portugiesischen Küste ohne Kriegsschiffgeleit weiterlaufen nach Norden. Sicherung durch mit 4 Geschützen bewaffnete Dampfer. Sämtliche englischen Dampfer haben Nebelgerät und Wasserbomben.

Frankreich:

Funkbeobachtung meldet lebhafte Luftaufklärung von Brest nach Westen und in Richtung Biskaya, wahrscheinlich in Zusammenhang mit

Datum und Uhrzeit	Angabe des Ortes, Wind, Wetter, Seegang, Beleuchtung, Sichtigkeit der Luft, Mondschein usw.	Vorkommnisse
1.11.		dem am 31.10. bei Kap Finisterre stehenden Geleitzug. Mehrere Ubootsmeldungen.

Nordsee:

Feindmeldungen:
Ausser den üblichen Feststellungen einzelner leichter Einheiten an der Ostküste keine Feindmeldungen.
Neue Meldungen aus Norwegen bestätigen die Zusammenfassung von Dampfern zu Sammelüberfahrten von der mittelnorwegischen Küste nach Westen.
Nach Fischerbeobachtungen soll die Bewachung zwischen Faroer und Island aus einzelnen Zerstörern bestehen.

Eigene Lage 1.11.:

A t l a n t i k : ⎫ Keine besonderen
N o r d s e e : ⎭ Ereignisse.

O s t s e e : Auslaufen zweier Minenschiffe zum Handelskrieg in der Aalandsee und Bottensee.

Gruppe Ost ist am 1.11. nach Kiel verlegt worden und der Station O angegliedert. Kom.Admiral Station O, Admiral C a r l s , übernimmt die Geschäfte als Marinegruppenbefehlshaber.

-.-

3.

Datum und Uhrzeit	Angabe des Ortes, Wind, Wetter, Seegang, Beleuchtung, Sichtigkeit der Luft, Mondschein usw.	Vorkommnisse	6
1.11.		U b o o t s l a g e : A t l a n t i k : Keine Veränderungen N o r d s e e : "U 23" Ausgelaufen ins Op.-Gebiet Nordsee. Sonst keine Veränderung.	

Handelskrieg mit Ubooten:

Londoner Rundfunk gibt die warnungslose Versenkung des modernen englischen Dampfers "Cormona" (4666 t) am 31.10.bekannt.

H a n d e l s s c h i f f a h r t : 1.11.

Kapitän eines aus Vigo heimgekehrten Dampfers meldet, dass er sich vor dem Auslaufen vom Konsulat eine Order für Riga erbat. Darauf erhält er einen mit dem Konsulatsstempel versehenen Handzettel mit dem Text: "Antwort der Botschaft auf meine gestrige telefonische Anfrage: Für deutsche Schiffe gelten wegen Auslaufens ausschliesslich direkt aus Deutschland kommende Nachrichten". Es bedarf der Feststellung, wie die Botschaft zu dieser Auskunft gekommen ist, die sich verhängnisvoll ausgewirkt hat, da das Liegenbleiben einer sehr grossen Zahl deutscher Schiffe in Vigo (von insgesamt 36 Schiffen sind bisher nur 8 zum Durchbruch in die Heimat ausgelaufen) durch diese Weisung der Botschaft ihre teilweise Erklärung findet.

Die Gesandtschaft Stockholm bestätigt die Meldung eines Vertrauensmannes, dass die Engländer wegen geringer Eigenbestände schwedisches Grubenholz zu höchsten Preisen aufkaufen und von Nord-Schweden mit der Bahn nach Gothenburg und Narvik abtransportieren.

-.-

Datum und Uhrzeit	Angabe des Ortes, Wind, Wetter, Seegang, Beleuchtung, Sichtigkeit der Luft, Mondschein usw.	Vorkommnisse
1.11.		Die Panzerschiffe im Atlantik erhalten folgende Unterrichtungen: 1.) Bei Aufnahme von Nachschubschiffen Möglichkeit Angehängtseins feindlicher Uboote beachten. Auslaufen beider Nachschubachiffe ist durch feindlichen Nachrichtendienst erfasst. 2.) Zur Northern Patrol gehören 10 Kreuzer der C-und D-Klasse und vermutlich Hilfskreuzer. Bewachungslinie nicht bekannt. Bewachung Dänemarkstrasse wahrscheinlich durch Hilfskreuzer.

(2)

C/Skl.

1.Skl.

1a   Asto 2

Datum und Uhrzeit	Angabe des Ortes, Wind, Wetter, Seegang, Beleuchtung, Sichtigkeit der Luft, Mondschein usw.	Vorkommnisse

2.11.
.100 Uhr

Lagebesprechung beim Chef der Seekriegsleitung.

Besonderes:

1.) Vortrag Ia über vorgesehene Minenoperation mit Zerstörern zum Zwecke der Verseuchung der Einfahrten von Themse und Humber.
(siehe Anordnungen des Seebefehlshabers West 1525 A I GKdos.vom 30.10.39)

Chef Skl. mit Unternehmung voll einverstanden, legt besonderen Wert auf baldige Durchführung Themseunternehmung.

2.) Die Notwendigkeit des laufenden Absuchens von Wegen in der Nordsee macht die Zuteilung aller Minensuchflottillen aus M-Booten an die Gruppe West erforderlich. Die Fischdampfer der Hilfsminensuchflottillen sind für eine Reihe von Aufgaben, z.B. Absuchen von Sperrlücken im Warngebiet innerhalb einer Nacht nicht schnell genug. Da dringliche Aufgaben für die Minensicherung in der Ostsee z.Zt. nicht vorliegen, wird die 7.M.S.-Flottille nach Vereinbarung des Zeitpunktes zwischen beiden Gruppen der Gruppe West zugeteilt. Baldige Verlegung ist erwünscht. Es stehen dann für die Ostsee noch zur Verfügung die 1.M.S.-Flottille und die aus Fischdampfern bestehenden 11., 13. und 15, 17.und 19.M.S.-Flottillen. In der Nordsee sind nach Verlegung der 7.M.S.-Flottille vorhanden:
2., 4., 6., 7. M.S.-Flottille (M-Boote)
12., 14., 16, 18. M.S.-Flottille (Hilfsfahrzeuge)

Datum und Uhrzeit	Angabe des Ortes, Wind, Wetter, Seegang, Beleuchtung, Sichtigkeit der Luft, Mondschein usw.	Vorkommnisse
2.11.		Besondere Feindnachrichten 2.11.

Atlantik:

England:

B-Dienst stellt fest, daß engl. Marinefunkstellen an das britische Konsulat in Las Palmas über die dortige spanische Funkstelle Funksprüche abgeben, die nach dem Marinecode aufgesetzt und mit Marineschlüsseln überschlüsselt sind. Es befindet sich demnach beim britischen Konsulat Marinenachrichtenpersonal und wahrscheinlich ein britischer M.N.O.

Englische Zerstörer sind 31.10. zur Ölergänzung in Pernambuco eingelaufen.
(Übermittelt an Panzerschiffe).

Neutrale:

Attaché Rio meldet: Außer gelegentlichem Inseegehen kleiner Einheiten richtet Brasilien zunächst keinen Patrouillendienst ein. U-Boote kriegführender Mächte sollen Häfen und Hoheitsgewässer laut Neutralitätsgesetz nur während unbedingt notwendiger Zeit benutzen.

Frankreich:

Nach Funkbeobachtung werden z.Zt. Fernaufklärer von Port Lyautey nach Port Etienne verlegt. Die Maschinen sind vor einigen Tagen von der Westküste Frankreichs nach Port Lyautey überführt. Am 2.11. findet Luftaufklärung durch diese Fernaufklärer im Kap Verden-Gebiet statt.
Attaché Madrid meldet verschärfte U-Bootsgefahr bei den Kanarischen Inseln durch französische U-Boote (6.Geschwader)

Datum und Uhrzeit	Angabe des Ortes, Wind, Wetter, Seegang, Beleuchtung, Sichtigkeit der Luft, Mondschein usw.	Vorkommnisse

2.11.

N o r d s e e :
Nach einer am Nachmittag des 2.11. festgestellten feindlichen Luftaufklärung werden im Verlauf der Nacht zum 3.11. der Kreuzer "Newcastle" und weitere Einheiten im Skagerrak gepeilt, ferner eine Einheit 45 sm nordwestlich Amrum-Bank. Es muß angenommen werden, daß es sich um eine feindliche Aktion zum Abfangen der Deutschland-Prise "City of Flint" handelt.

E i g e n e   L a g e 2.11.
- - - - - - - - - - - - -
Atlantik:)
Nordsee: } Keine besonderen Ereignisse.

Ostsee: U-Bootssuche in westlicher Ostsee weiter ohne Erfolg.
  Handelskriegsunternehmung durch "Tannenberg" und "Hansestadt Danzig" in der Bottensee westlich 20°Ost.
  Die Gjedser Sperre wird nach bisherigen Feststellungen auf dänischer Seite durch eine 5 m tiefe Fahrrinne umfahren! Es soll im übrigen der Eindruck bestehen, daß Sperre nicht scharf ausgelegt ist, da Schiffe sie gefahrlos passiert hätten.

U-Bootslage:
Atlantik: Keine Veränderungen.
"U 26" meldet Überschreitung 45°N 13°W.

Datum und Uhrzeit	Angabe des Ortes, Wind, Wetter, Seegang, Beleuchtung, Sichtigkeit der Luft, Mondschein usw.	Vorkommnisse
2.11. (3)		Nordsee: "U 13" kehrt von Nordsee-Unternehmung zurück. "U 57" auf dem Rückmarsch. "U 59" meldet die Versenkung von 2 engl. Fischdampfern am 28.10. durch Sprengpatronen und die Torpedierung eines Bewachers größeren Typs ähnlich "Agate" (640 t). Handelsschiffahrt 2.11. Tanker "Emmy Friedrich" mit Versorgung für "Graf Spee" hat sich nach vorliegenden Meldungen am 24.10. im Caribischen Meer selbst versenkt, um nicht durch englischen Kreuzer "Despatch" aufgebracht zu werden. (Bericht der Versenkung nach Daventry-Radio siehe Heft("Lage Handelsschiffahrt") Lage vom 3.11.39.) Nach Verlust des Tankers "Emmy Friedrich" ist für "Graf Spee" nur "Dampfer Dresden" noch mit Versorgung unterwegs. Auch dieses Schiff wird vom fremden Nachrichtendienst und angesetzten Seestreitkräften beschattet. Die Aussichten seines Durchkommens können allerdings wesentlich günstiger beurteilt werden als bei "Emmy Friedrich", die aus dem unter starker feindlicher Bewachung stehenden Golf von Mexiko auszulaufen hatte. Aus Santiago de Chile erfährt der "Corriere delle Sera" vom 1.11., daß der deutsche Dampfer "Dresden" von Valparaiso ausgelaufen ist und sich durch die Magellanstraße nach Europa wendet.

Datum und Uhrzeit	Angabe des Ortes, Wind, Wetter, Seegang, Beleuchtung, Sichtigkeit der Luft, Mondschein usw.	Vorkommnisse
2.11.		Prise "City of Flint" setzt ihre Reise an der norwegischen Küste südwärts unter Geleit norwegischer Kriegsfahrzeuge fort. Die amerikanische Regierung hat die deutsche und englische Regierung gebeten, die Besatzung der "City of Flint" keiner unnötigen Gefahr auszusetzen. Amerika befürchtet zwei Möglichkeiten, entweder, daß das Schiff gegebenenfalls von der deutschen Prisenmannschaft in die Luft gesprengt, oder in einem evtl. Kampf mit englischen Seestreitkräften versenkt wird.

C/Skl.
        1/Skl.
                Ia   Asto 2

Datum und Uhrzeit	Angabe des Ortes, Wind, Wetter, Seegang, Beleuchtung, Sichtigkeit der Luft, Mondschein usw.	Vorkommnisse

Datum und Uhrzeit	Angabe des Ortes, Wind, Wetter, Seegang, Beleuchtung, Sichtigkeit der Luft, Mondschein usw.	Vorkommnisse	10
3.11. 1130ʰ		Besprechung mit A I Gruppe West (Freg.Kapt. Meyer):	

1.) Unternehmung West:

A I Gruppe West trägt Absichten der Gruppe zur Frage der Unterstützung der Heeresoperationen durch die Nordseekriegführung vor.
    Zur Abwehr feindlicher Landungsversuche sind in erster Linie Minenunternehmungen auf der Festlandseite beabsichtigt. Grundsätzlich sind folgende voneinander unabhängig zu befehlenden Massnahmen in Aussicht genommen:
  a) Zerstörerunternehmungen vor den Häfen mit Minen und Sprengbojen.
  b) Ubootsverwendung zum Minen-und Torpedoeinsatz. Abhängig von Wetterlage.
  c) Flugzeugverwendung ("He 59") zum Einsatz mit LMA zur Verseuchung der Hafeneinfahrten zwischen den Molen.

Die Vorbereitungen zur Gesamtoperation und alle erforderlichen Einzelmassnahmen sind durch getrennte Stichworte anzuordnen und werden erst durch Befehle der Seekriegsleitung zur Auslösung gebracht.
    Da die Ubootsmassnahmen sehr zeitig anlaufen müssen, bittet Gruppe West, das für diese Unternehmungen vorgesehene Stichwort mindestens 5 Tage vorher an Gruppe zu befehlen.
    Abt.Chef 1.Skl. erklärt unter Zustimmung zu den Vorschlägen der Gruppe, dass sämtliche Massnahmen vorbereitet werden müssen, dass ihre Auslösung jedoch weitgehend von der Beurteilung der politischen Lage abhängig ist. Die militärischen Massnahmen der Kriegsmarine müssen sich im übrigen völlig nach den Heeresoperationen richten. Neben den durch Minenunternehmungen örtlich festgelegten Massnahmen legt 1.Skl. besonderen Wert auf Vorbereitung der beweglichen Operationsmöglichkeiten durch Uboote, S-Boote, Zerstörer und Flugzeuge.

-.-

Datum und Uhrzeit	Angabe des Ortes, Wind, Wetter, Seegang, Beleuchtung, Sichtigkeit der Luft, Mondschein usw.	Vorkommnisse
3.11.		2.) Die Beurteilung der S-Gruppen:

      A I Gruppe West betont, dass der Zustand der S-Gruppen in keiner Weise den Erwartungen entspricht, die in sie gesetzt wurden und die auch in der Weisung der Skl. über den Einsatz der S-Gruppen zum Ausdruck kommen. Der Umbauzustand der Fahrzeuge ist höchst unbefriedigend. Der Umbau ist derart ungeschickt durchgeführt, dass Fahrzeuge bereits aus grösserer Entfernung als verdächtig zu erkennen sind. Verkleidung der Waffen so auffällig, dass von Flugzeugen aus eindeutige Feststellung des wahren Charakters der Fahrzeuge möglich. MG C/30-Stände sichtbar an Deck. Aktionsradius stimmt <u>nicht</u> mit den Vorüberlegungen der Skl. überein. (Nach bisherigen Berechnungen kann nur mit 2500 - 3000 sm gerechnet werden). Geschwindigkeiten statt 12 sm, wie ursprünglich vorgesehen, nur 9 sm. Gruppe West glaubt, dass diese Fahrzeuge erst nach eingehender Erprobung und weiteren Verbesserungen zum Einsatz gebracht werden können.

      Diese Feststellungen sind höchst bedauerlich und enttäuschen die Erwartungen, die die Skl. auf Grund der bisherigen Angaben in die S-Gruppen-Verwendung setzen zu können glaubte. Die Mängel finden ihre Erklärung in der äusserst starken Überlastung der K.M.D. Hamburg und in der Tatsache, dass die materiellen Vorbereitungen für die S-Gruppen sich zu dem für·September 1939 noch nicht erwarteten Kriegsbeginn erst im Anfangsstadium befanden.

- - -

Weisung der Seekriegsleitung an Gruppen und B.d.U. für den Ansatz von Seestreitkräften gegen die englische Holzeinfuhr:

-.-

Datum und Uhrzeit	Angabe des Ortes, Wind, Wetter, Seegang, Beleuchtung, Sichtigkeit der Luft, Mondschein usw.	Vorkommnisse
3.11. (4)		Zugriffsmöglichkeit <u>in Ostsee</u> in verschärftem Masse unter Ansatz <u>aller</u> irgend geeigneten Streitkräfte. In <u>der Nordsee</u> neben den bisher durchgeführten Massnahmen kurzfristiger Unternehmungen gegen Skagerrak und Süd-Norwegen Versuch zur Erreichung dauernder Zugriffsmöglichkeit durch Ansatz von Fahrzeugen der S-Gruppen und von Ubooten. (Weisung siehe Kriegstagebuch Teil C, Heft II, Nordsee).

- - -

Besondere Feindnachrichten 3.11.:

Atlantik :

England:

B-Dienst meldet den Hilfskreuzer "Saloplonan" am 3.11. bei Kap da Roca auf dem Marsch nach Freetown. Auch der Netzleger "Protector" wird auf dem Marsch von Gibraltar nach einem westafrikanischen Hafen festgestellt.

Nach V-Bericht aus Spanien liegen in Gibraltar 3 Fahrgastschiffe, Almazona-und Alcantara-Klasse, die angeblich am 4. oder 5.11. mit Truppen des marschbereiten Regiments Wells nach Frankreich auslaufen.

(Meldung wird den Ubooten im Atlantik übermittelt).

Mar.Att. Washington meldet Einrichtung regelmässiger englischer Geleitzüge im Caribischen Meer. Sammelpunkt Kingston Jamaica. (Bezeichnung K J. mit Zahlen). Geleitzüge umfassen auch Neutrale, vorwiegend Norweger. In Trinidad finden beträchtliche Ölverschiffungen und Brennstoffergänzungen statt.

- - -

"Repulse" und "Furious" sind ab 1.11. in den nordamerikanischen Gewässern festgestellt.

(Übermittelt an Panzerschiffe).

Datum und Uhrzeit	Angabe des Ortes, Wind, Wetter, Seegang, Beleuchtung, Sichtigkeit der Luft, Mondschein usw.	Vorkommnisse
3.11.	H X 7 (Bezeichnung H X - Halifax) am 2.11. aus Halifax. Geleit durch "Resolution", "Revenge"; "Berwick" und "Emerald". (Übermittelt an Panzerschiffe).	Funkbeobachtung meldet Abgang Geleitzug

- - - -

__Frankreich:__
Funkbeobachtung stellt Aufklärungstätigkeit durch Zerstörer und Flugzeuge im Kanal und westlich Brest zum Handelsschutz fest.
Von italienischer Seite wird der Transport von 3000 Senegalesen auf Dampfer "Asie" nach Bordeaux gemeldet.

- - - -

N o r d s e e :

Nach B-Meldungen standen leichte Feindstreitkräfte, dabei die Kreuzer "Newcastle" und "Glasgow" süd - westlich Süd-Norwegens, weitere Einheiten etwa 100 sm östlich der Fair-Passage.
Der englische Rear Adm.Submarines hat zur Zeit seinen Sitz in Aberdure (Firth of Forth).
Nach Meldungen Stockholmer Blätter ist der schwedische Dampfer "Albania" vor der englischen Küste mittschiffs von 1 Torpedo getroffen worden und innerhalb 3 Minuten gesunken. Es muss angenommen werden, dass es sich um einen Minentreffer handelt.

- - - -

O s t s e e :

Seit 6 Tagen liegen keine Meldungen mehr über Feststellungen von Ubooten vor.
Gruppe Ost meldet daher zur Zeit __keine__ Ubootsgefahr.

- - -   -.-

Datum und Uhrzeit	Angabe des Ortes, Wind, Wetter, Seegang, Beleuchtung, Sichtigkeit der Luft, Mondschein usw.	Vorkommnisse	12
3.11.		Eigene Lage 3.11.:	

Atlantik:
Nordsee: } Keine besonderen Ereignisse.
Ostsee:

- - -

U b o o t s l a g e :

Atlantik:

Im Operationsgebiet: "U 26","U 53",
"U 40","U 42",(²⁾
"U 45" (?)

Auf Anmarsch: "U 33" nordwestlich Schottland.

Auf Rückmarsch: "U 34","U 37",
"U 46" nordwestlich Schottland.

"U 25" meldet:

(5) "Kreuzstück für vorderes Torpedoluk während ~~einseitig~~ eigene Geschütztätigkeit einseitig gebrochen. Tauchfähigkeit bei Wasserbombeneinwirkung in Frage gestellt. Boot tritt den Rückmarsch an. Standort nördlich Kap Ortegal."

Nordsee:

Im Operationsgebiet: "U 21" Gebiet vor Firth of Forth.

"U 56")
"U 58")Orkneys.
"U 59")

"U 61" norwegische Küste.

-.-

Datum und Uhrzeit	Angabe des Ortes, Wind, Wetter, Seegang, Beleuchtung, Sichtigkeit der Luft, Mondschein usw.	Vorkommnisse
3.11.		Auf Anmarsch: "U 23" in mittl. Nordsee Auf Rückmarsch: "U 57".

- - -

Handelskrieg mit Ubooten:
= = = = = = = = = = = =

Englisches Flugzeug hat nach Funkbeobachtung 3.11. 1050 Uhr ein deutsches Uboot nördlich der Hebriden angegriffen. Boot habe getaucht.

- - -

Handelsschiffahrt:
= = = = = = = = =

Prise "City of Flint" wird bei dem Versuch, entgegen dem Verbot des begleitenden norwegischen Kriegsschiffes vor Haugesund zu ankern, von den Norwegern festgelegt und die Prisenbesatzung nach Bergen gebracht.
Die Einlegung eines scharfen Protestes bei der norwegischen Regierung ist eingeleitet.
Daventry-Radio hat diesen Tatbestand bereits gemeldet und bemerkt dazu, dass das Schiff nunmehr unter amerikanischer Führung wieder dahin fahren könne, wohin es ihm beliebe.

- - -

Eisenerz-Umschlag in deutschen Häfen:
Oktober 1939:   1 063 436 t,   September 39:   832 563 t
Oktober 1938:   446 600 t,   September 38:   632 100 t

- - -

(6)

Besprechungen Io:Skl. bei Gruppenkommando West und Iab bei Gruppenkommando Ost siehe Teil B, Heft V, Blatt 43.

- - -

C/Skl.
1.Skl.

Ia   Asto 2

Datum und Uhrzeit	Angabe des Ortes, Wind, Wetter, Seegang, Beleuchtung, Sichtigkeit der Luft, Mondschein usw.	Vorkommnisse
4.11.		

Politische Nachrichten: siehe Politische Übersicht Nr. 61.

B e s o n d e r e s:

1.) Verschärfung der russisch-finnischen Lage. Verhandlungen treten in ein entscheidendes Stadium ein. Scharfe Haltung Rußlands gegenüber finnischer Delegation.

2.) USA-Repräsentantenhaus nimmt unter starkem Druck der Regierung die Neutralitätsbill mit 71 Stimmen Mehrheit endgültig an. Damit die/ist Aufhebung des Waffenembargos in Kraft getreten.

3.) Eine noch nicht bestätigte Meldung besagt, daß England die auf der Panamakonferenz beschlossene 300 sm amerikanische Sicherheitszone abgelehnt habe.

Da die bisherigen Versuche zur Durchführung einer einigermaßen brauchbaren Versorgung deutscher Seestreitkräfte von Spanien nach den auch von dort vorliegenden Berichten bisher an dem offenbar mangelnden Willen der verschiedenen spanischen Stellen gescheitert sind, tritt die Seekriegsleitung an das A.A. mit der Bitte heran, in dieser Frage bei der spanischen Regierung vorstellig zu werden. Als Haupthinderungsgrund für ein stärkeres Einsetzen spanischer Stellen war seinerzeit von Franco das Bestehen eines gut organisierten englischen Agentennetzes angegeben worden, das zunächst unschädlich gemacht werden müßte. Hierfür waren etwa zwei Monate als notwendig bezeichnet worden. Es müßte demnach nunmehr damit gerechnet werden, daß dieses Hindernis beseitigt und die spanische Regierung in ihren Maßnahmen freier geworden ist.

Es kommt der Skl. darauf an, die grundsätzliche Bereitschaft der spanischen Regierung eindeutig festzustellen und ihre Zusicherung zu erhalten, daß sie im Falle

Datum und Uhrzeit	Angabe des Ortes, Wind, Wetter, Seegang, Beleuchtung, Sichtigkeit der Luft, Mondschein usw.	Vorkommnisse
4.11.		des Bedarfs auch tatsächlich geneigt ist, durch energische Maßnahmen den eigenen unteren Behörden gegenüber die Durchführung der zugesagten Hilfe zu sichern, da die weiteren Überlegungen nur auf dieser Basis aufgebaut werden können.
		Lagebesprechung beim Chef der Seekriegsleitung.
		Besonderes:
(7)		1.) Die in Zusammenhang mit der Frage der völligen Absperrung der westlichen Ostsee gegen einen Einbruch feindlicher U-Boote und der Steigerung der Wirkungsmöglichkeit der deutschen Handelskontrolle angestellten Überlegungen über die Erweiterung der Sundsperre bis an die schwedische 3 sm-Grenze heran und über die Abriegelung des Großen Beltes durch Minensperren unter Einschluß der Hoheitsgewässer siehe Kriegstagebuch Teil C Heft VI, Minenkriegführung. Als diplomatische Vorbereitung der weiteren Maßnahmen ist das A.A. gebeten, die schwedische und dänische Regierung darauf hinzuweisen, daß der deutschen Seekriegsleitung Unterlagen jüngsten Datums darüber vorliegen, daß feindliche U-Boote sich unter Nichtachtung der nordischen Neutralitätsregeln in den schwedischen und dänischen Hoheitsgewässern aufgehalten haben. Die Regierungen Schwedens und Dänemarks sollen ersucht werden, alle Maßnahmen zu treffen, um eine Wiederholung derartiger Vorfälle zu verhindern.

Datum und Uhrzeit	Angabe des Ortes, Wind, Wetter, Seegang, Beleuchtung, Sichtigkeit der Luft, Mondschein usw.	Vorkommnisse

4.11.

2.) Ia trägt die von Gruppe W e s t beabsichtigte Durchführung der Operationen für das Unternehmen West vor. Chef Skl. grundsätzlich einverstanden.

3.) Als Liegeplatz für die "Deutschland" und "Westerwald" für die erste Zeit nach ihrer Rückkehr in die Heimat ist ein Ort vorzusehen, der geeignet ist, um einerseits die Tatsache ihrer Rückkehr möglichst lange geheimzuhalten, andererseits den Schiffen die nötige Ruhe zu gewähren und sie vor möglichen U-Bootsangriffen sicher zu schützen. In Frage kommen hierfür Gotenhafen oder die Wohlenberger Wik bei Wismar. Schiffe sind rechtzeitig darauf hinzuweisen, daß Beurlaubungen zunächst aus Tarnungsgründen nicht möglich sind. Die "Deutschland" ist nach Rückkehr umzutaufen und soll auf Befehl des Führers den Namen "Lützow" erhalten. Der Zeitpunkt der Namensänderung soll geprüft werden. Die Mützenbänder der "Deutschland"-Besatzung sind einzuziehen, Besatzung erhält Mützenbänder mit der Aufschrift "Kriegsmarine".

4.) Station N hat gemeldet, daß augenblicklich verfügbares Netzmaterial zur Absperrung von Elbe und Jade hinsichtlich Stärke der Netze und Sicherheit der Verankerung für die Nordsee nicht ausreichend ist. Neues stärkeres Netz- und Bojenmaterial ist erforderlich. Bis zur Neuherstellung wird Behelfsnetz und eine Trossensperre ausgelegt. Beschleunigte Beschaffung von Netzen ist eingeleitet.

Datum und Uhrzeit	Angabe des Ortes, Wind, Wetter, Seegang, Beleuchtung, Sichtigkeit der Luft, Mondschein usw.	Vorkommnisse
4.11. 1200 Uhr		In einer Sitzung beteiligter Stellen des Oberkommandos erhält Chef Skl. Vortrag über den Stand der militärischen Austauschverhandlungen mit Italien und Rußland. 1.) Italiener bitten um Überlassung von 12 E-Torpedos und einer U-Bootsfeuerleitanlage, sowie um eingehende Unterrichtung über Wirkungsweise deutscher Gefechtspistole. Als Gegenleistung wird Lieferung einer Netzsperre, des neuesten italienischen Fronttorpedos, von U-Bootsminen und U-Bootsdrachen angeboten. Gegenleistung wird als unzureichend empfunden, Deutschlands Hauptforderung nach Abgabe von U-Booten und Schaffung von Versorgungsmöglichkeiten in italienischen Häfen oder Buchten sind noch nicht erfüllt. Diesbezügliche Anfragen noch nicht eindeutig beantwortet. M Wa schlägt bei Entgegenkommen Italiens in <u>dieser</u> Hinsicht die Abgabe von 2 Etos (mehr z.Zt. aus technischen Gründen nicht möglich) und Unterrichtung über Wirkungsweise der Gefechtspistole an Hand eines Modells in <u>Deutschland</u> vor. Chef Skl. vertritt den Standpunkt, daß z.Zt. lediglich <u>Italien</u> uns gegenüber verpflichtet ist und es daher recht und billig wäre, wenn Italiener auch <u>ohne</u> Gegenleistung unsererseits uns in U-Bootsverkauf und U-Bootsversorgung weitgehende Unterstützung gewährten. Zunächst liegt noch kein Grund vor, den Italienern im gegenwärtigen Zeitpunkt Dinge auszuliefern, die uns für die weitere Kriegführung einen entscheidenden Vorsprung vor den Feindmächten sichern. Dies würde natürlich anders, sobald Italien aktiv auf unserer Seite in den Krieg eintritt. Entscheidung wird zurückgestellt, bis endgültige Antwort Italiens zu den bisher von Deutschland gestellten Wünschen hinsichtlich U-Bootsankauf und U-Bootsversorgung vorliegt.

Datum und Uhrzeit	Angabe des Ortes, Wind, Wetter, Seegang, Beleuchtung, Sichtigkeit der Luft, Mondschein usw.	Vorkommnisse

4.11.

2.) Die noch nicht abgeschlossenen Verhandlungen mit russischer Delegation lassen erkennen, daß Russen als Hauptforderung die Kreuzer "Seydlitz" und "Lützow" als Gegenleistung für russische Lieferungen an Deutschland eintauschen wollen. Deutschland soll Weiterbau für Rußland übernehmen. Hierbei ist jedoch mit größeren Schwierigkeiten in der Arbeiterfrage und in der Frage der Waffenausrüstung zu rechnen. Weitere Überprüfungen sind daher erforderlich.

Für die Art der weiteren Verhandlungen ordnet Chef Skl. an:

a) Grundsätzlich großes Entgegenkommen den Russen gegenüber, jedoch offene Erklärung über Grenze der durch den Krieg voll ausgeschöpften Leistungsfähigkeit des deutschen Schiffbaues.

b) Abgabe "Seydlitz" kommt **keinesfalls in Frage**; dagegen können Kreuzer "Lützow" und Flugzeugträger "B" den Russen angeboten werden.

c) Es kann nicht zugegeben werden, daß eigenes militärisch dringend erforderliches Bauprogramm durch Abgabe von weiteren Neubauten oder sonstigen Material- und Maschinenlieferungen an Rußland irgendwelche Einschränkungen erfährt. Waffen und Gerät können nur insoweit abgegeben werden, als Kapazität und Arbeiterbestand ausreichen.

- - - - - -

Datum und Uhrzeit	Angabe des Ortes, Wind, Wetter, Seegang, Beleuchtung, Sichtigkeit der Luft, Mondschein usw.	Vorkommnisse
4.11.		Besondere Feindnachrichten 4.11.:

A t l a n t i k:
England:
Außer verschiedenen Geleitzugmeldungen keine besonderen Nachrichten. Die stark gesicherten Geleitzüge von Kanada deuten auf Anlaufen der Transportbewegungen kanadischer Truppenteile.

Frankreich:
Funkbeobachtung meldet 1 Kreuzer, wahrscheinlich "Jean de Vienne" von Toulon nach Casablanca verlegt, passiert Gibraltar am 6.11. Vermutlich werden außerdem 3 U-Boote vom Mittelmeer nach den Marokko-Stützpunkten gehen.
Verlegung hängt möglicherweise mit verstärktem Anlaufen von Truppentransporten französischer Kolonialtruppen zusammen.
Im Kanal Einsatz mehrerer Einheiten, darunter 11.Zerst.-Division zur U-Bootsabwehr auf Grund wiederholter U-Bootsmeldungen.

N o r d s e e:
Der Chef der Heimatflotte befindet sich am 3.11. mit mehreren Zerstörern der 6.Flottille in See im Gebiet Orkneys.
Nach einer V-Mann-Meldung soll eins der am 16.10. in Firth of Forth angegriffenen Kriegsschiffe in halb gesunkenem Zustand in Leith liegen. Es könnte sich um den Zerstörer "Mohawk" handeln.
Im Bereich von Rosyth und Scapa treten am 4.11. eine größere Zahl Minensucher auf. Es ist anzunehmen, daß der Gegner versucht, der Minengefahr vor der Ostküste Herr zu werden, die ihm in der Nacht vom 3.auf 4.11. und am 4.11. wieder 2 Dampfer gekostet hat, hierunter der dänische Frachtdampfer

Datum und Uhrzeit	Angabe des Ortes, Wind, Wetter, Seegang, Beleuchtung, Sichtigkeit der Luft, Mondschein usw.	Vorkommnisse

4.11. "Kanada" von 11 000 BRT. Der 2.Dampfer war ein Grieche, der in der Nähe von South Goodwin auf Mine lief. Die Peilung einer Einheit in der Gegend von Utsire läßt vermuten, daß die zum Abfangen der deutschen Prise getroffenen Maßnahmen noch nicht beendet sind.

Übersicht über die aus dem B-Dienst gewonnenen Erkenntnisse über die Streitkräfteverteilung Ende Oktober und die Tätigkeit der Hauptverbände Englands und Frankreichs siehe B-Bericht Nr.9/39 (abgeschlossen 1.11.39.)

Besondere Feststellungen:
England:

Heimatbereich: Einsatz des größten Teils verfügbarer Streitkräfte im Geleitdienst. Schwere Streitkräfte der Heimatflotte im Shetland- und Nordschottland-Bereich in Bereitschaft für Einsatz im Atlantik oder Nordsee. Detachierung "Repulse" und "Furious" in den Atlantik.
   In Küstengewässern rege Geleitdiensttätigkeit und U-Bootsbekämpfung. Laufende Luftüberwachung zur Unterstützung U-Bootsabwehr.

Atlantik: Starke Geleitzugsicherung bereits weitab von der Küste. Bildung von Kampfgruppen zum Schutz eigener Handelswege und zum Angriff auf deutsche Handelsstörer.
 Zusammensetzung aus je 1 Schlachtschiff und 1 Flugzeugträger bzw. Schlachtschiff und Kreuzer oder nur schweren Kreuzern.
   Hauptkampfgruppen:
   Südatlantik: "Renown", "Arc Royal" oder "Hermes"
   Nordatlantik: ""Repulse", "Furious"
   "   : "Revenge", "Resolution"
   Indischer Ozean: "Malaya", "Furious"
   "   " : "Cornwall", "Eagle".

Datum und Uhrzeit	Angabe des Ortes, Wind, Wetter, Seegang, Beleuchtung, Sichtigkeit der Luft, Mondschein usw.	Vorkommnisse
4.11.		**Mittelmeer:** Mehrzahl der Streitkräfte im östlichen Mittelmeer, teilweise Werftüberholungen. Gibraltar nur schwach belegt.

Frankreich:
Kanalgebiet: Überwachung durch leichte Seestreitkräfte und Flugzeuge.
Atlantik: Sicherung und Einholung von Geleitzügen durch schwere Streitkräfte und Kreuzer schon in großer Entfernung von der Küste. Verstärkte Luftaufklärung und Luftsicherung bei Geleitzügen.
Eingehende Funkaufklärung gegen deutsche Atlantik-Uboote. Auf Grund Ortungsergebnisse sofortige Umlegung der Geleitzugswege und Ansatz der U-Bootsabwehrmittel.
An westafrikanischer Küste Verstärkung der Streitkräfte unter Inanspruchnahme von Dakar als Hauptstützpunkt.

Mittelmeer: Geleitzugstätigkeit.

E i g e n e L a g e 4.11.

A t l a n t i k:)
N o r d s e e:) Keine besonderen Ereignisse.
)

O s t s e e: Starke Einschränkung der Sperrbewachungen an Sund und Belte wegen Wetterlage (Südoststurm).
    Fortsetzung Handelskrieg in Aaland- und Bottensee durch 2 Minenschiffe, in Hanö-Bucht durch Vorpostenboote.
    Räumarbeiten in Danziger Bucht führen zu erneuten Minenfeststellungen.

--- |

Datum und Uhrzeit	Angabe des Ortes, Wind, Wetter, Seegang, Beleuchtung, Sichtigkeit der Luft, Mondschein usw.	Vorkommnisse

4.11.

U-Bootslage:
Atlantik: Keine Änderungen.
Nordsee: "U 23" auf Anmarsch zur Sonderunternehmung Cromarty.
"U 60" ausgelaufen ins Operationsgebiet Nordsee (norw.Küste).
Sonst keine Veränderungen.

Handelskrieg mit U-Booten:
Daventry-Radio meldet:
Englischer Dampfer "Brandon" (6655 t) nordwestl.Irland mit Torpedo beschossen, kein Treffer.
Engl.Dampfer "Merwyn" (3400 t) im Atlantik versenkt.
Französischer Frachter "Baoule" (5874 t) im Atlantik versenkt.

Besonderes:
1.) Nach einer Zeitungsmeldung scheint in fachmännischen Kreisen der Ansicht Raum gegeben zu werden, daß die deutschen Torpedos eine Verzögerungszündung haben, nachdem unlängst eine Zeitzündung angenommen wurde.
2.) Venezuela hat das Anlaufen von U-Booten mit Ausnahme in Havariefällen verboten.
Patrouillendienst wird nicht eingerichtet.

Handelskrieg der Überwasserschiffe:
Die Prise der "Deutschland" "City of Flint" liegt noch in Bergen. Prisenbesatzung von Norwegen interniert. Freigabe der "City of Flint" an Amerika steht zu erwarten.

Datum und Uhrzeit	Angabe des Ortes, Wind, Wetter, Seegang, Beleuchtung, Sichtigkeit der Luft, Mondschein usw.	Vorkommnisse
4.11. (8)		Die Tatsache, daß damit höchst wahrscheinlich die Prise dem weiteren Zugriff Deutschlands entzogen ist, muß als besonders bedauerlich gewertet werden, zumal das Durchkommen des Schiffes in die Heimat bei richtigem, tatkräftigen und verantwortungsbewußten Arbeiten <u>aller</u> Stellen durchaus möglich gewesen wäre. 　　Aus den vorliegenden Berichten (siehe Kriegstagebuch Teil B Heft V Blatt 44 und Teil C Heft VIII) geht hervor, daß das Verhalten des erst kurze Zeit in Haugesund tätigen Vizekonsuls in Verkennung der Bedeutung dieses Schiffes und in falscher Auffassung einer ihm erteilten Weisung zu einem wesentlichen Anteil den Mißerfolg beim Einbringen der Prise verursacht hat. Auch der Prisenoffizier hat sich der an ihn gestellten Lage nicht voll gewachsen gezeigt. Die Seekriegsleitung zieht aus den gemachten Versagern die Lehre, in ihren Weisungen an deutsche Reichsbehörden und an die Handelsschiffahrt mehr als bisher auf eine besonders eindeutige und gründliche Befehlserteilung zu achten. 　　Der B.d.U. erhält auf Grund der (noch nicht bestätigten) Nachricht vom vorgesehenen Auslaufen der "City of Flint" die Weisung, nach Möglichkeit mit "U 61" und weiteren Booten erneut auf die "City of Flint" zu operieren und sie nach prisenrechtlicher Anhaltung in einen deutschen Hafen einzubringen. 　　Zur nachdrücklichen Vertretung deutscher Seeinteressen in norwegischen Häfen ordnet Chef Skl. die Zuteilung von Reserveoffizieren der Kriegsmarine zu den Konsulaten der wichtigen norwegischen Häfen an. Außer dieser Teil-Maßnahme erscheint aber der Aufbau einer großzügigen Organisation bei den deutschen Vertretungen im Ausland zur Unterstützung der Seekriegsleitung bei der Durchführung der Wirtschaftskriegsmaßnahmen notwendig.

Datum und Uhrzeit	Angabe des Ortes, Wind, Wetter, Seegang, Beleuchtung, Sichtigkeit der Luft, Mondschein usw.	Vorkommnisse	18
4.11.		Handelsschiffahrt 4.11.	

Auffindung von 2 Rettungsbooten des Dampfers "Poseidon" an Westküste Irlands bestätigt die bisherige Vermutung, daß Schiff sich rechtzeitig vor Anbordkommen der englischen Prisenbesatzung versenkt hat.

<u>Bis zum 15.11.</u> müssen als verloren angesehen werden:

```
bei Kriegsausbruch beschlagnahmt  5 Dampfer mit   21 634 BRT
aufgebracht und eingebracht       5    "      "   32 777  "
versenkt von eigener Besatzung    9    "      "   44 150  "
Insgesamt verloren :             19    "      "   98 561 BRT.
```

(9) (Namen und Tonnage der Schiffe siehe Teil B Heft VII.

<u>Betr.: Passierscheinwesen.</u>

Die Gesandtschaft Den Haag meldet 29.10.:
"Die holländische Regierung erklärt kategorisch, daß sie keinerlei Maßnahmen unterstützt, die eine Unterstützung von Kriegsmaßnahmen einer kriegführenden Macht darstellen könnten. Dazu rechnet sie die Vorschläge, die England den holländischen Reedereien macht, sich freiwillig unter eine englische Kontrolle zu stellen."

Nach einer niederländischen Pressestimme haben die britischen Behörden erklärt, daß mehrere holländische Reedereien Vereinbarungen mit den Engländern getroffen hätten, nach der die holländischen Reeder sich verpflichteten, die Schiffspapiere schon vor Eintreffen der Schiffe nach England zu senden. In solchen Fällen werde man die Banngutuntersuchung auf Grund der Papiere schon vor Eintreffen der Schiffe im Untersuchungshafen durchführen können, so daß die Schiffe nach Ankunft weiterfahren könnten. Die niederländische Regierung äußert sich dazu, daß sie sich für ihr Teil nicht dazu hergebe, Verfahrensmethoden zu fördern,

Datum und Uhrzeit	Angabe des Ortes, Wind, Wetter, Seegang, Beleuchtung, Sichtigkeit der Luft, Mondschein usw.	Vorkommnisse
4.11.		von denen man feststellen müsse, daß sie praktisch auf eine Unterstützung der Kriegsmaßnahmen einer kriegführenden Macht, welche es auch sein möge, hinausliefen. C/Skl. 1/Skl. Asto 2

Datum und Uhrzeit	Angabe des Ortes, Wind, Wetter, Seegang, Beleuchtung, Sichtigkeit der Luft, Mondschein usw.	Vorkommnisse
5.11.		Auf Grund der deutschen Note an die schwedische Regierung, dass Deutschland grundsätzlich nur die 3 sm Zone als Hoheitsgewässer anerkennen und die Minensperre am Sund bis zu dieser Grenze erweitern würde, bittet schwedischer Geschäftsträger dringend, vom Minenlegen vorläufig Abstand zu nehmen bis schwedische Antwort-Note von deutscher Regierung eingehend geprüft sei. Marineattaché weist ausserdem daraufhin, dass die erweiterte deutsche Grenzangabe noch in die schwedische <u>3 sm</u> Zone hineinrage (auf Grund verschiedener Auslegung der Landbasis, von der aus die 3 sm Grenze zu rechnen hat).
(10)		Dem schwedischen Wunsch wird Rechnung getragen, die Minensperre wird zunächst nicht ausgelegt. Als schwedisches Hoheitsgewässer werden jedoch in Zukunft von deutscher Seite grundsätzlich nur noch <u>3 sm</u> anerkannt. (Weiteres siehe auch Kriegstagebuch Teil C, Heft VIII). – – – Wirtschaftskriegsgruppe im A.A. (Botschafter R i t t e r) beabsichtigt die beschleunigte Durchführung einer Umsteuerung des Handels der baltischen Staaten und Finnlands nach Deutschland unter weitgehender Ausschaltung der bisherigen Handelsverbindungen nach England. Um die Aktion zu unterstützen ist es zweckmässig, den Handel dieser Staaten nach Ländern ausserhalb der Ostsee und Schweden (fortgesetzte Reise) möglichst abzustoppen bezw. weitgehend zu erschweren. Eine scharfe Handelskriegführung ist dazu erforderlich; die Schiffe sind schon bei geringstem Verdacht einer fortgesetzten Reise einzubringen, die Untersuchung und Abwicklung der Schiffe ist möglichst zu verlangsamen. – – –

Datum und Uhrzeit	Angabe des Ortes, Wind, Wetter, Seegang, Beleuchtung, Sichtigkeit der Luft, Mondschein usw.	Vorkommnisse
5.11. (11)		Weisung der Skl. an Gruppen Ost und West (nachrichtlich Gen.d.Lw.beim Ob.d.M.) über Einsatz der Marinefliegerverbände im Kampf gegen England: Schwerpunkt der Aufgaben der Marinefliegerverbände liegt in der Aufklärung über der freien See, Beschränkung der Kampfaufgaben mit zur Zeit vorhandenen Flugzeugtypen auf Ubootsjagd und Ubootsbekämpfung, sowie gegen einzelne überraschend auftretende leichte feindliche Überwasserstreitkräfte. Einsatz der Torpedos durch M-Staffeln gegen Überwasserstreitkräfte und feindliche Handelsschiffe unter ganz bestimmten Wetterbedingungen und günstigen taktischen Gegebenheiten. Einsatz der Mine im feindlichen Küstenvorfeld unter Ausnutzen taktisch günstiger Wetterlagen und Tageszeiten in engster Verbindung mit Fliegerkorps X (Im Einzelnen siehe Kriegstagebuch Teil C, Heft V). - - - Besondere Feindnachrichten 5.11.: Atlantik: England: Funkbeobachtung bestätigt die bisher vermutete Kräfteverteilung englischer Streitkräfte im Atlantik:(Die unterstrichenen Namen wurden am 4. und 5.11. erneut bestätigt). Bereich Kanada Westindien: "Revenge", "Resolution"(?), "York", "Orion", "Enterprise", "Repulse", "Furious", Zerstörer, Kanonenboote. "Diomede", "Emerald". Bei den Bermudas: "Berwick", "Perth", 1 Zerstörer Westküste Mittelamerika: "Despatch".

Datum und Uhrzeit	Angabe des Ortes, Wind, Wetter, Seegang, Beleuchtung, Sichtigkeit der Luft, Mondschein usw.	Vorkommnisse

5.11.

Freetown:
"Albatros", "Hermes".
Ferner "Renown", "Neptune", "Danae",
Zerstörer, Kanonenboote.

Südatlantik:
"Cumberland", "Exeter", "Ajax",
"Achilles", 2 Zerstörer.

– – –

Nordsee:

Die Abfahrbereitschaft eines Erzdampfer-Geleitzuges aus Bergen nach Westen wird durch Agentenmeldungen aus Bergen und durch die Funkbeobachtung des Ansatzes leichter feindlicher Streitkräfte für diese Aufgabe bestätigt.

Bei Orfordness sichtete die Aufklärung des Fliegerkorps X einen Geleitzug mit 3 Kreuzern, Süd-Südwestkurs, sonst keine Feindstreitkräfte an der mittleren feindlichen Ostküste. Aufklärung wegen ungünstiger Wetterlage stark behindert.

Es bestätigt sich, dass der dänische Dampfer "Kanada" (11 000 t) und der griechische Dampfer "Nikolaus" (5 000 t) auf Mine gelaufen sind. Ferner sank ein norwegischer 1300 t-Dampfer vor dem Humber, offenbar auch durch Mine.

– – –

Eigene Lage :
- - - - - - -
Atlantik :   ) Keine besonderen
Nordsee /   ) Ereignisse.

–.–

Datum und Uhrzeit	Angabe des Ortes, Wind, Wetter, Seegang, Beleuchtung, Sichtigkeit der Luft, Mondschein usw.	Vorkommnisse
5.11.		Ostsee: Starke Beeinträchtigung Handelskrieges und Sicherungsaufgaben durch Wetterlage. - - - Ubootslage: Atlantik: "U 53" bisher südwestlich Irland erhält Befehl, den Marsch nach Süden fortzusetzen. Auf dem Rückmarsch befinden sich "U 25" Biskaya "U 34", "U 37" } nördliche Nordsee "U 46" im Skagerrak. Nordsee: "U 57" von Unternehmung zurück. "U 23" und "U 21" melden Durchführung ihrer TM-Sonderaufgabe im Firth of Moray (Cromarty) bezw. Firth of Forth. "U 13" meldet nach Rückkehr aus Operationsgebiet bei Kinnaird Head, dass es den englischen Dampfer "Cairmona" 4666 t bei Peterhead durch Torpedoschuss versenkt habe. Starker Bewacherverkehr im Operationsgebiet, starker Schiffsverkehr auf Peterhead von Norden und Nordosten, friedensmässige Befeuerung. Der zum Abfangen der Prise "City of Flint" befohlene Ansatz der Uboote leidet unter der Schlechtwetterlage und der Brennstoffknappheit der heimkehrenden Boote. Es können nur "U 34" vor dem Sogne-Fjord und "U 61" vor dem Kors-Fjord (Marstenen) auf Wartestellung eingesetzt werden. - - -

Datum und Uhrzeit	Angabe des Ortes, Wind, Wetter, Seegang, Beleuchtung, Sichtigkeit der Luft, Mondschein usw.	Vorkommnisse

5.11.

Handelsschiffahrt 5.11.:

Deutscher Dampfer "Togo" (5042 t) wurde bei Lobito durch französischen U-Kreuzer "Surcouf" versenkt.

In der Sitzung des Prisengerichtes London wurde nach Meldung aus Antwerpen deutsches M. "Pomona" requiriert. Requisition mit Begründung, dass Schiff für Transporte nach England dringend benötigt sei, wurde von dem Prisengericht gutgeheissen. Scheinbar Neuerung in der englischen Politik, da dadurch das Eigentum der Schiffe nicht übertragen wird und theoretisch der deutsche Reeder das Schiff unverändert besitzt.

Auf derselben Sitzung wurde auch die Requisition des D."Hannah Böge" anerkannt. Das Gericht sprach die Privateffekten der Mannschaften frei.

C/Skl.

1.Skl.

I   Asto II

Datum und Uhrzeit	Angabe des Ortes, Wind, Wetter, Seegang, Beleuchtung, Sichtigkeit der Luft, Mondschein usw.	Vorkommnisse

Datum und Uhrzeit	Angabe des Ortes, Wind, Wetter, Seegang, Beleuchtung, Sichtigkeit der Luft, Mondschein usw.	Vorkommnisse

6.11.

Politische Nachrichten:

Besonderes:

1.) Fortgang der russisch-finnischen Verhandlungen. Russen bestehen auf ihrer Forderung auf Einräumen eines Stützpunktes in der Gegend von Hangö. Finnen wehren sich nach Kräften gegen die Einrichtung einer Flottenbasis auf dem Festland.

2.) Hinsichtlich des Einsatzwillens der Türkei besteht zur Zeit der Eindruck, dass die Türkei trotz des Zusatzprotokolls (Russland-Klausel) entschlossen ist, wenn erforderlich, an der Seite Englands auch gegen Russland zu kämpfen und dass sie bereits jetzt alle notwendigen Massnahmen dazu trifft (General Weygand ist Befehlshaber der alliierten Orientarmee und "Berater der türkischen Regierung").

3.) England beginnt, grosszügige kommerzielle Massnahmen zu treffen, um die <u>deutsche Ausfuhr</u> weitgehend unmöglich zu machen (Gewährung von Kredit an Neutrale, Aufkauf der Produktion und Produktionsmittel in neutralen Ländern, wirtschaftlicher Druck).

4.) 6.11. Konferenz der Oslo-Staaten in Kopenhagen und Behandlung von Neutralitätsfragen. Erörterung eines Planes zu einer gemeinsamen Aktion gegen die Bannwarenliste.

- - - -

<u>Chef Skl.</u> zu Besprechungen beim Gruppenbefehlshaber West in Wilhelmshaven. Besprechungen über die Lage, insbesondere Durchbruchsoperation Panzerschiffe und Unternehmung West.

- - - -

Datum und Uhrzeit	Angabe des Ortes, Wind, Wetter, Seegang, Beleuchtung, Sichtigkeit der Luft, Mondschein usw.	Vorkommnisse
6.11.		Die genaue Überprüfung der Schiffahrtsmöglichkeiten innerhalb der schwedischen 3 sm-Hoheitsgrenzen hat ergeben, dass zwar theoretisch infolge der weitgehend durchgeführten Betonnung und Beprickung der Fahrwasser Schiffe unter 5 m Tiefgang die schwedischen Hoheitsgewässer nicht verlassen brauchen, dass aber trotzdem in der Praxis eine erhebliche Behinderung der Schiffahrt erwartet werden kann und in vielen Fällen, besonders bei ungünstiger Wetterlage, ein Heraustreten aus der Hoheitszone, besonders bei Falsterbo, auch schon von mittelgrossen Schiffen erforderlich wird. (+) siehe Bemerkung !). Die militärischen Vorteile sind eindeutig vorhanden, sodass die Skl. weiterhin auf ihrer Forderung besteht. Nach der Überreichung der
(12)		schwedischen Note (siehe Kriegstagebuch Teil C, Heft VIII) bestehen folgende Möglichkeiten: 1.) Ablehnung der schwedischen Note, da völkerrechtlich unbegründet und Vorschieben der deutschen Sundsperre bis an die 3 sm-Grenze. 2.) Unter Entgegenkommen an den schwedischen Standpunkt, keine Erweiterung der deutschen
(13)		~~Netz~~sperre, jedoch Verlangen an die Schweden, ihre Hoheitsgewässer am Südausgang des Sundes (u.a. auch die Kogrund-Rinne) selbst wirksam abzusperren mit der Begründung der berechtigten Interessen des deutschen Reiches und der Einbruchsgefahr feindlicher Uboote.

In beiden Fällen aber grundsätzlich de jure nur Anerkennung der 3 sm-Grenze.
 Da die politischen und militärischen Vorteile in der Durchführung der Möglichkeit 1.) erblickt werden, entscheidet sich das A.A. im Einvernehmen mit der Skl. für diese Möglichkeit. Entsprechende Notifizierung soll baldmöglichst erfolgen.

+) Bemerkung: In diesem Zusammenhang ist bemerkenswert, dass selbst wohlwollende schwedische Schiffahrts-und Lotsenkreise zum Ausdruck gebracht haben, dass Deutschland mit der völkerrechtlich nicht erforderlichen bisherigen Anerkennung der 4 sm Zone sich eines entscheidenden Vorteiles in seiner Handelskriegführung begibt und dass bei der auf diese Weise

-.-

Datum und Uhrzeit	Angabe des Ortes, Wind, Wetter, Seegang, Beleuchtung, Sichtigkeit der Luft, Mondschein usw.	Vorkommnisse
6.11. (14)		lückenhaften Handelskontrolle die Ostsee für Bannwarenverkehr.und englische militärische Massnahmen offen steht. - Die schwedische Presse beurteilt die durch die Rückführung der deutschen Anerkennung auf nur 3 sm geschaffene Lage so, dass durch ein neues bis zur 3 sm vorgeschobenes Minenfeld die Durchfahrt bei Falsterbo sogar für Schiffe mit über 3,5 m(!) Tiefgang wahrscheinlich unmöglich gemacht werde.

Besondere Feindnachrichten 6.11.:

A t l a n t i k :

England:

Funkbeobachtung ergibt verschiedene genaue Feststellungen über Geleitzugbewegungen im Gibraltar-Gebiet, darunter eine Meldung über Transporte indischer Truppen.

Linienschiff "Warspite" und 2 Begleitzerstörer in Höhe St.Vincent auf dem Marsch nach Kanalhafen.

Frankreich:

Kreuzer "Algérie" und 3-Uboote von Casablanca nach Toulon. Ablösung an westafrikanischer Küste durch Kreuzer "Jean de Vienne" und 3 andere Uboote.

- -

N o r d s e e :

Die am 2.11. und 3.11. im Seegebiet südwestlich Norwegens gemeldeten Feindstreitkräfte ("Glasgow", "Newcastle" und Zerstörer) sind am 5.11. in einen Hafen im Rosyth-Bereich eingelaufen.

"U 21" meldet 1.feindliches Uboot auf der Doggerbank. Nach B-Dienst befindet sich der Chef der Heimatflotte, der Chef des 1.Schlachtkreuzer-Geschwaders, der Chef des 2.Kreuzergeschwaders, der F.d.T. Heimatflotte, die 6.Z-Flottille und Kreuzer "Edinburgh" am 7.11. nicht in Scapa, wahrscheinlich in See im Gebiet Nordschottlands.

-.-

Datum und Uhrzeit	Angabe des Ortes, Wind, Wetter, Seegang, Beleuchtung, Sichtigkeit der Luft, Mondschein usw.	Vorkommnisse
6.11.		Eigene Lage 6.11.:

Atlantik: ⎱ Keine besonderen
Nordsee: ⎰ Ereignisse.

Ostsee:
Fortsetzung Handelskrieg in der nördlichen Ostsee durch Minenschiffe "Tannenberg" und "Hansestadt Danzig", im Kattegat durch 11. Ujagdflottille, südlich Flintrinne durch 15.Vorpostenflottille.

- - -

Der Generalstab der Luftwaffe berichtet: |
| | Aufklärungsflug eines Flugzeuges der Aufklärungsgruppe 122 in Höhe Calais infolge Vereisens der Atemmasken in 8000 m Höhe abgebrochen. | |
| | Von Aufklärungsgruppe 122 sind in der Zeit zwischen 0615 und 0700 Uhr 7 Flugzeuge gestartet zur Aufklärung der Nordsee (Suche nach Geleitzug). | |
| | | - - -

Englische Kanal-Transporte: |
| | Die seit 10.10.1939 beobachtete starke britische Transporttätigkeit im ostwärtigen Teil des Kanals dauert an. Sie wurde inzwischen auch im mittleren und westlichen Kanal festgestellt. Es wird damit bestätigt, dass diese Transporte mit der Überführung der zweiten Welle des britischen Expeditionsheeres nach Frankreich zusammenhängen. | |
| | | -.- |

Datum und Uhrzeit	Angabe des Ortes, Wind, Wetter, Seegang, Beleuchtung, Sichtigkeit der Luft, Monbschein usw.	Vorkommnisse

6.11.   Einladehäfen:
Für Materialtransporte werden neben den Häfen der englischen
Südküste auch London (Tilbury-Docks) und die Häfen des Bristol-
Kanals, besonders Cardiff und Barry, herangezogen.
Ausladehäfen:
Dünkirchen ist als Hauptausladehafen im ostwärtigen Teil des
Kanals anzusehen. Vom 11.10. ab sind durchschnittlich täglich
4 Transportdampfer mit Truppen und Material dort eingelaufen.
Die Einschaltung kleinerer Häfen als Ausschiffungsplätze hat
sich bestätigt. Britische Truppen sind u.a. wiederholt in
Fécamp und St. Valéry ausgeschifft worden.
          Als Ausladehafen im westlichen Frankreich wurde Lorient
erstmalig festgestellt. Die Benutzung dieses Hafens wird ver-
mutlich nur gelegentlich bei Verstopfung von St.Nazaire und
Nantes erfolgen.
          Es ist anzunehmen, dass die Truppentransporte, beson-
ders im ostwärtigen Kanalgebiet, auch einzelschiffsweise, unter
Verwendung schneller kleinerer Kanaldampfer vor sich gehen.
Die Ausfahrt aus den Abgangshäfen ist zeitlich so eingerichtet, dass die Transporte vor Beginn der Morgendämmerung vor
ihrem Bestimmungshafen stehen (zwischen 4 Uhr und 7 Uhr).

                              - - - -

                    U b o o t s l a g e   6.11. :
                    = = = = = = = = = = = = = = =

                    A t l a n t i k :

                         "U 43" läuft ins Operationsgebiet Atlan-
                    tik aus.

                    N o r d s e e :

                         Keine Veränderungen.

                                                    -.-

Datum und Uhrzeit	Angabe des Ortes, Wind, Wetter, Seegang, Beleuchtung, Sichtigkeit der Luft, Mondschein usw.	Vorkommnisse

6.11.
 	
(15)
 	
1956^h
		Handelsschiffahrt:
		1 Dampfer von Übersee über Norwegen heimgekehrt. Es befinden sich jetzt noch 14 Schiffe auf der Heimreise, 267 Schiffe noch in neutralen Häfen.
		
		- - -
		
		Bildung eines Konterbandeausschusses in französischem Aussenministerium unter Leitung eines Admirals.
		(siehe Teil B, Heft V, Blatt 45).
		
		- - -
		
		Fernschreiben (Gkdos) an Gruppe West:
		"Besprechung über E.S. für Uboote stattfindet planmässig gemäss 3.Skl. Gkdos 3603
		                        Skl. 722 Gkdos".
		
		- - -
		
		        C/Skl.
		            1.Skl.

Datum und Uhrzeit	Angabe des Ortes, Wind, Wetter, Seegang, Beleuchtung, Sichtigkeit der Luft, Mondschein usw.	Vorkommnisse

7.XI.

Politische Nachrichten.

Besonderes.

1.) Belgischer König Leopold zu Besprechungen mit Königin der Niederlande im Haag im Beisein der beiderseitigen Außenminister Absendung eines gemeinsamen Telegramms an die Staatsoberhäupter Deutschlands, Englands und Frankreichs, in dem Holland und Belgien ihre Dienste zur Friedensvermittlung anbieten.
(Irgendwelche Erwartungen werden in diesen Schritt nicht gesetzt.)

(16)

2.) Im Zusammenhang mit dem Neutralitätsgesetz erklärt Roosevelt in einer Proklamation eine Kampfzone in europäischen Gewässern, die von amerikanischen Schiffen nicht befahren werden ~~dürfen~~.
Die Kampfzone beginnt nach den bisherigen Nachrichten an der spanischen Küste, läuft bis 45° Nord 20° West, von hier nach Norden bis 58° Nord und über 62° Nord 2° Ost und 60° Nord 5° Ost zur norwegischen Küste (Bergen liegt demnach außerhalb der Zone) Amtlicher Text liegt noch nicht vor.

Die Tatsache der Verkündung einer derartigen Kampfzone die die amerikanische Handelsschiffahrt von den Hauptoperationsgebieten der deutschen Seekriegsführung um England und Frankreich fernhält, muß von der Skl. sehr begrüßt werden, da sie die Möglichkeiten zur Verschärfung des Handelskrieges gegen England in für uns politisch günstigem Sinne erweitert, ohne daß sich aus dieser Maßnahme allein folgenschwere Konflikte mit den U.S.A. ergeben müssen.

Die Möglichkeit zur Umgehung des Neutralitätsgesetzes bleibt in der Zukunft bestehen; sie wird schon jetzt aus einer Nachricht offenbar, wonach 9 Schiffe der " United States Lines " in dem Register von Panama eingetragen worden sind. Dadurch haben sie die Möglichkeit, trotz des amerikanischen Neutralitätsgesetzes britische, französische und irische Häfen anzulaufen.

1100

Lagebesprechung beim Chef der Seekriegsleitung.

Besonderes:

Datum und Uhrzeit	Angabe des Ortes, Wind, Wetter, Seegang, Beleuchtung, Sichtigkeit der Luft, Mondschein usw.	Vorkommnisse

- 2 -

7. XI. / 11.00 Besonderes:

1.) <u>Rückkehr " Deutschland ":</u> Vortrag Ia über weitere erforderliche Befehle und Weisungen an Panzerschiff und an Gruppen und B.d.U.:
    Befehlsführung für " Deutschland " bis zum Abgabezeitpunkt eines kurzen Funksondersignals vor Passieren Enge Shetlands - Norwegen durch Skl., anschließend durch Gruppe West bzw.nach Passieren Skagen durch Gruppe Ost.Die Streitkräfte des Seebefehlshabers West sollen so in Bereitschaft liegen, daß sofortiges Auslaufen im Bedarfsfalle möglich. Zerstörer sind nach dem Funksondersignal der " Deutschland " zur Aufnahme der " Deutschland " in Marsch zu setzen.Aufnahme bei Hellwerden in etwa 58° Nord vorzusehen.Luftaufklärung ist sicherzustellen.Im Kattegat und Gr.Belt verstärkte U-Bootsjagd durch Streitkräfte der Gruppe Ost.
(17) (Befehl siehe Teil C Heft I.Atlantik)

2.) Vortrag über <u>Unterstützung der Heeresoperationen durch die Nordseekriegführung</u> an Hand Weisung der Gruppe B.Nr. 219/39.AI Chefs.vom 5.11.39.
    Chef Skl.mit Operationsanlage grundsätzlich einverstanden.Besondere Bedenken bestehen in Übereinstimmung mit der Auffassung der Gruppe West nur gegen Einsatz von <u>Luftminen</u>, die nur dann einzusetzen sind, wenn ein dringender Zwang vorliegt und keinerlei andere Möglichkeit gegeben
(18) sind.Sämtliche vorgesehenen Maßnahmen können vermittels besonderer Stichworte <u>einzeln</u> ausgelöst werden.Keinesfalls darf eine Maßnahme der Kriegsmarine zur Auswirkung kommen <u>vor</u> Anlaufen der Heeresoperationen.

Datum und Uhrzeit	Angabe des Ortes, Wind, Wetter, Seegang, Beleuchtung, Sichtigkeit der Luft, Mondschein usw.	Vorkommnisse

7.11.

Sitzung der Amtschefs beim Ob.d.M.:

Oberbefehlshaber gibt Überblick über die allgemeine Lage und nimmt zu bestimmten Fragen des Aufbaues und der Organisation Stellung:

1.) Aufbau der Kriegsmarine mit dem Ziel eines gewissen Abschlusses für 1944/45 - daher trifft Kriegsausbruch September 1939 die Marine zu früh, Aufbau und betriebstechnischer Stand der Flotte noch keineswegs abgeschlossen - gewisser Ausgleich durch die Luftwaffe erreicht - Betriebssicherheit der Seestreitkräfte, besonders der modernen Verbände noch teilweise unbefriedigend, Schwierigkeiten muss durch vermehrte und energische Ausbildung behoben werden. - Trotz der Schwierigkeiten und trotz zahlenmässiger Schwäche hat Kriegsmarine die ihr gestellten Aufgaben bisher in voll befriedigender Form gelöst.

2.) Aufstellungen der Gruppe Ost, später auch West - Auswirkungen der Schaffung der Gruppe West auf die Vorarbeiten des Flottenkommandos - Gründe für Revirement in der Besetzung der Führerstellen.
(siehe auch Verfügung Ob.d.M. vom 18.10.39, Kriegstagebuch Teil B, Heft V, Blatt 46).

3.) Organisatorische Fragen:
Auf organisatorischem Gebiet sind noch starke Lücken vorhanden. Die bisherige Dezentralisation hat sich auf den Gesamtausbau der Marine und die Erfüllung von Spezialforderungen nachteilig ausgewirkt. Statt Dezentralisation ist schärfste Konzentration erforderlich. Die nötige Umorganisation ist zum 15.11. befohlen. Das Amt B kommt in Fortfall. Schaffung eines Hauptamtes durch Zusammenfassung von M Wehr, G und C zur einheitlichen Führung. Verantwortlichkeit der unterstellten Amtsgruppenchefs dadurch in keiner Weise beeinträchtigt. Neuorganisation bezweckt im Gegenteil eine Klarlegung der Verantwortungsverhältnisse.
Schaffung Sonderstab beim OKW zur Führung des Wirtschaftskrieges.
(Niederschrift über Besprechungspunkte Amtschefsitzung im Einzelnen siehe Kriegstagebuch Teil B, Heft V, Blatt 47).

Datum und Uhrzeit	Angabe des Ortes, Wind, Wetter, Seegang, Beleuchtung, Sichtigkeit der Luft, Mondschein usw.	Vorkommnisse
7.11.		Besondere Feindnachrichten 7.11.:

Atlantik:

England:
Schiffsbewegungen: "Ajax" 6.11. Buenos Aires eingelaufen, "Caradoc" Panamakanal Richtung Balboa passiert.

Funkbeobachtung meldet 7.11. Linienschiff "Resolution" im Geleitschutz Seegebiet westlich Irland.

Attaché Madrid teilt mit, dass zahlreiche englische Dampfer unter irischer Flagge in spanische Häfen eingelaufen sind.

- - -

Frankreich:
Funkbeobachtung meldet Luftaufklärung vor Casablanca. Ein französisches Flugboot überfällig.

Vor Vigo-Bucht werden mehrere französische Kanonenboote gemeldet. Bewaffnung Bug-und Heckgeschütz und Flak.

- - -

Nordsee:

Luftaufklärung stellt in den Hoofden feindliche Zerstörer und Uboote fest. Umfangreicher Fischereibetrieb südlich der Indefatigable Bank.

Die Aufklärung des Fliegerkorps X im Gebiet der nördlichen Nordsee beobachtet keinen Geleitzugverkehr. Jedoch in der Bucht von Muckle Roe eine Ansammlung von 7-8 Kreuzern gemeldet (Westseite der Shetlands). Es ist nicht ausgeschlossen, dass der Gegner diese Bucht als Stützpunkt für die Einheiten der "Northern Patrol" benutzt.

Die Agentennachricht vom Auslaufen eines Erzdampfer-Geleitzuges aus Bergen bestätigte die Luftaufklärung nicht.

-.-

Datum und Uhrzeit	Angabe des Ortes, Wind, Wetter, Seegang, Beleuchtung, Sichtigkeit der Luft, Mondschein usw.	Vorkommnisse

7.11.

Konsul in Haugesund teilt mit, dass ein englischer Kreuzer der "Arethusa"-Klasse am 2.11. den Versuch gemacht habe, die Prise "City of Flint" innerhalb der Hoheitsgewässer anzuhalten. Nach norwegischen Aussagen sollen am 3.11. ausser leichten Einheiten 4 englische Kreuzer bei Stadlandet gestanden haben.

- - -

Eigene Lage 7.11.:

Atlantik: Keine besonderen Ereignisse.

Nordsee:

Die bewaffnete Aufklärung des F.d.Luft West sichtete östlich des Wash mehrere Zerstörer in 2 Gruppen, die mit Torpedos und Bomben angegriffen wurden. Erfolge wurden nicht beobachtet. Die Flugzeuge wurden von den Zerstörern mit BD (British Destroyer) angemorst. In den südlichen Hoofden wurde 1 weiterer Zerstörer mit 1 grösserem Uboot gesehen und ohne Erfolg angegriffen.

- - -

Ostsee:

Handelskrieg: Einsatz Vorpostenboote beim Virago-Grund und Lille-Grund bisher ohne Erfolg. Dampferverkehr nur innerhalb Hoheitsgewässer. Bisherige Beobachtungen haben ergeben, dass das Falsterbo-Fahrwasser innerhalb der 3 sm-Grenze offensichtlich für alle normalerweise in der Ostsee laufenden mittleren Dampfergrössen passierbar sei. Beobachtungen über den Verkehr in der Kogrund-Rinne noch nicht abgeschlossen. Dauernde Bewachung und Beobachtung bei Falsterbo und Virago-Grund ist sichergestellt.

Beim Handelskrieg in der nördlichen Ostsee brachte "Hansestadt Danzig" bisher 10 Dampfer auf.

Danziger Bucht: Fortsetzung Minenräumarbeiten.

Minensperren an Ostsee-Eingängen:

Nach der Schlechtwetterlage sind an der Ostküste von Seeland zahlreiche losgerissene Minen angetrieben.

-.-

Datum und Uhrzeit	Angabe des Ortes, Wind, Wetter, Seegang, Beleuchtung, Sichtigkeit der Luft, Mondschein usw.	Vorkommnisse
7.11.		(Allein zwischen Dastrup und Stevns-Klint sollen 70 Minen angetrieben sein. Dänen richten Minenwachstation und Minensuchdienst ein) Die Entsendung eines Referenten der S.V.K. zur Untersuchung der Ursache und zur Feststellung der Minenarten ist in die Wege geleitet.

- - -

U b o o t s l a g e 7.11.:

Atlantik: "U 41" ins Operationsgebiet Atlantik ausgelaufen.
"U 46" von Fernunternehmung kommend Kiel eingelaufen.
Versenkungsziffer: 5000 t
(von 10 Torpedos 6 Versager!!)

Im Operationsgebiet befinden sich noch "U 26" und "U 53".
Keine Nachricht von "U 40","U 42" "U 45".
Auf Anmarsch: "U 33" südöstlich Irland zur Sonderunternehmung Bristol-Kanal.
"U 43" mittlere Nordsee.
Auf Rückmarsch:"U 25" , "U 34","U 37".

- - -

Nordsee:
Im Operationsgebiet: U 56, U 60, U 61.
Auf Rückmarsch: U 23, U 58, U 59.
Von Sonderunternehmung zurück: U 21.

- - -

Bisher versenkter Handelsschiffsraum (soweit vom B-Dienst erfasst) siehe Teil B, Heft V , Blatt 48).

- - -

(21))

-.-

Datum und Uhrzeit	Angabe des Ortes, Wind, Wetter, Seegang, Beleuchtung, Sichtigkeit der Luft, Mondschein usw.	Vorkommnisse

7.11.

Handelsschiffahrt 7.11.:
= = = = = = = = = = = = =
1 Dampfer heimgekehrt von Übersee.
2 Dampfer von Übersee bis Norwegen.
Hapag-Dampfer "New York" (22 300 t)
von Murmansk kommend 7.11. Haugesund
Richtung Heimat verlassen.

Deutsche Erzschiffahrt nach Norwegen läuft nunmehr mit 10 Schiffen an. Die bisher ausgelaufenen Dampfer sind jedoch bedauerlicherweise <u>ohne</u> Ladung nach Norwegen abgegangen. Nach Ansicht der Skl. muss mit allen Mitteln versucht werden, die Kohlenausfuhr nach Norwegen zu fördern, die zur Zeit fast ausschliesslich in der Hand Englands liegt !

- - -

1545^h

Abgabe Fernschreiben an Gruppe West
zu Skl. 722 Gkdos vom 6.11. SSD
"B.Nr. muss heissen 3.Skl. Gkdos <u>4203</u>".

Skl. 745 /39 Gkdos
(wird an Gruppe West 1937^h bestätigt).

- - -

C/Skl.
1.Skl.
Ia   Asto 2

Datum und Uhrzeit	Angabe des Ortes, Wind, Wetter, Seegang, Beleuchtung, Sichtigkeit der Luft, Mondschein usw.	Vorkommnisse

Datum und Uhrzeit	Angabe des Ortes, Wind, Wetter, Seegang, Beleuchtung, Sichtigkeit der Luft, Mondschein usw.	Vorkommnisse	29
8.11. 1100^h		Lagebesprechung beim Chef der Seekriegs-leitung:	
(22)		Besonderes: 1.) Im Hinblick auf verschiedene der Skl. unterbreitete Überlegungen des R.V.M. zur Frage eines Rückrufes der "Bremen" in die Heimat ordnet Chef Skl. an, dass die "Bremen" keineswegs ohne ausdrücklichen Befehl der Seekriegsleitung aus Murmansk zur Fahrt in die Heimat auslaufen darf. Diese Anordnung ist notwendig, da nur die Skl. auf Grund Überblickes über die Lage im Nord-see-Operationsraum den günstigsten Zeitpunkt einer solchen Unternehmung der "Bremen" beurteilen kann. 2.) Chef Skl. befiehlt grösste Geheimhaltung über die Zahl unserer Uboote. Nummern der vom Stapel laufenden Boote sind so festzusetzen, dass Rückschlüsse auf die Ge-samtzahl nicht möglich sind. 3.) Aus Berichten des Marineattaché's in Tokio, Kapitän zur See L i e t z m a n n (siehe auch Kriegstagebuch des Marineattaché's) geht klar hervor, dass Japan nicht die Absicht hat, aktiv in den Krieg einzutreten. Wäh-rend nach Abschluss des russisch-deutschen Freundschafts-paktes die allgemeine Stimmung in politischen-und Bevöl-kerungs-Kreisen Japan's gegen Deutschland eingenommen war, ist in letzter Zeit unter der Erkenntnis der daraus auch für Japan erwachsenen Vorteile eine ruhigere Beur-teilung der Lage eingetreten und der Wunsch nach einer erneuten Annäherung an Deutschland unverkennbar. Die japanische Marine hat stets grösstes Verständnis für die Lage Deutschlands gezeigt und ihrem Bestreben, die Beziehungen zur deutschen Marine in der bisherigen herz-lichen Form weiter zu erhalten und zu pflegen, bei vielen Gelegenheiten Ausdruck verliehen. Verschiedentlich ist dem deutschen Marineattaché versichert worden, dass die japanische Marine bereit sei, Deutschland in jeder Hinsicht	-.-

Datum und Uhrzeit	Angabe des Ortes, Wind, Wetter, Seegang, Beleuchtung, Sichtigkeit der Luft, Mondschein usw.	Vorkommnisse
8.11.		zu helfen. Deutschland solle konkrete Wünsche aussprechen. Unter diesen Umständen erscheint die Möglichkeit gegeben, der japanischen Marine ~~die~~ Wünsche Deutschlands zu folgenden Fragen zu präzisieren: 1.) Ausrüstung und Versorgung von Hilfsschiffen in japanischen Häfen. 2.) Zurverfügungstellung von Häfen oder Unterschlupfmöglichkeiten für deutsche Kriegsschiffe und Hilfsschiffe zu Überholungen, Versorgungen und Ausrüstungen. 3.) Ankauf von japanischen Ubooten. Genehmigung des Führers hierzu muss eingeholt werden. - - - -
1230^h		Fernmündlicher Anruf Io bei Gruppe West (AI), dass B.Nr. im Gkdos-Fernschreiben 745 Gkdos vom 6.11. falsch durchgegeben ist und <u>in 4503</u> umzuändern ist. - - - -
nachm.		Besprechung im A.A. (Botschafter Dr. R i t t e r) über "Schwarze Listen" unter Teilnahme von Vertretern der 1.Abt.Skl. Besonders aufschlussreich und wichtig war die Auffassung des A.A. zur Frage der Einführung von Passierscheinen. Dem A.A. liegt zur Zeit nichts an der Einführung eines Passierscheines, da er zum mindesten hinsichtlich der baltischen Staaten die Wirtschaftskriegspläne des A.A. durchkreuzen würde. Ganz allgemein hat das A.A. starke Zweifel an der Wirksamkeit eines <u>Passierscheinwesens</u> insofern, als es alle Garantieerklärungen über den Verbleib der Waren im neutralen Ausland als fragwürdig bezeichnete, gleichgültig wer auch immer diese Erklärungen abgäbe oder bescheinigte. Das A.A. hat vielmehr die Meinung vertreten, dass Passierscheine nur <u>in den</u> Fällen angebracht wären, wo bestimmte Mengen von Banngut nach <u>besonderem</u> Abkommen für den Feind-

-.-

Datum und Uhrzeit	Angabe des Ortes, Wind, Wetter, Seegang, Beleuchtung, Sichtigkeit der Luft, Mondschein usw.	Vorkommnisse
8.11.	handel freigegeben seien (z.B. dänisches Lebensmittelabkommen). Da die weitere Entwicklung der deutschen Wirtschaftskriegsmassnahmen noch nicht übersehen werden kann, müssen nach Ansicht der Skl. jedoch die Vorbereitungen über die Einführung von Passierscheinen bei 1.und 3.Abt. Skl. zum Abschluss gebracht werden.	

– – –

Besondere Feindnachrichten 8.11.:

Atlantik:

England:
Funkaufklärung stellt den Geleitzug H X 7, der am 2.11. Halifax verlassen hat, bereits am Westausgang des Kanals fest. Bei dem Geleitzug "Resolution". Der Geleitzug muss mit einer Durchschnittsgeschwindigkeit von 14 sm den Atlantischen Ozean passiert haben. Möglicherweise handelt es sich um wichtige kanadische Truppen-und Materialtransporte.

Auswertung der Funkbeobachtung ergibt, dass die Kampfgruppe X, bestehend aus 3 unbekannten englischen Einheiten, darunter wahrscheinlich "Royal Sovereign", der Träger "Hermes" sowie die Flottillenführer "Terrible" und "Fantasque" am 25.10. in Dakar eingelaufen waren.

Mit Rücksicht auf Möglichkeit Ausweichens "Graf Spee" in Indischen Ozean erhält Panzerschiff folgende Unterrichtung:
    1.) Im Indischen Ozean anzunehmen:
        Aden-Bombay: "Malaya", "Glorious",2 Zerstörer.
        Colombo-Gebiet: "Eagle", "Cornwall","Liverpool".
            "Manchester", "Gloucester".
    Ausserdem wechselnd einige Einheiten der australischen und ostasiatischen Station wie Hilfskreuzer.

–.–

Datum und Uhrzeit	Angabe des Ortes, Wind, Wetter, Seegang, Beleuchtung, Sichtigkeit der Luft, Mondschein usw.	Vorkommnisse
8.11.	2.) 6.11.	"Ajax" in Buenos Aires. "Caradoc" von Colon nach Balboa. "Surcouf" im Gebiet Lobito. - - - - Frankreich: Unbekannte Einheiten sammeln nach B-Meldungen bei den Kap Verden. - - - - N o r d s e e : Funkpeilungen ergeben unbekannte Einheiten in Richtung Utsire und nördlich Borkum. Bei letzter Peilung muss es sich um ein feindliches Uboot handeln. B-Dienst stellt 7.11. abends den Zerstörer "Cossack" im Rosyth-Bereich schwer beschädigt fest. Anscheinend auf Mine gelaufen. Zerstörer wird eingeschleppt. Churchill gibt im Unterhaus den bereits zurückliegenden Verlust des Ubootes "Oxley" bekannt. - - - - Eigene Lage 8.11.: Atlantik: Keine besonderen Ereignisse. Nordsee: Wegen Wetterlage (Südweststurm) keine Tätigkeit von Überwasserstreitkräften. Geplante Zerstörerunternehmung fällt aus. Luftaufklärung in der südlichen Nordsee sichtet vor dem Wash einen Geleitzug aus 17 Dampfern und 6 Zerstörern, ferner bei Smith Knoll ein Kanonenboot, das ohne Erfolg angegriffen wird. Feindliche Flugtätigkeit wird vereinzelt in den Hoofden festgestellt. -.-

Datum und Uhrzeit	Angabe des Ortes, Wind, Wetter, Seegang, Beleuchtung, Sichtigkeit der Luft, Mondschein usw.	Vorkommnisse

8.11.

In Luftkämpfen geht 1 Maschine "He 115" verloren.
    Im Gebiet Borkum Ubootsjagd auf geortetes Uboot.

- - -

O s t s e e :

    BSO erhält Befehl, alle Massnahmen für sicheres Einbringen des Hapag-Dampfers "New York" zu treffen. Ubootssicherung im Kattegat erfolgt durch M-Boote und Flugzeuge.

Handelskrieg:
    In östlicher Ostsee durch Minenschiffe mit Unterstützung von Flugzeugen keine Ergebnisse. Flugzeuge stellen nur Schiffe in Ballast fest. Am Sund wird ein schwedischer Dampfer aufgebracht.

- - -

U b o o t s l a g e :
======================
Atlantik: "U 37" läuft von Fernunternehmung kommend in Wilhelmshaven ein.
    Versenkungsziffer 35 000 t.
    "U 28" läuft ins Operationsgebiet Atlantik aus.
    Sonst keine Veränderungen.

- - -

-.-

Datum und Uhrzeit	Angabe des Ortes, Wind, Wetter, Seegang, Beleuchtung, Sichtigkeit der Luft, Mondschein usw.	Vorkommnisse
8.11.		**N o r d s e e :** ------------ Im Operationsgebiet nur noch "U 60", "U 61" an norwegischer Küste. Übrige Boote auf dem Rückmarsch. - - - **Handelskrieg:** Prise "City of Flint" hat Bannware in Bergen gelöscht. Die Ladung ist damit endgültig dem deutschen Zugriff entzogen. Im Hinblick auf die von Amerika verkündete für die deutsche Seekriegführung günstige Kampfzone in europäischen Gewässern, die in Zukunft ein Befahren englischer und französischer Gewässer durch amerikanische Schiffe ausschließt, und mit Rücksicht auf die ohnehin geringe Aussicht, die "City of Flint" mit den wenigen in der nördlichen Nordsee stehenden Ubooten noch aufbringen zu können, erscheint es zur Vermeidung unerwünschter Auseinandersetzungen mit Amerika ratsam, der amerikanischen Regierung mitzuteilen, dass Deutschland mit Rückkehr des Schiffes nach Amerika einverstanden sei. A.A. wird über Auffassung Skl. unterrichtet. B.d.U. erhält Anweisung, Ubooten Befehl zu geben, Schiff unbehelligt zu lassen. (Siehe auch Teil C, Heft VIII).
(23)		
		- - - - **Handelsschiffahrt 8.11.:** = = = = = = = = = = = Eigene Schiffahrt: ------------------ Deutscher Dampfer "Uhlenfels" (7603 t) wird nach Daventry Radio 8.11. von Flugzeugträger "Arc Royal" aufgebracht und nach Freetown eingebracht. - - - - -.-

Datum und Uhrzeit	Angabe des Ortes, Wind, Wetter, Seegang, Beleuchtung, Sichtigkeit der Luft, Mondschein usw.	Vorkommnisse

8.11.   Die "Asiatic Tanker Co." hat die Absicht, die in portugiesisch Angola liegenden 4 Schiffe der Woermann-Linie an die Kette legen zu lassen.

Washington (Botschaft) meldet:
"Auf Betreiben amerikanischer Schiffahrtsgesellschaften, die am Kauf in Ibero-amerikanischen Häfen aufliegenden deutschen Schiffen interessiert sind, hat amerikanische Regierung mit britischer Regierung Verhandlungen über Anerkennung Eigentumsübertragung und Flaggenwechsel durch britische Admiralität geführt. Englische Regierung soll amerikanischer Regierung bindende Zusage gegeben haben, dass sie Übergang Eigentums deutscher Handelsschiffe auf amerikanische Reeder sowie Flaggenwechsel anerkennen und Schiffe keiner Handelskriegsmassnahme unterwerfen werde, vorausgesetzt, dass amerikanische Regierung Käufer verpflichte, erworbene deutsche Schiffe jederzeit auf Anforderung englischer Regierung gegen Erstattung des an deutsche Eigentümer gezahlten Kaufpreises an britische Behörden abzugeben. Die amerikanische Regierung soll sich hiermit einverstanden erklärt haben.
Anhaltspunkte liegen dafür vor, dass auch gewisse ibero-amerikanische Staaten Verhandlungen mit ähnlichem Inhalt mit englischer Regierung geführt und englische Klausel anerkannt haben."
Nach Mitteilung einer belgischen Firma nach Hamburg hat die portugiesische Regierung Verhandlungen über den Ankauf deutscher Schiffe, die in portugiesischen Häfen liegen, begonnen. Die belgische Firma nimmt an, dass diese Verhandlungen nicht ohne Kenntnis der Engländer vor sich gehen.

- - -

Neutrale Schiffahrt:

Auswärtiges Amt teilt 6.11.39 mit:
"Londoner Presse vom 6.11. fordert, dass Ausfuhr deutscher Güter auf neutralen Schiffen durch Blockademassnahmen verhindert werden müsse." Korrespondenten neutraler Länder wollen wissen, dass britische Regierung bereits solche Massnahmen

Datum und Uhrzeit	Angabe des Ortes, Wind, Wetter, Seegang, Beleuchtung, Sichtigkeit der Luft, Mondschein usw.	Vorkommnisse
8.11.		erwogen hat und als berechtigt ansieht, da Deutschland bei Handelskriegführung britische und neutrale Schiffe ohne Unterschied versenkt, ohne für völlige Sicherheit der Besatzungen zu sorgen. - Nach einer Londoner Pressemeldung vom 3.11. wird das britische Ministerium für Wirtschaftskriegführung in den nächsten Wochen eine diesbezügliche Erklärung abgeben. Das Auswärtige Amt teilt dazu mit, dass, falls England diese Massnahmen durchführt, es damit gegen die Zusicherungen verstossen würde, die gegenüber U.S.A., Japan und Iran gemacht worden sind. - - - - Die Nachrichten von lettischen Lebensmittellieferungen über Schweden nach England deuten darauf hin, dass Zugriffsmöglichkeit hiergegen nur im <u>Finnischen Meerbusen</u> besteht. - - - - C/Skl. 1.Skl.. Ia Astro 2

Datum und Uhrzeit	Angabe des Ortes, Wind, Wetter, Seegang, Beleuchtung, Sichtigkeit der Luft, Mondschein usw.	Vorkommnisse	

9.11.   Politische Nachrichten:

1.) 8.11.abends: Bomben-Attentat im Bürgerbräukeller in
    München nach der Rede des Führers anläßlich Feier des
    9.November.

2.) Rede Chamberlains im Unterhaus siehe Auslandspresse.

3.) Holland/Belgien: Steigende Befürchtungen hinsichtlich
    eines drohenden Einmarsches von deutscher Seite.
    In Holland werden Teil-Überschwemmungen angeordnet.
    Allgemeine Urlaubssperre ist angeordnet. Meldungen
    von umfangreichen Truppenbewegungen liegen vor. Sperrung
    sämtlicher Kanäle in Belgien für die Schiffahrt, in
    Holland teilweise Sperrung.
            Sehr geringe Erfolgsaussichten des holländisch-
    belgischen Friedensschrittes.

4.) A.A. hat die dringende Bitte ausgesprochen, im gegen-
    wärtigen Zeitpunkt amerikanische Schiffe zu schonen,
    um jede mögliche Spannung mit USA augenblicklich zu
    vermeiden.

            Aus den laufend eingehenden Ladungsverzeichnis-
sen der nach England bestimmten dänischen Lebensmittel-
schiffe geht der sehr beträchtliche Umfang dieser durch
das deutsch-dänische Sonderabkommen dem prisenrechtlichen
Zugriff entzogenen Versorgung Englands hervor. Nach den
aus England vorliegenden Nachrichten muß dieser Zufuhr
jedoch lebenswichtige Bedeutung für den Gegner beigemessen
werden. Skl. weist in einem Schreiben ans A.A. erneut auf
die s.Zt. von Skl. erhobenen schweren Bedenken hin und
bittet um nochmalige Prüfung:

Datum und Uhrzeit	Angabe des Ortes, Wind, Wetter, Seegang, Beleuchtung, Sichtigkeit der Luft, Mondschein usw.	Vorkommnisse
9.11.		1.) ob bei Kündigung des getroffenen Abkommens nicht für den Gegner größere Schwierigkeiten entstehen als für Deutschland; 2.) ob inzwischen Möglichkeiten gefunden sind, die dänische Futtermittelversorgung aus anderen Räumen als aus England sicherzustellen; 3.) ob deutsche Versorgung noch immer entscheidend von Dänemark abhängig ist.
vorm. (24)		Russisches Außenkommissariat teilte durch Verbalnote die Sperrung bestimmter Gewässer der Zugänge zur Kola-Bucht mit (Näheres siehe Teil C Heft VIII).
		Besondere Feindnachrichten 9.11.: A t l a n t i k : England: Funkbeobachtung bestätigt: Kreuzer "Cumberland", "Exeter", "Achilles" im Südatlantik, Kreuzer "Sussex", "Shropshire" im Südafrika-Gebiet. (Übermittelt an "Graf Spee"). Kreuzer "Enterprise" am Westausgang Kanal in Verbindung mit Linienschiff "Warspite" und Kreuzer "Effingham". Kreuzer "Ajax" ist nach Meldung des Marineattachés 8.11. aus Buenos-Aires ausgelaufen.

Datum und Uhrzeit	Angabe des Ortes, Wind, Wetter, Seegang, Beleuchtung, Sichtigkeit der Luft, Mondschein usw.	Vorkommnisse
9.11.		3 Kreuzer der "Devonshire"-Klasse sind 7.11. von Osten kommend Gibraltar eingelaufen. Kreuzer haben Tarnbemalung. Es handelt sich wahrscheinlich um "Devonshire" "Suffolk" und "Norfolk". Weitere Absichten der Kreuzer noch unbekannt, möglicherweise Geleitdienst im Nordatlantik. (Nachrichten werden an Panzerschiffe übermittelt).

Frankreich:
Funkaufklärung stellt Geleitzugbewegungen fest.

N o r d s e e:
Funkpeilungen ließen am 9.11.nachm. einen Kreuzer der C-Klasse nördlich der Doggerbank erkennen.
Der Chef der 5.Z-Flottille wurde 200 sm nördlich der Shetlands gepeilt (möglicherweise Geleitzugdienst).
Nach V-Mann-Meldung soll in Kirkwall 1 Flugzeugträger stationiert sein (es kann sich nur um "Pegasus" handeln).
Durch Bekanntmachung der engl.Admiralität ist im Firth of Forth der Südkanal südlich Inshkeith für die Schiffahrt gesperrt. Alle Schiffe werden ferner ersucht, sich Informationen zu holen, bevor sie die Breite von Newcastle nach Süden passieren.
Diese Maßnahmen lassen erkennen, welche Schwierigkeiten dem Gegner aus der Minengefahr erwachsen.
9.11. läuft nach Daventry-Meldung wiederum ein Dampfer (Carmathen Coast) an der Nordostküste Englands auf Mine.

Datum und Uhrzeit	Angabe des Ortes, Wind, Wetter, Seegang, Beleuchtung, Sichtigkeit der Luft, Mondschein usw.	Vorkommnisse
9.11.		**Eigene Lage:** Atlantik:) Nordsee:) Keine besonderen Ereignisse. Ostsee: Westliche Ostsee: Gruppe Ost meldet Vervollständigung Netzsperre bei Kiel-Friedrichsort. Einbringung des Dampfers "New York" unter U-Bootssicherung durch M-Boote und Flugzeuge. Fortsetzung Handelskrieg. (1 schwedischer Dampfer aufgebracht). Danziger Bucht: Fortsetzung Räumarbeiten. Sperrmaßnahmen: In gewissen schwedischen Schiffahrts- und Lotsenkreisen wird die jetzige deutsche Sperrlegung am Sund als eine zu großzügige Anerkennung des von Schweden geforderten Anspruchs ausgelegt und auf die Unzulänglichkeit der Sperre zur Durchführung einer wirksamen Handelskontrolle hingewiesen. Bei Heranrücken an die 3 sm Grenze würde eine weit bessere Kontrolle erzielt werden können. U-Bootslage: Atlantik: "U 49" läuft ins Operationsgebiet Atlantik aus. "U 26" und "U 53" werden nunmehr im Operationsgebiet Mittelmeer vermutet.

Datum und Uhrzeit	Angabe des Ortes, Wind, Wetter, Seegang, Beleuchtung, Sichtigkeit der Luft, Mondschein usw.	Vorkommnisse
(25) 9.11.		"U 42" (Kommandant: *Kpt.Lt.*) wird mit 9.11. endgültig als vermißt erklärt. Nach einem Brief eines Besatzungsangehörigen ist ein Teil der Besatzung in Gefangenschaft geraten. Boot soll im Gefecht mit Zerstörern beschädigt und gesunken sein.

Nordsee:
"U 23" von Unternehmung zurück.
"U 56, U 58, U 59" aus Operationsgebiet Orkneys zurückgekehrt.

Handelskrieg:
Kurzbericht des B.d.U. über Unternehmung "U 37" meldet: Dauer: 5.10. bis 8.11. Erfolg: 35305 TS versenkt, darunter eine U-Bootsfalle. Weg nördlich um England. Operationsgebiet südwestlich Irland und westlich Gibraltar. Geringer Verkehr nördlich England und westlich Irland. Geleitzug auf 45 Grad N und 12 Grad 30 Min. West am 17/18. Okt. Einzelverkehr vor Gibraltar. Horchverfolgung und Wasserbomben, Zusammenarbeit U-Falle mit Schnellbooten. Mäßige Luftüberwachung südlich Portugal.

Daventry-Radio bringt eine **Falschmeldung**, daß franz. Dampfer "San José" 500 sm südöstlich Bermudas von einem feindl. U-Boot gejagt worden sei. Es handelt sich um die dritte derartige Zweckmeldung, die offenbar das Ziel verfolgt, Deutschland Kampfhandlungen in der amerikanischen Sicherheitszone zuzuschreiben. |

Datum und Uhrzeit	Angabe des Ortes, Wind, Wetter, Seegang, Beleuchtung, Sichtigkeit der Luft, Mondschein usw.	Vorkommnisse
9.11.		

Handelsschiffahrt:
Der deutschen Handelsschiffahrt wird folgende geschlüsselte W-Nachricht Nr.22 übermittelt:
1.) Bei Andenes (Norwegen) 2 britische U-Boote auf Position.
2.) Aussichten für Durchkommen bei Berücksichtigen von Nacht und diesigem Wetter in Engen noch immer günstig. Bisher hat Feind norwegische Hoheitsgewässer <u>nicht</u> verletzt.

Aus Amerika wird gemeldet:
Standard-Oil, New Jersey hat 6 Tankschiffe unter Panamaflagge gestellt, 9 weitere sollen demnächst folgen.
In New York sind eine Anzahl engl.und franz.Schiffe ladebereit, um Kriegsmaterial zu verschiffen. Die amerikanischen und englischen Reedereien sollen sich unter Umgehung der Neutralitätsgesetz - Bestimmungen dahingehend geeinigt haben, daß die Amerikaner die Südamerika-Fahrt der Franzosen und Engländer übernehmen, während sich die Engländer, die früher nach Südamerika fuhren, nur noch auf den Nordatlantik konzentrieren.

Die Niederländische Regierung hat den deutschen Vorschlag, deutsche Handelsschiffe aus Rotterdam und Amsterdam durch holländische Lotsen durch das Wattenmeer und aus dem Wattenmeer zwischen den Inseln Terschelling und Vlieland in die Nordsee herauszubringen, angeblich aus Gründen der Landesverteidigung abgelehnt. Der Marineattaché bemerkt dazu, daß die Holländer selbst das Seegatt von Terschelling für ihre eigenen Schiffe nicht frei haben. In den ersten Kriegstagen haben sie dort Minensperren gelegt, wobei die Minen in der Eile wenig vorschriftsmäßig geworfen worden sind, sodaß die Holländer selbst nicht mehr wissen, wo ihre Minen liegen. Es soll bei der Niederländischen Marine jedoch die Absicht bestehen, das Minenfeld baldmöglichst zu räumen, dann

Datum und Uhrzeit	Angabe des Ortes, Wind, Wetter, Seegang, Beleuchtung, Sichtigkeit der Luft, Mondschein usw.	Vorkommnisse
9.11.		wieder neu zu legen und eine Durchfahrtsstraße offen zu halten. Wenn es so weit ist, kann nach Ansicht des Marineattachés damit gerechnet werden, daß von holländischer Seite auf die Deutschland angeregte Frage wieder zurückgekommen wird. Nach einer Meldung des Marineattachés Helsingfors finden gegenwärtig starke Holztransporte, insbesondere an Grubenholz nach Nordfinnland statt mit Weitertransport über Narvik. In letzter Zeit sollen auch umfangreiche finnische Zelluloseverschiffungen nach Holland und Belgien stattgefunden haben, deren Bestimmungen wahrscheinlich England war.

1630 Uhr		An Panzerschiff "Deutschland" wird übermittelt, daß dänisches Fischereischutzboot "Islands Falk" voraussichtlich 10.11. Faroer Inseln zum Marsch nach Bergen verläßt.
		
		Die Bereitschaftsmeldung der Gruppe West enthält folgende z.Zt. außer Kriegsbereitschaft liegende Einheiten:
		    Kreuzer "Hipper" bis 31.12.
		       " "Leipzig" unbestimmt
		       " "Köln" bis 19.11.
		    Zerstörer "Leberecht Maaß" bis 15.11.
		       " "Max Schultz" " 4. 1.40
		       " "Rich.Beitzen" " 10.11.
		       " "Erich Steinbrink" " 10.11.
		       " "Bernd v.Arnim" " 14.11.
		       " "Wolfgang Zenker" " 9.12.
		       " "Hans Lody" " 12.11.
		       " "Paul Jacobi" " 22.11.
		    5.Torp.Flottille " 15.2.40

Datum und Uhrzeit	Angabe des Ortes, Wind, Wetter, Seegang, Beleuchtung, Sichtigkeit der Luft, Mondschein usw.	Vorkommnisse
9.11.		Zur Frage der völligen Abriegelung der westl.Ostsee gegen das Eindringen feindlicher U-Boote wird dem A.A. folgende Stellungnahme der Skl. übermittelt: "Nach den der Skl. vorliegenden Meldungen deutscher Seestreitkräfte ist es mehreren feindl.U-Booten gelungen, durch die Ostsee-Eingänge in die westl.Ostsee einzudringen und sie auch wieder zu verlassen. Die hierbei aufgetretene ernste Bedrohung der in der Ostsee übenden deutschen schweren Seestreitkräfte und des gesamten Handelsverkehrs darf sich unter keinen Umständen wiederholen. Nach Prüfung sämtlicher Möglichkeiten ist die Seekriegsleitung zu dem Ergebnis gekommen, daß eine Verhinderung des Eintretens feindlicher Uboote in die Ostsee nur durch eine vom Grunde bis zur Wasseroberfläche reichende Minen- und Netzsperrung des Großen und Kleinen Beltes einschl.der dänischen Hoheitsgewässer erreicht werden kann. Um für den normalen Handelsverkehr und die deutschen Seestreitkräfte auch weiterhin die Durchfahrt durch die Meerengen zu ermöglichen, sind Sperrlücken erforderlich. Diese Sperrlücken müssen im freien Gewässer liegen, sodaß eine Bewachung durch deutsche Streitkräfte und eine Bekämpfung etwa doch den Durchbruch versuchender feindlicher U-Boote jederzeit möglich ist. Um politische Rückwirkungen, die sich u.U. auch aus einem englischen Verlangen zur Sperrung der norwegischen Hoheitsgewässer ergeben könnten, nach Möglichkeit auszuschließen, muß versucht werden, die für notwendig gehaltenen Sperrvorhaben durch die Dänen aus eigener Initiative heraus ausführen zu lassen." Es würde zweckmäßig sein, die Fühlung mit den Dänen in dieser Angelegenheit durch den Marineattaché in Kopenhagen aufnehmen zu lassen. A.A. wird gebeten, den Marineattaché bei der Durchführung seines Auftrages politisch zu unterstützen.

Datum und Uhrzeit	Angabe des Ortes, Wind, Wetter, Seegang, Beleuchtung, Sichtigkeit der Luft, Mondschein usw.	Vorkommnisse

9.11.

Das A.A. stimmt der Auffassung der Skl. grundsätzlich zu und bittet, daß die Frage zunächst zwischen der dänischen und deutschen Marine über den Marineattaché vorbesprochen wird. Marineattaché wird 10.11. zu Besprechungen in Berlin anwesend sein.

(26)

Gruppe West (A I) wird telefonisch unterrichtet, daß im Fernschreiben 745 GKdos. ersten beiden Zahlen der B.Nr. 57 heißen müssen. (*Mißverstanden*)

Panzerschiff "Deutschland" (nachrichtl. "Graf Spee") erhält mit Ft 1539 Befehl: "Anlaufen Basis Nord nur notfalls. Notwendigkeit Anmeldung durch Skl. bleibt bestehen."
 In weiteren Funksprüchen wird der "Deutschland" und "Westerwald" die Durchsteuerung des Großen Beltes und die Lage des Warngebietes Gjedser Enge übermittelt.

C/Skl.   1/Skl.   I   Astp 2

Datum und Uhrzeit	Angabe des Ortes, Wind, Wetter, Seegang, Beleuchtung, Sichtigkeit der Luft, Mondschein usw.	Vorkommnisse

Datum und Uhrzeit	Angabe des Ortes, Wind, Wetter, Seegang, Beleuchtung, Sichtigkeit der Luft, Mondschein usw.	Vorkommnisse
10.11.		Besondere Feindnachrichten 10.11.:

A t l a n t i k :

England:

1. Kreuzergeschwader ("Devonshire","Norfolk" und "Suffolk") auf dem Marsch nach dem Kanalgebiet. Schlachtkreuzer "Hood" gleichfalls im Kanal festgestellt.
(An Panzerschiffe übermittelt).

Marineattaché Buenos Aires meldet folgende Standortverteilung:

Kreuzer "Cumberland"	Buenos Aires
Kreuzer "Exeter"	Mar del Plata
Kreuzer "Ajax" mit einem Hilfskreuzer	Rio de Janeiro

(An Panzerschiffe übermittelt).

Im Indischen Ozean haben Linienschiffe "Malaya" und Flugzeugträger "Glorious" Aden am 10.11. verlassen.
(An Panzerschiffe übermittelt).

- - -

Frankreich:

Im westlichen Kanalgebiet wird Geleitzugtätigkeit beobachtet. Kreuzer "Jean de Vienne" wird in Begleitung zweier Flottillenführer auf dem Marsch von Casablanca nach Dakar festgestellt.

3 Einheiten, wahrscheinlich die Kreuzer "Algèrie" und "Duguay Trouin" und die 10. Flott-Führ.Division stehen bei den Kap Verden.

- - -

N o r d s e e :

Englische Admiralität gibt den Verlust des Hilfsschiffes "Northern Rover" bekannt. Es handelt sich vermutlich um den von "U 59" bei den Orkneys torpedierten Bewacher.

-.-

Datum und Uhrzeit	Angabe des Ortes, Wind, Wetter, Seegang, Beleuchtung, Sichtigkeit der Luft, Mondschein usw.	Vorkommnisse
10.11. (27)		Die Luftaufklärung am 10.11. ergibt ausser einem Kanonenboot und einem Zerstörer vor dem Wash an der Küste keinerlei Feindstreitkräfte. Auch die Aufklärung des Fliegerkorps X stellt keine Feindeinheiten fest. Firth of Forth war leer; in den Shetlands-Stützpunkten einige leichte Streitkräfte; Scapa Flow und Firth of Moray konnten wegen Wetterlage nicht eingesehen werden. Funkaufklärung beobachtet übliche Überwachungstätigkeit im Seegebiet Schottland. Nach englischer Meldung sollen die Feuer von Jjmuiden nach Norden gelöscht sein. - - - Eigene Lage 10.11.: Atlantik: Lagebetrachtung Atlantik vom 10.11.siehe Kriegstagebuch Teil C, Heft 1, Atlantik. Nordsee: Keine besonderen Ereignisse. Ostsee: Handelskrieg nördlich Sundsperre führt zur Aufbringung von 2 Dampfern. Räumarbeiten in Danziger Bucht werden fortgesetzt. - - - U b o o t s l a g e : Atlantik: "U 33" meldet Aufgabe im Bristol-Kanal durchgeführt. Im übrigen keine besonderen Ereignisse. Nordsee: Keine Vorkommnisse. -.-

Datum und Uhrzeit	Angabe des Ortes, Wind, Wetter, Seegang, Beleuchtung, Sichtigkeit der Luft, Mondschein usw.	Vorkommnisse

10.11.   Der deutsche Geschäftsträger Panama meldet, dass die Regierung von Panama auf Grund der panamerikanischen Neutralitätserklärung Ubooten kriegführender Staaten das Einlaufen in die Hoheitsgewässer, ausgenommen bei höherer Gewalt und Havarie, verboten hat.

- - -

H a n d e l s s c h i f f a h r t   10.11.:

Eigene Schiffahrt:

Hapagdampfer "New York" (22 337 BRT) von Murmansk kommend Holtenau eingelaufen. Skl. fordert vom R.V.M. baldige Verlegung des Schiffes zur Vermeidung von Ansammlungen im gefährdeten Kiel nach einem östlichen Hafen.

6 deutsche Dampfer Vigo zur Fahrt in die Heimat ausgelaufen (siehe auch Lage Handelsschiffahrt vom 11.11.).

Handel mit D ä n e m a r k :

Dem dänischen Aussenhandelsamt wurde mitgeteilt, dass England in den ersten Wochen des Monats September nur etwa 42 bis 45% der dänischen Steinkohlen- und Kokseinfuhr deckte; in der zweiten Hälfte des Monats September haben jedoch erhebliche Lieferungen eingesetzt, sodass es England inzwischen gelungen ist, die im dänisch-englischen Handelsvertrag von 1935 festgelegte Quote von 80% Steinkohlen und 65% Koks als Anteil an der dänischen Gesamteinfuhr zu erfüllen !! In diesem Zusammenhang wurde darauf hingewiesen, dass, <u>da Deutschland neuerdings wieder die dänischen Ausfuhren landwirtschaftlicher Erzeugnisse nach England uneingeschränkt duldet, gegenwärtig keine grossen Aussichten für eine wesentliche Erweiterung des deutsch-dänischen Handelsvolumes bestehen dürften.</u>

- - -

-.-

Datum und Uhrzeit	Angabe des Ortes, Wind, Wetter, Seegang, Beleuchtung, Sichtigkeit der Luft, Mondschein usw.	Vorkommnisse
10.11.		

                              Britische Presse fordert erneut eine Ausdehnung der britischen Blockade auf die deutschen Exports auf neutralen Schiffen. Diese Angelegenheit hat wachsendes Interesse im Parlament und in der Presse Englands gefunden. In politischen Kreisen macht sich die Ansicht immermehr geltend, dass die britische Regierung energische Massnahmen ergreifen müsse. Für die Verwirklichung eines deutschen Planes, England zu blockieren, sei die Aufrechterhaltung der deutschen Ausfuhr nach Übersee von grundlegender Bedeutung, denn wenn Deutschland den neutralen Ländern keine Überseeprodukte anbieten könne, sei Deutschland auch nicht in der Lage, diesen neutralen Ländern einen Ausgleich für ihre Handelsverluste mit England zu verschaffen.

                              - - -

                         Holländische Nachrichten bestätigen die bisherigen Meldungen von zunehmendem Grubenholzmangel im englischen Bergbau, der sich in verhängnisvoller Weise auf die englische Steinkohlenförderung auszuwirken beginne. Nach Schätzungen englischer Bergbaukreise reiche der gegenwärtige englische Grubenholzvorrat höchstens für einen Zeitraum von 4 Monaten. Frankreich komme als Lieferant nur mit ganz geringen Mengen in Betracht. Kanada sei zu weit entfernt und könne zudem von Dezember bis April Holz nur über Vancouver verschiffen. So gestalte sich die Holzversorgung Englands zu einem gerade unlösbaren Problem.

                              - - -

                         Die Nachrichten beweisen die unbedingte Notwendigkeit für die deutsche Seekriegführung, mit den schärfsten und rücksichtslosesten Mitteln gegen die englische Holzzufuhr vorzugehen. B.d.U. beabsichtigt "U 36" in den nächsten Tagen zur Handelskriegführung vor der nordnorwegischen Küste einzusetzen. Gruppen haben Weisung, zur Unterbindung der englischen Holzeinfuhr alle Möglichkeiten auszunutzen.

                              - - -

                                          -.-

Datum und Uhrzeit	Angabe des Ortes, Wind, Wetter, Seegang, Beleuchtung, Sichtbarkeit der Luft, Mondschein usw.	Vorkommnisse

10.11.
chm.

(28)

Vortrag des Ob.d.M. beim Führer:

(Siehe Niederschrift Ob.d.M. vom 10.11. Kriegstagebuch Teil C, Heft VII).

Besprechungspunkte:

1.) Lage in Ost- und Nordsee
2.) Minenoperationen an englischer Küste
3.) Weitere Verschärfung des Handelskrieges
4.) Wirtschaftliche und militärische Austauschverhandlungen mit Italien, Russland und Japan.
5.) Angelegenheit "City of Flint"
6.) Lage betr. "Deutschland" und "Graf Spee".

(29)

- - -

(30)

Besprechung mit Marineattaché in Kopenhagen (Kapitän zur See M e n n i n g) bei 1.Skl. über die von Skl. beabsichtigten Massnahmen zur Sicherung der Ostsee-Eingänge (siehe Kriegstagebuch Teil C, Heft III Ostsee).

- - -

C/Skl.
1.Skl.
Id   Ast 2

Datum und Uhrzeit	Angabe des Ortes, Wind, Wetter, Seegang, Beleuchtung, Sichtigkeit der Luft, Mondschein usw.	Vorkommnisse

Datum und Uhrzeit	Angabe des Ortes, Wind, Wetter, Seegang, Beleuchtung, Sichtigkeit der Luft, Mondschein usw.	Vorkommnisse	41
11. XI.		Besondere Politische Ereignisse.	

1.) Nachrichten aus Holland besagen, dass man in Holland u. Belgien seit 7.XI. ernstlich mit deutschem Einfall rechnet. Vorbereitungsmaßnahmen für Überschwemmungen seien abgeschlossen. Im Hafen von Rotterdam werden bestimmte Sicherungen getroffen, teilweise erfolgen Schiffsverlegungen, wodurch auch deutsche Dampfer der Neptun-Reederei betroffen sind.

2.) Russisch-Finnische Verhandlungen bisher ohne Erfolg.

3.) Dänischer Plan einer gemeinsamen Aktion gegen die Bannwarenlisten ist am Widerstand <u>Schwedens</u> gescheitert, das davon eine Störung der z.Zt. laufenden Wirtschaftsverhandlungen mit England befürchtet.

4.) Erklärungen Churchills im Unterhaus über den Seekrieg siehe Auslandspresse Nr.514. England habe entschieden die Oberhand über den deutschen U-bootskrieg gewonnen. In der 4.-8. Kriegswoche habe die britische Handelsflotte nur 72 000 t verloren, also weniger als die Hälfte der Verluste in den ersten 4 Kriegswochen. Die U-bootsabwehr sei erheblich verstärkt. Deutsche U-bootsverluste bei vorsichtiger Schätzung <u>wöchentlich 2-4 !</u> Deutscher U-bootsbau wird auf 2 Boote wöchentlich eingeschätzt, deutscher U-bootsbestand etwa 100 Boote im Januar 1940, abzüglich der Verluste.

| 11. XI. | | Besprechung beim Chef der Seekriegsleitung. | |

Besonderes:

1.) Auf Grund Ergebnis Besprechung beim Führer am 10.XI. sind beschleunigt die notwendigen Vorbereitungsmaßnahmen zur möglichst bald freizugebenden warnungslosen Versen-

Datum und Uhrzeit	Angabe des Ortes, Wind, Wetter, Seegang, Beleuchtung, Sichtigkeit der Luft, Mondschein usw.	Vorkommnisse
11. XI.		kung aller feindlichen Passagierdampfer zu treffen. Die Verschärfung ist durch Presseveröffentlichung über Tatsache der Bewaffnung feindlicher Passagierdampfer und ihre Verwendung als Hilfskreuzer propagandamäßig und rechtlich vorzubereiten. Die weitere Verschärfung des Handelskrieges soll im Einvernehmen mit dem Führer ohne öffentliche Proklamation je nach der gegebenen Lage Zug um Zug erfolgen. Chef 1.Skl. schlägt als weitere Verschärfung die warnungslose Versenkung aller eindeutig nach England und Frankreich fahrenden oder von dort kommenden Tankdampfer vor. Chef Skl. einverstanden. Frage soll dem Führer im Anschluss an gestrige Unterredung vorgetragen werden. Freigabe Versenkung kommt jedoch nur innerhalb der amerikanischen Kriegszone um England - Frankreich in Frage. Weitere Überprüfung dieser Maßnahmen ist beschleunigt anzustellen.
(31)		2.) Weisung des OKW. zur Frage der Unterstützung der Heeresoperationen durch die Seekriegsführung enthält folgende grundsätzliche Entscheidungen: a) Keine Angriffe der Kriegsmarine <u>vor</u> Antreten des Heeres, b) Angriffe zur See gegen Holland erst dann freigegeben, wenn Holland von englischen oder französischen Streitkräften besetzt wird oder auf Grund deutscher Maßnahmen bewaffneten Widerstand leistet. c) U-bootsunternehmungen gegen <u>belgische</u> Häfen in der Nacht <u>vor</u> Heeresoperation freigegeben. Für Überwasserstreitkräfte und Flugzeuge jedoch erst ab Angriffszeit des Heeres. d) <u>Holländische</u> Häfen sind erst auf besonderen Befehl zu sperren; dies gilt auch für Sperrung Westerschelde unter Inkaufnahme des Nachteils, dass in diesem Fall auch ~~belgisches Fahrwasser~~ offen bleibt.

Datum und Uhrzeit	Angabe des Ortes, Wind, Wetter, Seegang, Beleuchtung, Sichtigkeit der Luft, Mondschein usw.	Vorkommnisse

11.
XI.

3.) Vortrag Ia über Operationsbefehle des BDU. Für neue Welle der Atlantik-U-boote und für den Ansatz eines U-bootes gegen die englischen Erz- und Holzverbindungen nach Norwegen und Russland:
a) "U 28" Aufgabe: Minenverseuchung vor Swansea, "U 29" vor Milford Haven,("U 33" Aufgabe nördlich The Foreland bereits durchgeführt). Angriffe auf alle Kriegs-und Handelsschiffe, die warnungslos versenkt werden dürfen. Handelskrieg nach Prisenordnung nur außerhalb der Nordsee. Ausrüstung der Boote: 12 TMB, 3G7e, 2 G7a.
b) "U 38", "U 41", "U 43", "U 49", "U 47".:Aufgabe: Handelskrieg zwischen Irland und Gibraltar.- Angriff auf alle fdl. Kriegsschiffe (Zerstörer nur bei sicheren Unterlagen)- warnungslose Versenkung aller feindlichen Handelsschiffe - Versenkung aller Schiffe, die gemäß St.K.befehlen des BDU.versenkt werden dürfen. Außerhalb Nordsee gegen einwandfrei Neutrale Handelskrieg nach Prisenordnung - Operieren auf wertvolle Ziele in geleitetem Ansatz.
"U 41", "U43", "U49" zunächst Operationsgebiet "gelb (südwestlich Irland); nach Eintreffen "U 38" Gebiet "blau" (westlich und südwestlich Portugal). Nach Eintreffen "U47" Gebiet "rot" (nordwestlich Finisterre).
Taktischer Führer Kommandant "U 43"
Zur Ausschaltung von Überraschungen hat BDU. befohlen, dass kein angehaltener Dampfer von Besatzungsangehörigen betreten werden darf. Versenkungen grundsätzlich nur durch Torpedo.
c) "U 36" Aufgabe Handelskrieg an der Nord- und Westküste Norwegens. Angriff auf den von Narwik nach England laufenden Handelsverkehr. Angriff auf feindliche Kriegsschiffe (Zerstörer nur bei sicheren Unterlagen). Angriff auf warnungslos zu versenkende Schiffe. Handelskrieg nach Prisenordnung gegen Neutrale, wenn Anwesenheit des U-bootes bekannt ist und wenn Annahme, dass es sich nicht um Dampfer im normalen Küstenverkehr handelt.

Datum und Uhrzeit	Angabe des Ortes, Wind, Wetter, Seegang, Beleuchtung, Sichtigkeit der Luft, Mondschein usw.	Vorkommnisse
11. XI. (32)		Zunächst Wartestellung vor dem Westfjord, anschliessend Weitermarsch in das Seegebiet Nordkap bis Kolabucht. Auftreten überraschend. Besonderer Hinweis auf Achtung russischer 12 sm Hoheitszone! (Einzelheiten siehe Operationsbefehle des BDU. Nr. 10, 11, 12. Siehe Akte Seekrieg 39, Heft 4)

Datum und Uhrzeit	Angabe des Ortes, Wind, Wetter, Seegang, Beleuchtung, Sichtigkeit der Luft, Mondschein usw.	Vorkommnisse

11.11.

Besondere Feindnachrichten 11.11.
- - - - - - - - - - - - - - - -

A t l a n t i k:
England:

Geleitzugdienst: Linienschiff "Warspite", das in Funkverbindung mit den Bermudas steht, ist offensichtlich vom Kanal nach Westen zur Einbringung eines Geleitzuges in Marsch gesetzt.

Marineattaché Buenos-Aires meldet Abgang des wöchentlichen La Plata-Geleitzuges für 11/12.11., bestehend aus: 4 - 16 sm schnellen, großen bewaffneten engl. Fleischdampfern, 1 Passagierdampfer und etwa 3 Getreidedampfern.

Bei den Gibraltar-Geleitzügen handelt es sich nach Angaben der italienischen Marine vorwiegend um von Afrika und Südamerika kommende Schiffe, da jetzt der größere Teil des engl.Ostasien- und Indien-Handels ums Kap läuft.

Funkbeobachtung meldet:
Netzleger Protektor am 10.11. an Freetown: Chef des 5.Krz. Geschw. ("Kent", "Dorsetshire", "Birmingham"), der bisher in Ostasien stand, befindet sich zur Zeit in Ostindien.

Panzerschiffe erhalten folgende Feindunterrichtung:
1.) Krz. "Manchester" Ende September vor Mozambique.
   Vor Südafrika-Hafen Patrouillendienst durch Hoops.
   Starker Verkehr zwischen Durban und Kapstadt.
2.) "Renown", "Ark Royal" 10.11. wahrscheinlich Freetown ausgelaufen.

Datum und Uhrzeit	Angabe des Ortes, Wind, Wetter, Seegang, Beleuchtung, Sichtigkeit der Luft, Mondschein usw.	Vorkommnisse
11.11.		**Frankreich:** Über den Ausrüstungszustand des Schlachtschiffes "Richelieu" wird gemeldet: Flugzeughalle noch nicht fertig, schwere Artillerie wird bereits montiert, über Montage Mittelartillerie noch nichts verlautet, Probefahrten beginnen vielleicht im November, Besatzung 1800 Mann. Funkaufklärung stellt Kreuzer "Dupleix" mit 2 weiteren Einheiten auf dem Marsch von Port Etienne nach Dakar fest. Damit stehen an der westafrikanischen Küste: <u>Gibraltar</u>: 4 Zerstörer zum Überwachungsdienst <u>Casablanca</u>: 2 Torpedoboote, etwa 5 U-Boote. <u>Gebiet Dakar</u>: 2 schwere und 2 leichte Kreuzer, etwa 5 Zerstörer und 8 U-Boote. <u>Auf den Antillen</u>: 4 U-Boote (Fort de France). **N o r d s e e:** Keine besonderen Nachrichten. <u>Nachrichten über Neutrale:</u> In der USA-Kriegsmarine werden nach V-Mann-Meldungen Überlegungen angestellt, die großen Passagierdampfer mit Decküberbauten zu versehen und als bewegliche Sicherheitsinseln für Geschwaderflüge nach Europa zu verwenden. Die vermutlich auf der Suche nach deutschen Seestreitkräften auf Patrouillenfahrten im Atlantik eingesetzten USA-Zerstörer sollen ihre Beobachtungen an die Engländer übermitteln!

Datum und Uhrzeit	Angabe des Ortes, Wind, Wetter, Seegang, Beleuchtung, Sichtigkeit der Luft, Mondschein usw.	Vorkommnisse

11.11.

(33)

Übersicht über die Tätigkeit der britischen und französischen Verbände vom 1. - 8.11. nach Funkbeobachtungen siehe B-Bericht Nr.10 (Teil B Heft B-Berichte).

Besondere Beobachtungen:

E n g l a n d :

1.) Verteilung und Tätigkeit der englischen Streitkräfte wurden bestimmt von Geleitschutzaufgaben und Bekämpfungsversuchen der deutschen Panzerschiffe.
Geleitschutz wurde allgemein in letzter Zeit <u>erheblich</u> verstärkt.

2.) An schweren Feindstreitkräften befinden sich z.Zt. nur "Nelson", "Rodney" und möglicherweise 1 Schiff der R-Klasse in schottischen Gewässern bzw. im nördlichen Heimatbereich. Schlachtkreuzer auf den atlantischen Handelswegen bzw. westlich des Kanals. Flugzeugträger im Heimatbereich nicht mehr festgestellt. Einige Kreuzer der Heimatflotte sind abgezogen für Nordatlantik-Geleitdienst bzw. zum Geleitschutz Westausgang Kanal.

3.) Einrichtung regelmäßigen Geleitdienstes (etwa alle 2 Tage) <u>zwischen Norwegen und England</u> durch leichte Streitkräfte der Heimatflotte.

4.) U-Bootsüberwachung und -Bekämpfung im Kanal in enger Zusammenarbeit mit französischer Marine wie bisher.

5.) Schwerpunkt britischer Seekriegführung jetzt eindeutig im Atlantik. Starke Sicherung der Geleitzüge durch schwere Schiffe und Kreuzer über einen großen Teil des Atlantikweges, teilweise - bei besonders wichtigen Transporten - bis zur Aufnahme durch Streitkräfte in europäischen Gewässern. Aufnahme durch Zerstörer und Kreuzer. Seitendeckung durch schwere Schiffe.

6.) Weitere Verstärkung der Südatlantik-Streitkräfte. Hauptstützpunkte Freetown und Dakar.

Datum und Uhrzeit	Angabe des Ortes, Wind, Wetter, Seegang, Beleuchtung, Sichtigkeit der Luft, Mondschein usw.	Vorkommnisse
11.11.		Frankreich:

1.) Keine operativen Aufgaben in der Nordsee.

2.) Geleitzugtätigkeit auf Schiffahrtsweg Frankreich - westafrik.Küste geringer als bisher. Sicherung durch U-Boote auf festen Positionen und unmittelbares Geleit durch Zerstörer und Kreuzer.

3.) Operative Aufklärung und Überwachung im Seegebiet von Dakar - Cap Verden durch Kreuzer und Flottillenführer in enger Zusammenarbeit mit englischen Freetown-Streitkräften.

4.) Im Mittelmeer Geleitdiensttätigkeit.

(34)

E i g e n e   L a g e 11.11.:

A t l a n t i k: Keine Vorkommnisse.
Zusammenstellung der an "Deutschland" und "Westerwald" erteilten Befehle siehe Teil C Heft I, Atlantik.
    Es wird angenommen, daß "Deutschland" in der Nacht vom 11.zum 12.11. planmäßig die Dänemarkstraße durchstößt.

N o r d s e e:
Dichter Küstennebel verhindert die Tätigkeit eigener Überwasserstreitkräfte.

O s t s e e:
Handelskrieg führt zu weiteren Dampfer-Aufbringungen.
    Dänische Mitteilung besagt, daß in der Zeit vom 5.-7.11. von dänischen Sprengkommandos in der Fakse-und Kjöge-Bucht 60 Minen unschädlich gemacht wor-

Datum und Uhrzeit	Angabe des Ortes, Wind, Wetter, Seegang, Beleuchtung, Sichtigkeit der Luft, Mondschein usw.	Vorkommnisse
11.11.		den sind, es sollen noch weitere treibende Minen vorhanden sein. Aus diesem Grunde ist dänische Schiffahrtsverbindung Kopenhagen - Bornholm eingestellt und soll durch eine Luftverkehrslinie für die Wintermonate ersetzt werden.

U-Bootslage 11.11.
Mittelmeer: "U 26", "U 53".
Atlantik: "U 34" kehrt von Fernunternehmung zurück.
Ergebnis: 26 094 t darunter einen bewaffneten Bewacher versenkt. 1 Prise eingebracht.
Im Operationsgebiet: "U 33", "U 40"(?)
"U 45"(?).
Auf dem Anmarsch:
"U 28" bei den Shetlands
"U 41" nordwestlich Schottland
"U 43" westlich Schottland
"U 49" mittlere Nordsee.
Auf dem Rückmarsch: "U 25" mittlere Nordsee.

Nordsee:
Auf Position: "U 60", "U 61".

Handelsschiffahrt 11.11.:
Von Übersee über Murmansk heimgekehrt:"M.Jller."
Auslaufen Dampfers "Asuncion" aus Las Palmas am 10.11. und sein Standort am 11.11. wird französischen Einheiten im Atlantik übermittelt.

In einer Besprechung des Marineattachés Stockholm mit dem schwedischen Marinechef am 9.11. in der Frage der 3 sm Hoheitsgrenze zeigte Marinechef Verständnis für die Einrichtung eines schwedisch-staatlichen

Datum und Uhrzeit	Angabe des Ortes, Wind, Wetter, Seegang, Beleuchtung, Sichtigkeit der Luft, Mondschein usw.	Vorkommnisse
11.11. (35)		Kontrollsystems mit deutschen Passierscheinen. Auch der Vorschlag des Marineattachés, die Schweden sollten das gesamte schwedische Fahrwasser nordöstlich unserer Sundsperre selbst sperren und mit Hilfe einer Durchfahrtslücke jeden Mißbrauch durch feindliche U-Boote oder Handelsschiffe mit Bannware ausschließen, ist von dem Marinechef zustimmend aufgenommen worden. (Weiteres siehe auch Kriegstagebuch Teil C Heft VIII).

Datum und Uhrzeit	Angabe des Ortes, Wind, Wetter, Seegang, Beleuchtung, Sichtigkeit der Luft, Mondschein usw.	Vorkommnisse
12.11.		Lagebesprechung beim Chef der Seekriegsleitung:

Besonderes:

1.) Führer hat grundsätzlich dem Antrag auf Freigabe der warnungslosen Versenkung aller einwandfrei nach England und Frankreich fahrender oder von dort kommender Tankschiffe zugestimmt. Schriftliche Weisung folgt vom OKW.

2.) Ia trägt die Vorüberlegungen der Seekriegsleitung für eine Operation der Schlachtschiffe vor:

Skl. sieht den augenblicklichen Zeitpunkt für die kurzfristige, jedoch weiträumige Unternehmung der Schlachtschiffe als ausgesprochen günstig an. Von den schweren englischen Streitkräften befinden sich zur Zeit nur "Nelson", "Rodney" und vermutlich 1 Schiff der R-Klasse in schottischen Gewässern bezw. im Heimatbereich. Keines der augenblicklich im Heimatbereich befindlichen englischen Grosskampfschiffe läuft über 23 sm, sodass auch bei einer gewissen maschinellen Störanfälligkeit unserer Schlachtschiffe eine unmittelbare Gefahr nicht erblickt werden kann. Aber auch bei Anwesenheit eines feindlichen Schlachtkreuzers erscheint das Risiko einer derartigen Unternehmung gering. Die Operation wird auf 4-5 Tage veranschlagt. Strategisches Ziel der Unternehmung: Druck auf die feindlichen Nordatlantikwege mit der Absicht, eine starke Diversionswirkung zur Entlastung des Panzerschiffes "Graf Spee" zu erreichen und zu verhindern, dass der Gegner die Befreiung vom Druck des nunmehr in die Heimat zurückkehrenden Panzerschiffes "Deutschland" zu weitgehender Auflockerung seiner Nordatlantik-Sicherung, zu Ruhe und Überholung seiner Streitkräfte oder zur weiteren Kräftekonzentrierung im Südatlantik ausnutzt.

Die den Schlachtschiffen zu erteilende Aufgabe ist:

-.-

Datum und Uhrzeit	Angabe des Ortes, Wind, Wetter, Seegang, Beleuchtung, Sichtigkeit der Luft, Mondschein usw.	Vorkommnisse

12.11. (36)		Aufrollen der feindlichen Überwachung im Seegebiet zwischen Faroer und Island, möglicherweise auch in der Shetlands-Enge und Bedrohung der gegnerischen Seeverbindungen im Nordatlantik durch <u>scheinbares</u> Durchstossen in diese Seegebiete.
		   Chef Skl. erklärt Einverständnis zur vorgeschlagenen Operation, sofern nach Auffassung des Seebefehlshabers West die Betriebssicherheit der Schlachtschiffe zum gegenwärtigen Zeitpunkt <u>zu einer solchen</u> Unternehmung ausreicht.
		   Nähere Überlegungen siehe Weisung der Seekriegsleitung AI Op. 368/39 Gkdos Chefs. vom 13.11.39.
		
		- - -
		
		Besondere Feindnachrichten 12.11.:
		A t l a n t i k :
		
		<u>England</u>:
		<u>Funkbeobachtung stellt fest</u>:
		Kreuzer "Capetown", Ubootsbegleitschiff "Maidstone", 1 Kanonenboot, 1 Minensucher 12.11. 100 sm westlich Casablanca mit Kurs 245°.
		   Im Gebiet <u>Freetown</u>, dem Mittelpunkt der südatlantischen Geleitzugorganisation, befinden sich:
		"Renown", "Ark Royal" ab 19.10., ausgelaufen 10.11.
		"Hermes" ab 30.10.
		"Albatros" seit Kriegsbeginn
		"Neptune" ab 19.10.
		5 Zerstörer der H-Klasse
		Netzleger "Protector" seit 11.11.
		Hilfskreuzer "Salopian" seit 10.11.
		2 Uboote ("Clyde" und "Severn")
		
		<u>Frankreich</u>:
		   Aus verschiedenen Funksprüchen von Marine Paris werden einige Geleitzugstandorte und Bewegungen bekannt. Anscheinend Konvoi's mit nur geringer leichter Sicherung.
		
		-.-

Datum und Uhrzeit	Angabe des Ortes, Wind, Wetter, Seegang, Beleuchtung, Sichtigkeit der Luft, Monbschein usw.	Vorkommnisse

12.11.

Kreuzer "Duplex" mit "Milan" und "Basque" laufen 12.11. in Dakar ein (Übermittelt an Panzerschiffe).

Nordsee:

In der "Northern Patrol" befinden sich am 12.11. Kreuzer der D-Klasse.

Bewegungen des 2.Kreuzergeschwaders wurden im Rosyth-Bereich festgestellt.

Leichte Streitkräfte auf dem Marsch vom Westausgang des Kanals nach Harwich.

Vor dem Humber treten die Auswirkungen deutscher Minensperren in verstärktem Masse in Erscheinung. Die Positionen von 2 gefährlichen Wracks werden bekanntgegeben. Ein weiterer Dampfer gibt nordwestlich des Feuerschiffes SOS-Signale. Der englische Dampfer "Despool" wird vor der Humber-Mündung auf Grund gesetzt.

Eigene Lage 12.11.:

Atlantik: Keine besonderen Ereignisse.
Nordsee: 12.11. abends Auslaufen zweier Zerstörergruppen unter Führung des F.d.Z. zur Minensperrung der Themseeinfahrten. Ursprünglich gleichzeitig beabsichtigte Humber-Unternehmung muss wegen Zerstörermangel ausfallen (Notwendigkeit der Bereithaltung von mindestens 4 Zerstörern für Aufnahme rückkehrender "Deutschland").
Ostsee: Keine besonderen Ereignisse.

U b o o t s l a g e :

Atlantik: Keine Veränderungen.
Nordsee: U 61 auf dem Rückmarsch in Kattegat. Sonst keine Änderungen.

-.-

Datum und Uhrzeit	Angabe des Ortes, Wind, Wetter, Seegang, Beleuchtung, Sichtigkeit der Luft, Mondschein usw.	Vorkommnisse
12.11.		

Handelskrieg:

Englischer 14 000 t-Dampfer "Pongano" nach holländischer Nachricht durch Uboot versenkt.

Handelsschiffahrt:12.11.:
Eigene Schiffahrt:

Dampfer "Mecklenburg" (7800 t) zwischen Island - Faroer von englischem Zerstörer erfasst. Nach B-Meldung wird ausserdem Kreuzer "Delhi" auf "Mecklenburg" angesetzt. Laut Mitteilung norwegischen Admiralstabes ist Funkspruch aufgefangen, dass Besatzung in die Boote geht. Danach kann angenommen werden, dass Besatzung Schiff versenkt hat.

Neutrale Schiffahrt:

Von den eigenen Vp.-Streitkräften wurden im Laufe der letzten 24 Stunden von Trelleborg innerhalb der schwedischen Hoheitsgewässer 20 Schiffe mit Westkurs und nach Trelleborg 30 Schiffe mit Ostkurs beobachtet. Innerhalb der dänischen Hoheitsgewässer an der Südwestkante des Sund-Sperrgebietes wurde nur 1 Motorsegler festgestellt.

Im Hafen von Trelleborg liegen nach Funkbeobachtung mit wahrscheinlich für England bestimmter Holzladung 6 finnische und 1 norwegischer Dampfer.

C/Skl.
1.Skl.
I a   Asto 2

Datum und Uhrzeit	Angabe des Ortes, Wind, Wetter, Seegang, Beleuchtung, Sichtigkeit der Luft, Mondschein usw.	Vorkommnisse

13.11.

(37)

Besondere politische Nachrichten 13.11.

1.) Englische und französische Antworten auf den holländisch-belgischen Friedensschritt sind ablehnend und versuchen, die Verantwortung für die weitere Entwicklung der Lage auf Deutschland abzuwälzen (siehe Auslandspresse Nr.522).

2.) Äußerlich gewisse Entspannung in Holland und Belgien. Dementierung ausländischer Alarmmeldungen über bevorstehenden deutschen Einfall; jedoch größte Besorgnis in belgischen Regierungskreisen, die der Überzeugung sind, daß Belgien alles in seinen Kräften stehende getan hat, um die Neutralität des Landes zu wahren, und keine Machtmittel besitze, um sich den englischen Blockademaßnahmen zu widersetzen. Amerikanische Nachrichten melden lebhaftes Interesse amtlicher amerikanischer Kreise an der Unabhängigkeit Hollands.

3.) Russisch-finnische Verhandlungen im Augenblick gescheitert, da Finnland nicht zum Nachgeben bereit, Rußland aber auf seinen Forderungen besteht. Weitere Entwicklung noch nicht abzusehen.

4.) Verstärkte Druckversuche Amerikas auf <u>Japan</u> zum Zwecke der Verhinderung weiterer Anlehnung Japans an Deutschland/Rußland.

    China anscheinend bestrebt, Verbindungen mit Deutschland wieder aufzunehmen und Verhältnis besser zu gestalten.

Datum und Uhrzeit	Angabe des Ortes, Wind, Wetter, Seegang, Beleuchtung, Sichtigkeit der Luft, Mondschein usw.	Vorkommnisse
13.11.		Sperrung des Sundes: Die von uns bei den Schweden angekündigte Erweiterung der Minensperre am Sund bis zur 3 sm Grenze heran ist noch nicht durchgeführt. In einer Unterredung des schwedischen Marinechefs mit dem deutschen Marineattaché Stockholm wurde inzwischen der Vorschlag erwogen, ähnlich wie im Weltkriege eine schwedische Sperrung der Kogrund-Rinne vorzunehmen und die Passage schwedischer Schiffe ohne Bannwaren durch eine schwedische Sperrlücke sicherzustellen. Da bei diesem Vorschlag eine wirkungsvollere Kontrolle des Banngutverkehrs erreicht werden kann, als es bei einem Heranrücken an die 3 sm Grenze möglich erscheint, wird dem am 13.11. in Berlin anwesenden Marineattaché der Auftrag erteilt, die baldmöglichste Durchführung dieses Vorschlages bei den Schweden durchzusetzen. Besondere Feindnachrichten 13.11.: -------------------- <u>A t l a n t i k:</u> <u>England:</u> Wie Marineattaché Washington meldet, soll in den nächsten Tagen ein großer Geleitzug von Boston über Halifax nach Osten gehen. Ladung angeblich 350 Flugzeuge, allgemeines Kriegsmaterial und Öl. Unter dem in Aussicht genommenen Geleit werden auch "Hood" oder "Repulse" genannt. Der Funkbeobachtungsdienst erfaßt im Nordatlantik folgende Einheiten: - . -

Datum und Uhrzeit	Angabe des Ortes, Wind, Wetter, Seegang, Beleuchtung, Sichtigkeit der Luft, Mondschein usw.	Vorkommnisse
13.11.	Östlich 40°West: "Revenge", "Resolution", "Warspite", "Effingham", "Emerald". Westlich 40°West: "Repulse", "Furious", "Enterprise", "Kempenfelt". Im Gebiet Kanada-Westindien: "Berwick", "York", "Orion", "Perth", "Shropshire" (bisher Südafrika), 5 Zerstörer. (Übermittelt an Panzerschiffe)	

Am Westausgang wird ferner Schlachtkreuzer "Hood" vermutet. Auch 2 oder 3 der am 10.11. westl. Vigo gemeldeten "Norfolks" müssen z.Zt. im Nordatlantik angenommen werden.

400 sm nördlich der Kap Verden wird 12.11. ein Geleitzug von 25 Dampfern durch Funkaufklärung festgestellt. Anscheinend sind Schiffe ohne Kriegsschiffgeleit zur Sammelfahrt zusammengefaßt.

Geheimer Meldedienst Spanien meldet, daß angeblich ein auf einer Probefahrt befindliches englisches U-Boot vermißt wird.

Frankreich:

Zur Verstärkung der englischen Streitkräfte im Südatlantik sollen nach Meldung Marineattaché Washington 6 französische Flottillenführer im Südatlantikdienst eingesetzt werden.

Im Kanal stellt B-Dienst mehrere leichte Streitkräfte in See fest, möglicherweise zum Einsatz im Geleitdienst für Truppentransporte.

-.-

Datum und Uhrzeit	Angabe des Ortes, Wind, Wetter, Seegang, Beleuchtung, Sichtigkeit der Luft, Mondschein usw.	Vorkommnisse
13.11.		**N o r d s e e:** (siehe auch unter eigene Lage "Nordsee")

Im Kanalgebiet werden jetzt 8 mittelgroße (1200 - 3000 t) Dampfer bei der Durchführung militärischer Aufgaben (vermutlich Truppentransporte) beobachtet.

B-Dienst stellte nachträglich fest, daß die am 30.10. von "U 56" gemeldeten Schiffe "Nelson", "Rodney" und "Hood" sich wahrscheinlich auf den Clyde (Greenock) begeben haben.

E i g e n e L a g e 13.11.

A t l a n t i k:
"Deutschland" gibt 1700 Uhr MGZ. verabredetes Funksondersignal als Zeichen für bevorstehenden Durchbruch durch Shetlands-Norwegen-Passage.

Die Aufnahme dieses zur Verminderung der Peilgefahr sehr kurzen Funksignals auf einer bisher im Atlantikverkehr noch nicht verwandten Welle muß als eine bemerkenswerte Leistung des Funkübermittlungsdienstes anerkannt werden.

Zur Aufnahme "Deutschland" läuft eine Gruppe von 4 Zerstörern unter Führung Chef 4.Zerst.Flottille 13.11.abends nach Norden aus. Aufnahme auf 58°N beabsichtigt.

- . -

Datum und Uhrzeit	Angabe des Ortes, Wind, Wetter, Seegang, Beleuchtung, Sichtigkeit der Luft, Mondschein usw.	Vorkommnisse
13.11.		**N o r d s e e:** 1.) Durchführung Minenunternehmung F.d.Z. in der Nacht vom 12.zum 13.11. Nach Meldung Gruppe W e s t konnte Gruppe II (<u>nördl</u>.Sperrabschnitt) wegen maschineller Mängel Aufgabe <u>nicht</u> durchführen und kehrt zurück. Gruppe I unter Führung F.d.Z. hat Unternehmung anscheinend planmäßig beendet. Meldung steht noch aus. Die Wirkungen der deutschen Minen vor der Themse zeigen sich bereits am 13.vormittags. Im Seegebiet der Hoofden entwickelt sich ein erheblicher Funkbetrieb, aus dem eine sehr dringende Schlepperbestellung des Minenkreuzers "Adventure" hervorzuheben ist. Beschädigung durch Minentreffer erscheint möglich. Auf Grund Funkbeobachtung muß ferner schwere Beschädigung des Zerstörer "Blanche" vor der Themse angenommen werden, da er vom "Chef Nore" nach seinem Zustand gefragt wird. Funkmeldungen für "Blanche" werden von Basilisk erledigt (nach später eingehenden Meldungen gibt engl.Admiralität den Verlust eines Zerstörers durch Minenexplosion zu). In weiterer Auswirkung der Minenverseuchung wird nach Rundfunkmeldung von "North Forland-Radio" die völlige Sperrung der Schiffahrt von den Downs nach Norden angeordnet. 2.) Einsatz von 13 Flugzeugen (He 111) des Fliegerkorps X gegen britische Seestreitkräfte im Seegebiet Shetlands. Angriffe nur durch 2 Flugzeuge möglich. Fehlwürfe mit 250 kg Bomben auf englische Kreuzer im Sullom-Voe, Zerstörung von 2 Wasserflugzeugen. - . -

Datum und Uhrzeit	Angabe des Ortes, Wind, Wetter, Seegang, Beleuchtung, Sichtigkeit der Luft, Mondschein usw.	Vorkommnisse
13.11.		Starke Flakabwehr von den Kriegsschiffen und durch Landflak. Beobachtungen: im Sullom Voe: 2 Kreuzer, 5 kleinere Kriegsfahrzeuge, 3 Frachtschiffe, 1 Passagierdampfer; im Blue Mull Sound: 3 Handelsschiffe. Gegenüber dem geringen unmittelbaren Treffererfolg muß die <u>mittelbare</u> Wirkung dieses ersten bis zu den Shetlands-Inseln vorgetragenen Flugzeugangriffs sehr hoch eingeschätzt werden. 3.) Die Luftaufklärung des F.d.Luft stellt vor der Themse 2 polnische Zerstörer fest. Beobachtendes Flugzeug, durch Jäger angegriffen, erhält 60 Treffer(!), wobei vom Gegner anscheinend Explosivgeschosse verwandt werden. Maschine kehrt glatt zurück. 4.) "M 132" sinkt auf dem Lister Tief nach Beschädigung durch unbeabsichtigten Wasserbombenwurf des Vordermannes. Keine Personalverluste. Bergung ist eingeleitet. <u>O s t s e e:</u> Verstärkte U-Bootsjagd im Kattegat durch Vorposten-U-Jagdverbände und Flugzeuge im Hinblick auf bevorstehende Rückkehr "Deutschland". Im Handelskrieg am Sund wird 1 norw. Dampfer aufgebracht.

Datum und Uhrzeit	Angabe des Ortes, Wind, Wetter, Seegang, Beleuchtung, Sichtigkeit der Luft, Mondschein usw.	Vorkommnisse

13.11.

U-Bootslage:

A t l a n t i k :
"U 29" ausgelaufen ins Operationsgebiet Atlantik, zunächst zur Sonderunternehmung im Bristol-Kanal.
"U 4o" (Kommandant Kaptlt.Barten) wird mit dem 13.11. als vermißt erklärt. Im englischen Rundfunk sind bisher 2 Namen innerhalb der Angaben über die Besatzung "U 42" genannt worden, sodaß mit dem sicheren Verlust des Bootes unter teilweiser Rettung der Besatzung gerechnet werden muß.

N o r d s e e : Keine Veränderungen.

Handelsschiffahrt 13.11.:
12.11. 5 deutsche Schiffe Vigo ausgelaufen zur Fahrt in die Heimat. Weitere 2 Dampfer von den Azoren ausgelaufen. Insgesamt sind damit z.Zt. 22 Schiffe in See auf der Heimfahrt.

Auf Anforderung der Skl. gibt RVM. folgenden Befehl an die deutsche Seeschiffahrt:
"Die deutschen Dampfer-Kapitäne sind anzuweisen, in der Ostsee- und in der Norwegenfahrt jeden fremden Dampfer, den sie in den ausländischen Ladehäfen sehen, festzustellen und beim Einlaufen in den nächsten deutschen Hafen zu melden. Außerdem sollen sie jeden fremden Dampfer, den sie in See treffen, mit Namen, Kurs,

- . -

Datum und Uhrzeit	Angabe des Ortes, Wind, Wetter, Seegang, Beleuchtung, Sichtigkeit der Luft, Mondschein usw.	Vorkommnisse
13.11.		Geschwindigkeit, Uhrzeit und Besteck des Treffpunkts aufschreiben, damit sie jederzeit in der Lage sind, den Kommandanten deutscher Kriegsschiffe, die sie ansteuern, einwandfrei Aufschluß über die gesehenen fremden Schiffe zu geben.

C/Skl.   1/Skl.   Id   Ast 2

Datum und Uhrzeit	Angabe des Ortes, Wind, Wetter, Seegang, Beleuchtung, Sichtigkeit der Luft, Mondschein usw.	Vorkommnisse

14.11.

Besondere Politische Nachrichten 14.11.

1.) Deutsche Presse veröffentlicht die Namen der bewaffneten feindlichen Passagierdampfer und beginnt damit mit der propagandamäßigen Vorbereitung der in Verschärfung des Handelskrieges beabsichtigten Freigabe der feindlichen Passagierdampfer zum vollen Waffeneinsatz für U-Boote.

2.) Die Nachrichten mehren sich, daß England neuerdings Ansprüche auf irische Häfen erhoben hat. Das Verlangen soll von der irischen Regierung abgewiesen sein. Haltung irischen Staatschefs de Valera erscheint jedoch englischem Druck gegenüber nicht fest. Es besteht Möglichkeit, daß England die Benutzung irischer Häfen als Liegeplätze fordert, falls Kriegslage sich verschärft.
Die Frage ist mit dem A.A. zu besprechen. Nach Ansicht der Skl. erscheint es zweckmäßig, die englandfeindliche Haltung Irlands auszunutzen, um von Irland Nachrichten über evtl. Verteilung englischer Streitkräfte in irischen Häfen zu erhalten und die stillschweigende Duldung von Gegenmaßnahmen durch deutsche Seekriegführung zu erreichen. Die Möglichkeit der Abgabe der für uns entscheidend wichtigen Wettermeldungen aus dem irischen Gebiet soll bei dieser Gelegenheit überprüft werden.

3.) Lage Holland und Stand russisch-finnischer Verhandlungen siehe Politische Übersicht Nr. 71.

(38)

Gruppe West wird über Änderung B.Nr. (Stichwortangabe) in 6603 unterrichtet.

Datum und Uhrzeit	Angabe des Ortes, Wind, Wetter, Seegang, Beleuchtung, Sichtigkeit der Luft, Mondschein usw.	Vorkommnisse
14.11.		Fernschreiben an Gruppe West und B.d.U.:
		1.) Neue Lagebeurteilung bedingt Beschränkung Sofort-Maßnahmen auf Otto Ulla (Ostende U-Boote) u.U. Otto Lucie (Ostende Flugzeuge LMA) und Wilhelm Lucie Teil Zeppelin (Flugzeuge LMA Westerschelde Teil Zeebrügge).
		2.) Aufgaben Toni Ulla (Torpedo-U-Boote Hoofden) bleiben bestehen.
(39)		3.) Für Maßnahmen gemäß Gruppe West GKdos. 219/39 A I vorgesehene U-Boote (Unternehmung Gelb) werden daher freigegeben für andere Aufgaben zum sofortigen Einsatz nach Ermessen Gruppe bis auf Boote für Otto Ulla und Toni Ulla.
		4.) Die mit Skl. B.Nr. 709 GKdos. vom 6.11. befohlene vorübergehende Unterstellung der He 59 mit Besatzungen (von Gruppe Ost unter Gruppe West) wird aufgehoben.
vorm.		Unterredung Ob.d.M. mit japan. Marineattaché, Admiral Yendo, dem die Wünsche der deutschen Seekriegsleitung für eine Unterstützung durch Japan zum Ausdruck gebracht werden:
		1.) Frage des Ankaufs von U-Booten,
		2.) Nachrichtenbeschaffung für Zwecke der deutschen Handelskriegführung,
		3.) Gewährung von Unterschlupfmöglichkeit für deutsche Handelsstörer zum Zwecke der Versorgung und Ausrüstung.
(40)		(siehe auch Kriegstagebuch Teil C Heft VIII).

Datum und Uhrzeit	Angabe des Ortes, Wind, Wetter, Seegang, Beleuchtung, Sichtigkeit der Luft, Mondschein usw.	Vorkommnisse
14.11.		Besondere Feindnachrichten 14.11.:

Atlantik:

England:
Funkbeobachtung meldet folgende Standortänderungen: Krz. "Achilles" Rio ausgelaufen. Krz. "Exeter" mit Chef Südamerika-Station, zusammen mit "Hermes" und Zerstörer "Havock", wahrscheinlich in Begleitung des La Plata Geleitzuges, in Funkverbindung mit Freetown. (An "Graf Spee" übermittelt).
1 Flugzeugträger, "Argus"?, mit 2 Zerstörern Westausgang Kanal.
Englische Zerstörer und bewaffnete Handelsschiffe bei Irland festgestellt.

Frankreich:
Beobachtungen beschränken sich auf Feststellungen der Überwachungstätigkeit im Kanal und an westafrikanischer Küste. U-Boote werden westlich Casablanca, südlich Madeira und nordöstlich der Antillen beobachtet.

Nordsee:

Lebhafter Funkbetrieb im Gebiet Hoofden, und östlich Newcastle und Humber.
Der Chef der 20.Zerst.Div.auf Keith meldet sich in Harwich an. Im gleichen Seegebiet sind weitere G-Zerstörer und "Burza" beobachtet.
Einige Funkpeilungen zeigten in ein Gebiet südwestlich Utsire. Ein feindliches Flugboot zwischen Shetlands und Norwegen überfällig. Es muß angenommen werden, daß die Aufklärung der nördl.Ausgänge der Nordsee mit zunehmender Winterwetterlage den auf den Shetlands stationierten Flugbooten zugewiesen wird. Vor dem Humber stieß ein griechischer Dampfer auf ein Wrack, weiterhin wurden in diesem Gebiet Abschlepp-Aktionen an einem Dampfer beobachtet.

Datum und Uhrzeit	Angabe des Ortes, Wind, Wetter, Seegang, Beleuchtung, Sichtigkeit der Luft, Mondschein usw.	Vorkommnisse
14.11.		Ostende-Radio hat eine Minenwarnung bekanntgegeben, die die Einfahrten nach Antwerpen (Schelde) betreffen.

Eigene Lage 14.11.:

A t l a n t i k:) Keine besonderen Er-
) eignisse. Luftaufklä-
N o r d s e e:) rung in Nord-u.Ostsee
                wegen Wetterlage nicht
                möglich.

O s t s e e:

Handelskrieg in der Aalandsee durch "Hansestadt Danzig", in der Hanö-Bucht durch "Kaiser".
Über bisherige Erfahrungen im Handelskrieg in Aalandsee und Bottensee berichtet B.S.O.:
a) Aalandsee:
   1.) Außer regelmäßig in frühen Morgenstunden von Osten nach Soederarm gehendem Verkehrsdampfer kein Verkehr beobachtet. Anhaltung und Untersuchung bei jetzt angelaufener Unternehmung wird angestrebt. Von Norden lebhafter Verkehr durch Oeregrund Fahrwasser innerhalb der Hoheitsgewässer südwärts. Verkehr von Soederham und Gaevle nach Süden größten Teils innerhalb der Hoheitsgewässer. Gelegentliches Verlassen durch von Soederham kommendem Verkehr ist wahrscheinlich, jedoch nur bei überraschendem Auftreten zu fassen.
Sonst kein Verkehr in der Aalandsee beobachtet. Als sicherster Weg von finnischen Häfen gilt Weg unter der finnischen Küste und der Aalandsee nach Norden bis zum Berührungspunkt der schwedischen und finnischen Hoheitsgewässer.

Datum und Uhrzeit	Angabe des Ortes, Wind, Wetter, Seegang, Beleuchtung, Sichtigkeit der Luft, Mondschein usw.	Vorkommnisse

14.11.

    2.) Nach verschiedenen Aussagen vermitteln laufend folgende schwedische Warnstationen Sichtmeldungen über deutsche Streitkräfte an alle Häfen: Soederarm, Svenska Bjoern-Feuerschiff und Svenska Hoegarne.

    3.) Es besteht Verdacht, daß Lebensmittelverkehr zwischen Estland und Schweden auf Passagierdampfern erfolgt.

b) Bottensee:

    1.) Außerhalb Hoheitsgewässer nur deutscher oder neutraler harmloser Schiffsverkehr.
Verdächtiger Verkehr verläßt Hoheitsgewässer im allgemeinen nicht.
Fassen von Lebensmitteldampfern sofern hier überhaupt welche laufen, nur bei überraschendem Auftreten möglich, und wenn Schiffahrt nicht rechtzeitig gewarnt ist.

    2.) Finnische Warnstationen sind: Nyhamn, Roedhamn und Lagskaer.

    3.) Einschränkung Handelskrieg bis 20 Grad Ost läßt bisher in Bottensee noch kein klares Bild erkennen.

Gruppe Ost meldet mehrere Fälle von neutralitätswidrigem Verhalten schwed. Seestreitkräfte: Versuch schwedischer Zerstörer, bei Lille Grund deutsche Vorpostenboote bei der Durchführung der Anhaltung und Durchsuchung neutraler Dampfer zu stören und sie unter Hinweis auf angebliche Flakschießübungen zu verdrängen (außerhalb der 3 sm Zone). Warnung neutraler Dampfer durch schwed. Streitkräfte vor deutschen Kriegsschiffen. Warnmeldungen schwedischer und

Datum und Uhrzeit	Angabe des Ortes, Wind, Wetter, Seegang, Beleuchtung, Sichtigkeit der Luft, Mondschein usw.	Vorkommnisse
14.11.		finnischer Feuerschiffe und Küstenstationen beim Auftreten deutscher Handelskriegsstreitkräfte.

Das Verhalten der schwedischen Streitkräfte ist schärfstens zu verurteilen. Die Skl. denkt nicht daran, den Schweden in dieser Hinsicht irgendwelche Konzessionen zu machen. Scharfes Vorgehen in der Handelskriegführung ist weiterhin erforderlich. Sobald möglich, ist ein Kreuzer zur nachdrücklichen Unterstützung der Handelskriegsstreitkräfte und Betonung der Wahrnehmung unserer Interessen einzusetzen.

Auf Grund der eingegangenen Nachrichten ergeht an Gruppe Ost und B.S.O. folgender Befehl für das Verhalten der deutschen Seestreitkräfte:

"1.) Fälle neutralitätswidrigen Verhaltens werden auf diplomatischem Wege verfolgt werden.
2.) Streitkräfte weiter energisch auftreten und sich nicht von rechtmäßigem Vorgehen abhalten lassen. Waffengebrauch erst, wenn Gegenseite damit beginnt. Vorwand Schießübungen bei Lille-Grund zurückweisen.
3.) Zwischenfälle möglichst sofort durch FT melden lassen. Eingehende Berichte mit genauen Angaben und möglichst protokollarischen Unterlagen nachreichen.

Im übrigen erhält Marineattaché Stockholm den Auftrag, auf die verschiedenen Fälle neutralitätswidrigen Verhaltens schwed. Streitkräfte in der Unterredung mit schwed. Marinechef hinzuweisen.

Datum und Uhrzeit	Angabe des Ortes, Wind, Wetter, Seegang, Beleuchtung, Sichtigkeit der Luft, Mondschein usw.	Vorkommnisse
14.11.		**U-Bootslage:** **Atlantik:** Ausgelaufen ins Operationsgebiet Atlantik "U 29" und "U 38". Im übrigen keine Veränderungen. "U 43" im Operationsgebiet südwestlich Irland eingetroffen, meldet Waffenverwendung wegen Wetterlage unmöglich. **Nordsee:** Ins Operationsgebiet Nordsee laufen aus "U 15" zur Sonderunternehmung an engl.Küste, "U 57". **Handelskrieg der U-Boote:** Fischdampfer "Cresswell" (275 t) an der schottischen Küste versenkt (Daventry-Meldung). Nach V-Mann-Meldung: franz.Dampfer "Captaine Edmond Laborie" (3087 t) versenkt. Englischer Trawler "Night Hawk" soll Mannschaft des norw.Dampfers "Arne Kjöde" (11000 t) nordwestlich Hebriden aufgenommen haben. **Handelsschiffahrt 14.11.:** D. Kiel von Übersee heimgekehrt mit Roheisen, Baumwolle, Kupferbarren u.a., damit sind jetzt:

in der Heimat		556 Schiffe	=	65,4 %
(davon 13 Schiffe in der Norwegenfahrt eingesetzt)				
in neutralen Häfen		248 "	=	29,1 %
in See heimkehrend		23 "	=	2,7 %
verloren		21 "	=	2,5 %.

Datum und Uhrzeit	Angabe des Ortes, Wind, Wetter, Seegang, Beleuchtung, Sichtigkeit der Luft, Mondschein usw.	Vorkommnisse
14.11.		Dampfer "Parana" (6038 BRT) ist 13.11. westlich Patreks-Fjord (Island) von eigener Besatzung versenkt, um Aufbringung durch engl. Kriegsschiff zu entgehen.

In der Zeit vom 4.9. - 13.11. haben die die englische Blockade durchbrechenden deutschen Schiffe insgesamt 208 783 t Güter aus Übersee eingebracht, darunter

   rd. 80 000 t Erze
       46 000 t Getreide
       84 000 t Holz
       11 000 t Baumwolle.

C/Skl.   1/Skl.   Ia   Asto II

Datum und Uhrzeit	Angabe des Ortes, Wind, Wetter, Seegang, Beleuchtung, Sichtigkeit der Luft, Mondschein usw.	Vorkommnisse

15.11.

Lagebesprechung beim Chef der Seekriegsleitung:

Besonderes:

1.) Neue Weisung des Führers vom 14.11.1939:

a) Im Verlauf Unternehmung West muss möglicherweise mit Nichtachtung holländischer Neutralität durch Westmächte gerechnet werden (Überfliegen holländischen Raumes, Festsetzung mit Teilkräften in Festung Holland). In diesem Fall Gewinnung möglichst viel holländischen Raumes durch Deutschland als Vorfeld für Luftverteidigung erforderlich. Kriegsmarine neben bisher weisungsgemäss zufallenden Aufgaben: Unterstützung des Heeres bei Besetzung holländischer Inseln, Sperrung holländischer Häfen und Fahrwasser sowie Kampfmassnahmen gegen holländische Flotte erst auf Befehl des Führers.

b) Mit sofortiger Wirkung wird für Kriegsmarine freigegeben:

(41)
I. Warnungslose Versenkung solcher feindlicher Passagierdampfer, die als bewaffnet erkannt werden und deren Bewaffnung bekannt ist. Soweit Bewaffnung schon jetzt bekannt, sind Namen dieser Passagier-dampfer in der Presse laufend zu veröffentlichen.

II. Warnungslose Versenkung von Tankschiffen, die auf England oder Frankreich fahren und von England oder Frankreich kommen in einem vom Ob.d.M. festzusetzenden begrenzten Gebiet vor den Küsten Englands und Frankreichs. Ausgenommen sind einwandfrei als amerikanisch, russisch, japanisch, italienisch oder spanisch erkannte Tankschiffe.

(42)

2.) Chef Skl. ordnet Überprüfung der unter bestimmten Voraussetzungen weiterer Kriegsentwicklung gegebenen Möglichkeiten einer Invasion Englands an.

-.-

Datum und Uhrzeit	Angabe des Ortes, Wind, Wetter, Seegang, Beleuchtung, Sichtigkeit der Luft, Mondschein usw.	Vorkommnisse
15.11.		3.) Vom O.K.M. war beim A.A. die Klärung der Besitzverhältnisse der in Schweden internierten polnischen Uboote und des dort befindlichen polnischen Materials beantragt und ihre Auslieferung an Deutschland gefordert worden. A.A. teilt mit, dass die Besetzung eines Landes rechtlich noch keine Möglichkeit zur Rückforderung feindlichen Gerätes von neutralen Staaten bietet. A.A. schlägt jedoch vor, deutsche Ansprüche in dieser Beziehung bei Schweden bereits anzumelden, um später auf diese Ansprüche zurückzukommen. Chef Skl. stimmt zu.

4.) Vortrag über Stand der Hilfskreuzerfrage:

Es sind zur Zeit in der Aufstellung begriffen:
6 Hilfskreuzer.

    Namen: Nr.1. "Kurmark"   Nr.3. "Neumark",
               Nr.2. "Goldenfels" Nr.4. "Santa Cruz"
               Nr.5 "Kandelfels"
               Nr.7 "Lech"

Ausrüstung: 6 - 15 cm,   2 Doppelrohre G 7 v
                2 - Flugzeuge "He 114"

Fertigstellung: 1. 10.12.39
                   2. 10.12.39
                   3. 30.11.39
                   4. 20.12.39
                   5.   5. 1.40
                   7.   3.40

(43) (Weitere Angaben siehe Kriegstagebuch Teil B, Heft V, Blatt ..51...).

Da Dampfer "Kurmark" und "Neumark" sehr schwierig zu tarnen sind, behält sich Chef Skl. die endgültige Verwendung der Schiffe zur überseeischen Handelskriegführung vor.

Es soll versucht werden, den ersten Hilfskreuzer Anfang bis Mitte Januar ins Operationsgebiet zu entsenden.

-.-

Datum und Uhrzeit	Angabe des Ortes, Wind, Wetter, Seegang, Beleuchtung, Sichtigkeit der Luft, Mondschein usw.	Vorkommnisse
15.11.		Besondere Feindnachrichten 15.11.:

A t l a n t i k :

England:

Funkbeobachtung erbringt Geleitzugbewegungen an der spanischen Küste. Geleit durch englische Zerstörer. Meldeorganisation Spanien meldet 1200 Uhr Geleitzug von 22 Schiffen unter Zerstörergeleit Gibraltar nach Westen ausgelaufen, von Osten kommender Geleitzug schliesst sich an.

Über die Geleitzüge des Atlantikweges liegen folgende Nachrichten der Attaché's Washington und Madrid vor:

Der aus Boston bezw. Halifax kommende angekündigte grössere Geleitzug soll am 18.11. 150 sm östlich Boston zusammengestellt werden. 21 Dampfer. Ladung angeblich bestehend aus 415 Jagd-und Bombenflugzeugen, 250 schweren Lastkraftwagen, 300 leichten Panzerwagen, Öl, Weizen, Gefrierfleisch, Automobilien, Kriegsmaterial.

Englischer Dampferkapitän erzählte Lotsen in Bilbao: Schiff kam von Chile, erhielt in Panama Befehl, Kingston anzulaufen, ab dort Geleitzug 46 Schiffe, 3 englische Kreuzer Kurs auf Wolfsrock. Mittelozean englischer Flugzeugträger, 2 englische Kreuzer. Bei Wolfsrock Trennung Geleitzuges nach England bezw. Brest.

Während der gesamten Fahrt fortlaufend Flugzeugaufklärung.

Frankreich:

Funkbeobachtung meldet Schlachtschiff "Strassbourg" und eine weitere grosse Einheit von Casablanca kommend vor Oran geankert. Linienschiff "Paris" mit 1 Uboot und 1 weiteren Einheit 100 sm westlich Casablanca.

Im Kanalbereich stehende 11. Zerstörerdivision geht nach Dünkirchen (!).

-.-

Datum und Uhrzeit	Angabe des Ortes, Wind, Wetter, Seegang, Beleuchtung, Sichtigkeit der Luft, Mondschein usw.	Vorkommnisse

15.11. (44)		**N o r d s e e :**
		
		 Auswirkungen unserer Minenverseuchungen:
		
		   Englische Admiralität gibt Schiffahrtswarnung für das Gebiet östlich der Linie Tongue Feuerschiff - Nord Goodwin-Feuerschiff heraus. (Siehe auch Kriegstagebuch Teil C, Heft VI, Minenkriegführung). Das von den Engländern erklärte Warngebiet vor den Südeinfahrten der Themse erfasst das Gebiet unserer Minenverseuchungen nur teilweise, sodass vom nördlichen Teil unserer Sperrunternehmung I weitere Wirkungen erwartet werden können.
		   Nach englischen Presse-und Rundfunk-Verlautbarungen nimmt der Gegner an, dass wir eine grosse Zahl von Minenleger-Ubooten einsetzen und mit diesen völkerrechtswidrig ausserhalb der Hoheitsgewässer Minen legen. Im Zusammenhang hiermit verdient die B-Meldung Beachtung, dass mehrere Zerstörer seit gestern Uboots-Überwachungen im Seegebiet Harwich durchführen. Es ist nicht ausgeschlossen, dass der Gegner die Durchführung unserer Minenunternehmungen mit Überwasser-streitkräften nicht erkannt hat bezw. nicht für möglich hält, und alle Minenverseuchungen auf Uboote zurückführt.
		   Nach Daventry-Radio ist der beim Humber auf ein Wrack gestossene griechische Dampfer "Georgeos" gesunken, desgleichen durch Explosion der englische Küstendampfer "Woodtown".
		
		 <u>Schiffsbewegungen:</u> Schlachtkreuzer "Hood" 14.11. wahrscheinlich nachmittags im Rosyth-Bereich.
		   Einheiten der "Northern Patrol" benutzen den Clyde und Tyne als Stützpunkte.
		   Admiralität teilt an Admiral Dover und F.d.U. die Bekämpfung und wahrscheinliche Vernichtung eines grossen Ubootes 15.11. 0250 Uhr bei Dover mit. Etwa gleichzeitig geben französische Befehlsstellen den Befehl, Ubootsjagd im Dünkirchen-Bereich einzustellen.
		
		 -.-

Datum und Uhrzeit	Angabe des Ortes, Wind, Wetter, Seegang, Beleuchtung, Sichtigkeit der Luft, Mondschein usw.	Vorkommnisse	58
15.11.			

107

15.11.

Da sich deutsche Uboote in diesem Gebiet nicht befinden, besteht Möglichkeit, dass Gegner ein eigenes Boot bekämpft und hoffentlich vernichtet hat.

Eine Nachricht aus amtlichen dänischen Kreisen besagt, dass England bei Verschärfung der Kriegführung vordringlich die Ausschaltung des Kaiser-Wilhelm-Kanals beabsichtige und im übrigen grosse Truppenlandungen im Hafen vor Hirtshals plane.

Eigene Lage 15.11.:
Atlantik:

1.) "Graf Spee" meldet aus Indischem Ozean:
"Im Kreise um Durban 12 Tage auf allen Wegen gesucht. Versenkt nur "African Shell" vor Delagoa-Bucht. Einwandfrei ausserhalb Hoheitsgewässer. Sonst nur Neutrale. Gehe zur Überholung Motoren zu "Altmark".
Vor wichtigen Häfen geheime seitlich verschobene Ansteuerungspunkte. Diese und Weg zum Hafen so gesichert, dass voller Einsatz. Ausserhalb Ansteuerungspunkte fahren alle Feindschiffe verschiedene Wege weitabgesetzt von Friedenswegen. Planmässiges Suchen verspricht dort wenig Erfolg. Finden eines Feindschiffes Zufall.
Von Überholung Maschine abhängig weiterer Handelskrieg oder Durchbruch Bahia - Freetown bei Neumond. Schlüsselmittel Heimat nur bis Ende November. - Bordflugzeug ausgefallen."
Die "Altmark" erhält von "Spee" Befehl, Trefflinie 4 um 700 sm nach Osten zu verlegen.

-.-

Datum und Uhrzeit	Angabe des Ortes, Wind, Wetter, Seegang, Beleuchtung, Sichtigkeit der Luft, Mondschein usw.	Vorkommnisse
15.11.		

Skl. nimmt an, dass "Graf Spee" den Tanker "Altmark" zur Aufnahme des Versorgungsschiffes "Dresden" detachiert hatte und sich nunmehr im Gebiet südlich des Kaps im Südatlantik mit "Altmark" zur Motorenüberholung und Brennstoff-und Proviantergänzung trifft.

Die dem "Spee" am 21.10. gegebene Weisung, eine Verlegung des Tätigkeitgebietes in den Indischen Ozean zur Durchführung eines starken überraschenden Stosses gegen feindliche Verbindungen auszu - nutzen, ist in der von der Skl. erhofften Form nicht zur Auswirkung gekommen, da bei der sehr geschickten Organisation des gegnerischen Handelsverkehrs nach der Meldung des "Spee" wirksame Angriffsmöglichkeiten nur unter vollem Einsatz gegeben waren. Skl. hatte, in Übereinstimmung mit der Absicht des "Spee", die Heimkehr des Schiffes zur grösseren Werftüberholung für Januar 1940 in Aussicht genommen und hatte den "Spee" darüber unterrichtet, dass mit Rücksicht auf Werftliegezeit der Schlachtschiffe vom 27.11. - 31.12. der Durchbruch ies Schiffes nach dem 14.1. durch Vorstoss der Schlachtschiffe unterstützt werden könne.

Für die Heimfahrt des "Spee" vom Operationsgebiet Südafrika bis zur Heimat müssen etwa 4 Wochen angesetzt werden, so dass "Spee" möglicherweise schon Anfang Dezember seinen Rückmarsch antritt und in der Zeit der Neumondperiode etwa vom 10.-15.12. die Enge Freetown - Bahia durchbricht. Falls die Maschinenüberholung etwa 8 Tage, d.h. etwa bis zum 28.11. in Anspruch nimmt, würde "Graf Spee" nur noch eine sehr kurze Zeit zu einem erneuten Handelskriegsvorstoss westlich oder östlich des Kaps zur Verfügung stehen. Einen Vorstoss in den nördlichen Indischen Ozean kommt bei Ausführung der Absicht zur Heimkehr im Januar nicht mehr in Frage. Die Skl. rechnet nicht damit, dass die jetzige Motorenüberholung eine längere Operationsmöglichkeit, als bisher vorgesehen, ergibt und hält es auch nicht für richtig, das Panzerschiff von der Heimat aus anzuweisen, über den Januar hinaus, den Handelskrieg fortzusetzen, da die betriebstechnischen und militärischen Möglichkeiten

-.-

Datum und Uhrzeit	Angabe des Ortes, Wind, Wetter, Seegang, Beleuchtung, Sichtigkeit der Luft, Mondschein usw.	Vorkommnisse
15.11.		von der Skl. aus nicht hinreichend übersehen werden können. Die weiteren Operationen müssen daher dem Kommandanten überlassen bleiben. Ein Einsatz des Schiffes bis zur Grenze seiner Leistungsfähigkeit im Indischen Ozean und im Anschluss daran eine Entsendung in einen russischen oder japanischen Hafen in Ostasien – eine Möglichkeit, die für besondere Lagen von der Skl. erwogen worden ist –, muss zur Zeit noch als gleichbedeutend mit einem <u>Verzicht</u> auf das Panzerschiff für die weitere deutsche Seekriegführung angesehen werden, da die Verhandlungen mit Japan und Russland noch nicht so weit gediehen sind, dass mit einer wirklichen Unterstützung durch diese Staaten gerechnet werden und das Panzerschiff sich zur Überholung in einen ostasiatischen Hafen zurückziehen kann. Ein freiwilliger Verzicht auf eines unserer voll kampffähigen wertvollen Panzerschiffe muss im gegenwärtigen Zeitpunkt jedoch wegen des damit zweifellos verbundenen erheblichen Prestigeverlustes und aus reinen militärischen Gründen abgelehnt werden. Die Panzerschiffe müssen als höchst wirksames operatives Kampfmittel der gesamten deutschen Seekriegführung, solange wie möglich, erhalten bleiben. Ihr Verlust darf nur bei starken militärischen Erfolgen oder grossen strategischen Auswirkungen in Kauf genommen werden.

(45)	2.).	Durchbruchsoperation Panzerschiff "Deutschland" ist gelungen. Schiff hat Skagerrak – Kattegat und Grossen Belt unter Sicherung der Zerstörer der 4. Zerstörer-Flottille ohne Zwischenfälle passiert und wird am Südausgang Gr.Belt durch den Gruppenbefehlshaber Ost, Admiral C a r l s , aufgenommen. Schiff läuft 15.11. abends in Gotenhafen ein und erhält mit dem Tage der Heimkehr vom Oberbefehlshaber der Kriegsmarine den Namen "Lützow".
		  Die Gründe für die Namensänderung siehe Kriegstagebuch Teil B, Heft V.
		                 –.–

Datum und Uhrzeit	Angabe des Ortes, Wind, Wetter, Seegang, Beleuchtung, Sichtigkeit der Luft, Mondschein usw.	Vorkommnisse
15.11.		Tanker "Westerwald" erhält Befehl, "Heimmarsch antreten durch Grossen Belt, zunächst Neufahrwasser gehen. In norwegischen Hoheitsgewässern keine falschen Abzeichen. <u>Kein Aufenthalt in norwegischen Häfen</u>, um Untersuchung zu vermeiden. Funkstille halten."
1200^h		"Westerwald" meldet mit FT 1200 Uhr ihren Standort 6361 A E.

Eine Notwendigkeit für "Westerwald", ihren Standort zu funken, lag <u>nicht</u> vor. Der angegebene Standort liegt bereits 200 sm östlich Island und erscheint unwahrscheinlich. Möglicherweise liegt Verwechslung der Buchstabenbezeichnung A E mit dem östlich Grönland liegenden Grossquadrat <u>A D</u> vor.

N o r d s e e :

Keine besonderen Vorkommnisse.
Zur Zerstörer-Minenunternehmung vor den südlichen Themseeinfahrten gibt Gruppe West folgenden Kriegsbericht:
Unternehmung ursprünglich auf 8.11. vorverlegt, um Zerstörer für neu befohlene Aufgaben frei zu haben. 8.11. abends abgebrochen wegen Wetterlage. Vor dem Auslaufen 2 Zerstörer wegen Maschinenpanne ausgefallen. 1 Reservezerstörer eingesetzt.
9.11. kein Auslaufen wegen Wetterlage.
10.11. ausgelaufen. Kurz vorher 1 Zerstörer mit Minenladung Maschinenpanne. Abgebrochen, da Absicht, Rest der Minenträger auf Südteil zu konzentrieren, führungsmässig nach Trennung der Gruppen nicht mehr durchzuführen.
11.11. kein Auslaufen wegen Nebel.
12.11. Auslaufen mit 7 Zerstörern. Nordteil fällt fort, weil Zerstörer für Sonderaufgaben gebraucht werden. Die beiden Minenträger der nördlichen Hälfte des Südteiles fallen durch Maschinenpanne aus. Gruppe kehrt; südliche Hälfte planmässig erledigt. <u>Aufgabe anscheinend unbemerkt</u>

Datum und Uhrzeit	Angabe des Ortes, Wind, Wetter, Seegang, Beleuchtung, Sichtigkeit der Luft, Mondschein usw.	Vorkommnisse
15.11.		durchgeführt. 2 feindliche Zerstörer und mehrere Bewacher gesichtet. Rückmarsch durch unsichtiges Wetter begünstigt. Sperrlage bis 1,2 sm östlich Tongue Feuerschiff und 0,7 sm nordöstlich Spit, teilweise durch Dampfer behindert.

Ostsee:

Im Handelskrieg werden nördlich Sundsperre 2 weitere Dampfer aufgebracht. Im übrigen: Keine besonderen Ereignisse.

U b o o t s l a g e 15.11.:

A t l a n t i k :

Im Operationsgebiet:
    U 53   westlich Gibraltar auf Rückmarsch.
    U 33)
    U 41) im Operationsgebiet südwestl. Irland.
    U 43)

Auf dem Anmarsch:
    U 49:   westl. Hebriden
    U 29:   mittlere Nordsee.

Auf Grund Meldung "U 43", dass auf Position Gelb (südwestlich Irland) kein Verkehr und Waffenverwendung wegen Wetterlage nicht möglich, erhalten U 41, U 43, U 49 Befehl, auf Position Rot (Nordwestecke Spanien) weiterzumarschieren.

Im Mittelmeer: U 26.

    U 38 auf dem Anmarsch ins Operationsgebiet nordnorwegische Küste.

-.-

Datum und Uhrzeit	Angabe des Ortes, Wind, Wetter, Seegang, Beleuchtung, Sichtigkeit der Luft, Mondschein usw.	Vorkommnisse
15.11.		

N o r d s e e :

Im Operationsgebiet an norwegischer Küste nur U 60.
Von Unternehmung zurück U 61.
Auf dem Anmarsch zu Operationen: U 15, U 57, U 13, U 18, U 19, U 22.

Aufgaben: U 15   Sonderunternehmung vor Lowesstoft
           U 19   Sonderunternehmung nord - östlich Great Yarmouth
           U 13   Operationsgebiet zwischen Firth of Forth und Newcastle.
           U 18) Seegebiet von Kinnaird
           U 22) Head.
           U 57   Operationsgebiet Nordausgang Kanal.

Handelskrieg mit Ubooten:

U 53 meldet Sichten eines Geleitzuges westlich Gibraltar. Boot wird bei FT-Abgabe eingepeilt und verliert Fühlung, infolge Ansatz von Flugzeugen und Zerstörern zur Abwehr.

Kurzbericht Unternehmung "U 25" besagt:
"Dauer 18.Oktober bis 13. November Marsch durch Fair-Island Passage ins Operationsgebiet südwestlich Irland. Luftüberwachung bis Südspitze Norwegens. Lufttätigkeit auch bei sehr viel Wind. Kurzer Aufenthalt südwestlich Irland, Weitermarsch ins Operationsgebiet nordwestlich Finisterre. In Küstennähe mässiger neutraler Einzelverkehr. Angriff auf einen Geleitzug. Treffer auf 2 Dampfern wahrscheinlich, da Detonationen gehört. Sinken wegen Abwehr nicht beobachtet. Vorzeitig Antritt des Rückmarsches, da wegen Bruch Kreuzstück am vord. Torpedoluk beim Artillerieschiessen Boot nicht tauchklar für alle Tiefen. Geleitzug Quadrat 4951 BF (Biscaya), Kurs N-Ost."

-.-

Datum und Uhrzeit	Angabe des Ortes, Wind, Wetter, Seegang, Beleuchtung, Sichtigkeit der Luft, Mondschein usw.	Vorkommnisse

15.11.

Handelsschiffahrt 15.11.:

An die in Betracht kommenden auswärtigen Vertretungen des Reiches wird folgende W-Nachricht Nr. 103 ausgegeben:

"1) Sämtliche 10.10. aus Vigo ausgelaufenen Schiffe heimgekehrt. Insgesamt heimkehrten seit 3.9. 89 Schiffe.
2) Nach Auslaufen zuerst möglichst einige Tage Täuschungskurse steuern.
3) In Dänemarkstrasse an Eisgrenze häufig Nebel.
4) Wenn in See Entkommen unmöglich, Schiff versenken. Engländer hat bisher stets Besatzung aus Booten aufgenommen.
5) Engste Stellen nachts passieren."

Nach Angaben R.V.M. (Min.Rat Coupette) belaufen sich die laufenden Unkosten für die in ausländischen Häfen liegenden deutschen Schiffe monatlich auf rd. RM 1 300 000,-- in Devisen, wovon auf die für Versorgungszwecke vorgesehenen Schiffe monatlich RM 400 000,-- entfallen.

Diese Tatsache beweist eindeutig die Notwendigkeit, alles zu versuchen, um die in ausländischen Häfen liegenden Schiffe in die Heimat zurückzuholen, da die Schiffe sich im Ausland selbst aufzehren, bei Verkauf an neutrale Rechnung aber mit Sicherheit der Frachtraumtonnage des Gegners zugute kommen bezw. über kurz oder lang vom Gegner, der dem Ankauf durch die Neutralen nur unter dieser Bedingung zustimmt, durch Kauf oder Beschlagnahme erworben werden.

Dampfer "Leander" (8.11. ab Vigo) vom Gegner aufgebracht.

Nach Meldung eines Dampferkapitäns wurden während seiner Liegezeit in Narvik, (29.10.) <u>18 englische Dampfer (!)</u>

-.-

Datum und Uhrzeit	Angabe des Ortes, Wind, Wetter, Seegang, Beleuchtung, Sichtigkeit der Luft, Mondschein usw.	Vorkommnisse
15.11.		mit 200 000 t Erz abgefertigt. Eine weitere Meldung besagt, dass 15 englische Dampfer mit überwiegend Erzladung 15.11. bei Florö auf Zusammenstellung zum Geleitzug warteten.

Die Entsendung von Ubooten gegen die nördlichen Erz-und Holztransporte wird zu einer besonders dringlichen Forderung der Skl. Der B.d.U. wird auf die Notwendigkeit des beschleunigten Ansatzes von Ubooten im Operationsgebiet Nord hingewiesen. "U 38" wird in Anbetracht der Dringlichkeit der Aufgabe entgegen dem bisher vorgesehenen Operationsbefehl vom B.d.U. als erstes Boot gegen die englischen Holz-und Erztransporte von Murmansk und Narvik angesetzt. "U 36" soll in den nächsten Tagen folgen.

Es wäre zweifellos erwünscht, den ersten Schlag gegen diese Lebenswichtigen Seeverbindungen des Gegners nicht nur mit einem oder zwei, sondern mit wenigstens 4-5 Booten gleichzeitig zu führen. Der Ansatz verspricht bei der noch geringen Abwehr des Gegners in diesem Seegebiet vollen Erfolg. Die grosse Entfernung des neuen Operationsgebietes von der Heimatbasis verlangt jedoch den Einsatz von grossen Booten, die infolge der geringen zur Zeit verfügbaren Anzahl nur unter Verzicht auf die Durchführung der Aufgaben im Atlantik zur Verfügung stehen würden. Ein Verzicht auf die Operations-möglichkeit im Atlantik auf den Haupthandelswegen Englands und Frankreichs erscheint jedoch zum gegenwärtigen Zeitpunkt nicht tragbar, da sie den Gegner in kürzester Frist zur Beruhigung und völligen Auflockerung seines durch den Geleitzugverkehr stark gehemmten Handelsverkehrs befähigen und eine erhebliche Entlastung seines Wirtschaftslebens mit sich bringen würde. Die Grundlinie für den Ubootseinsatz bleibt zur Zeit:

1) Erzielung starker Beunruhigung des Gegners an vielen Brennpunkten seines Handelsverkehrs unter Schwerpunktbildung grosser Uboote im Atlantik.

2) Ansatz grosser Uboote zur planmässigen Minenverwendung an der englischen Westküste.

—.—

Datum und Uhrzeit	Angabe des Ortes, Wind, Wetter, Seegang, Beleuchtung, Sichtigkeit der Luft, Mondschein usw.	Vorkommnisse

15.11.

3) Ansatz aller verfügbaren kleinen Boote zur offensiven Minenverwendung an der englischen Küste und zum Angriff auf gegnerische Kriegsschiffe vor ihren Stützpunkten, sowie auf Geleitzüge.

4) Ansatz neben der Atlantikverwendung noch verfügbarer Boote gegen die nördlichen Handelsverbindungen von Murmansk und Narvik.

– – – –

nachm.
(46)

In Besprechung (Ic) mit dem A.A. werden folgende Einzelfragen behandelt:
1) Verschärfung des Seekrieges gegen England. Stellungnahme des A.A. zur Denkschrift Skl. Hinweis, dass Einzelfragen vom Sonderstab AWK im OKW mit A.A. besprochen werden.
2) Frage der Freigabe des warnungslosen Schusses auf
  a) alle feindlichen bewaffneten Passagierdampfer
  b) alle feindlichen und neutralen nach England oder Frankreich fahrenden oder von dort kommenden Tankschiffe.
3) Frage der Benutzung irischer Häfen durch englische Seestreitkräfte und Forderung der Skl. an Nachrichtenbeschaffung und Wettermeldungen aus Irland.
4) Völkerrechtswidrige Übergriffe schwedischer Kriegsschiffe gegen deutsche im Handelskrieg eingesetzte Streitkräfte.
5) Handelskrieg in der Ostsee. Verhinderung der noch immer in starkem Umfange laufenden "fortgesetzten Reise".
6) Überlegungen der Skl. zur Erklärung eines Warngebietes bei Peterhead zum Ansatz von Ubooten für warnungslosen Schuss.
(siehe nähere Erläuterungen im Kriegstagebuch Teil C, Heft VIII).

(47)

–.–

Datum und Uhrzeit	Angabe des Ortes, Wind, Wetter, Seegang, Beleuchtung, Sichtigkeit der Luft, Mondschein usw.	Vorkommnisse
15.11.		Auf Grund der Erfahrungen der Uboote und den neuen Erkenntnissen der TVA wird den Panzerschiffen für den Torpedoschuss befohlen: 1) Tiefeneinstellung für Schuss mit A Z mindestens 2 m geringer als Zieltiefgang. 2) Tiefeneinstellung nicht flacher als 3 m, bei See und Dünung über Stärke 3 mindestens 4 m. 3) bei Verwendung A Z Schnellschuss gesperrt. - - - Flottenkommando beantragt Ersatz 1. S-Flottille während Werftliegezeit durch die in der Ostsee befindliche 2.S- Flottille. Gruppe Ost glaubt auf die 2.S-Flottille nicht verzichten zu können, da sie der einzige kampfkräftige, schnelle Flottillenverband für Ubootsbekämpfung und Sicherung in Ostseeingängen und für schnellen Ansatz im Kattegat gegen überraschendes Auftreten feindlicher Streitkräfte ist, zumal im Gegensatz zur Nordsee ihre Verwendung in Ostsee und Kattegat auch im Winter bei den meisten Gelegenheiten möglich sei. Die Skl. sieht im Augenblick noch keine Notwendigkeit, die 2.S-Flottille in die Nordsee zu verlegen. Eine Notwendigkeit hierzu ist jedoch bei der Durchführung der Unternehmung West gegeben. Die Entscheidung wird daher je nach weiterer Entwicklung der Lage getroffen werden. C/Skl. 1.Skl. 1a Asto 2

Datum und Uhrzeit	Angabe des Ortes, Wind, Wetter, Seegang, Beleuchtung, Sichtigkeit der Luft, Mondschein usw.	Vorkommnisse

16.11.

Politische Nachrichten:
= = = = = = = = = = = =

Besonderes:

1.) Die von der U S A getroffene Kriegszonen-Regelung hat in neutralen Ländern grosse Beunruhigung hervorgerufen. Holland erhebt Einspruch gegen Einbeziehung der holländischen Gewässer in das Sperrzonengebiet; auch Irland beantragt weiteres Anlaufen irischer Häfen durch amerikanische Schiffe.

2.) Britische Konterbandekontrolle soll ab 20.11. dahingehend verschärft werden, dass Waren, deren Empfänger nicht in den Schiffspapieren aufgeführt ist, der <u>sofortigen Beschlagnahme</u> verfallen.

3.) Erklärung Sir Simon im Unterhaus, England habe die feste Absicht, auch weiterhin die belgische und holländische Neutralität zu respektieren. Gleichzeitig erfolgt Hinweis auf deutsche Truppenmassierungen an der holländischen und belgischen Grenze.

4.) Sämtliche indische Provinzregierungen geben zum Zeichen ihres Protestes gegen die englische Indienpolitik ihren Rücktritt bekannt. Ghandi wiederholt in verschärfter Form die Forderung auf Unabhängigkeit.

5.) Schärferes Auftreten der Burenbewegung in Südafrika unter Führung General Hertzogs-Forderung nach Trennung der Politik Südafrikas von der englischen.

6.) Günstige Entwicklung des russisch-japanischen Verhältnisses. Aussichten für eine russisch-japanische Verständigung verstärken sich.

7.) Russland kündigt Naphta-Vertrag mit Italien. Nachrichten über angebliche russisch-italienische Entfremdung infolge stärkerer Interessengegensätze auf dem Balkan. (s. politische Übersicht Nr. 73).

- - - -

-.-

Datum und Uhrzeit	Angabe des Ortes, Wind, Wetter, Seegang, Beleuchtung, Sichtigkeit der Luft, Mondschein usw.	Vorkommnisse
16.11. vorm.		Ausgang Weisung an A VI betr. Vorbereitung Transportmittel für Wattenmeer. Gleichzeitige Unterstützung OKH Gen.Stab 1.Abt. über dieselbe Frage: Im Falle Neutralitätsverletzung seitens Feindstaaten in Belgien wird Einmarsch in Belgien unvermeidlich. Auch Südzipfel Hollands muss durchschritten werden. Mit Möglichkeit Eingreifens Hollands bezw. Besetzung Hollands von der Seefront durch England und Frankreich muss gerechnet werden, zunächst für Luftangriffsverbände, dann aber auch für Teilkräfte des Heeres. Im Interesse Luftverteidigung und Flankenschutz des Heeres muss angestrebt werden, möglichst viel holländisches Gebiet zu besetzen. Unterstützung der Heeresoperationen geschieht von See her durch Aufstellung geeigneter Streitkräfte, die das Eingreifen feindlicher Seestreitkräfte in den Erdkampf verhindern. Zur Unterstützung Heeresmassnahmen zur Besetzung holländischer Inseln stellt Kriegsmarine Transport Heerestruppen vom Festland auf die Inseln über das Wattenmeer sicher. Schiffahrtsabteilung A VI trifft in Zusammenarbeit mit Heer GenStab Transportabteilung die notwendigen Vorbereitungen Auf Ausnutzung Kleinschiffsmaterial an holländischer Küste wird hingewiesen. Bereitstellung genügender Zahlen geeigneter Fahrzeuge auch in deutschen Häfen. Personelle Besetzung durch wattenkundiges Personal. - - - - Besprechung Mar.Att. Stockholm, Konteradmiral S t e f f a n mit schwedischen Marinchef über Durchführung Sundsperrung. Es wird vorgeschlagen, Vervollständigung der Sperre am Sund durch schwedische Sperrmassnahmen in schwedischen Hoheitsgewässern mit Sperrlücke für schwedische Kriegsschiffe und schwedisch Handelsschiffe, für die die schwedische Regierung die Gewähr übernimmt, dass sie keine Bannware an Bord fahren. Neutrale Schiffe müssen durch deutsche Sperrlücke. Deutschland erkennt grundsätzlich nur 3 sm Hoheitszone an, ist jedoch bereit, bei

-.-

Datum und Uhrzeit	Angabe des Ortes, Wind, Wetter, Seegang, Beleuchtung, Sichtigkeit der Luft, Mondschein usw.	Vorkommnisse

16.11.

Durchführung der schwedischen Sperrung von seinem Rechte, zunächst keinen Gebrauch zu machen, sondern de facto den schwedischen Anspruch auf 4 sm zu achten.

- - - -

Besondere Feindnachrichten 16.11.:
= = = = = = = = = = = = = = = = =
Atlantik:
- - - - - - - - -
England:

Schiffsbewegungen: Funkaufklärung stellt fest: Flugzeugträger "Argus" (15.11. westlich des Kanals) tritt in Verbindung mit "Capetown" im Funkbild auf. Da dieser an der westafrikanischen Küste steht, kann vermutet werden, dass "Argus" sich auf dem Marsch nach Freetown befindet.
  Kreuzer "Berwick", bisher in kanadischen Gewässern, ist 14.11. in Portsmouth eingelaufen.
  Geleitzug H X 9 auf dem Marsch Halifax - England. Begleitfahrzeuge von Westen her übernehmen das Geleit bis 48° Nord und 29° West und werden in diesem Gebiet von Einheiten der Western Approaches abgelöst.
  Nach Radio Rom sind Schlachtkreuzer "Repulse" und "Renown" an der kanadischen Küste gesichtet worden.
  Mar.Att. Madrid meldet Geleitzug von 15 Schiffen in Bedeckung durch 1 Kreuzer und 2 Zerstörern 15.11. vormittags in der Gibraltarstrasse.

Frankreich:
Nach Funkbeobachtung ankerten 15.11. abends 2 Kreuzer, 2 Flottillenführer und 3 Zerstörer zur Brennstoff-und Proviantergänzung vor Casablanca. Zwischen Casablanca und Kap Spartel werden 2 französische Uboote, im Seegebiet 600 sm westlich Nantes 4 franz. Uboote zur Durchführung von Überwachungs-und Aufklärungsaufgaben festgestellt.

Datum und Uhrzeit	Angabe des Ortes, Wind, Wetter, Seegang, Beleuchtung, Sichtigkeit der Luft, Mondschein usw.	Vorkommnisse
16.11.		Nordsee: Englischer Geleitzug FM 37 16.11. abends vor Hartlepool. Standort wird an 2. Kreuzergeschwader und 4. Zerstörer-Flottille mitgeteilt. Chef Heimatflotte 15.11. abends im Shetland-Gebiet in See. "U 18" meldet verdächtigen Fischkutter und ein feindliches Uboot Westkante unseres Warngebietes vor der Mitte des Weges 2. Nach V-Mann-Meldung aus Kopenhagen sollen Engländer in den letzten Tagen von Skagen in allgemeiner Richtung Vinga - Feuerschiff eine tiefstehende Sperre ausgelegt haben(?). Ostsee: Westliche Ostsee: 1600 Uhr Ubootsalarm vor Schleimünde. Ubootsjagd ohne Ergebnis. Die von "T 111" gesichteten Torpedolaufbahnen können auf als Zielschiff für T S fahrende "Schlesien" gerichtet gewesen sein. Skl. hat keinen Grund,an der Tatsache der Anwesenheit feindlicher Uboote in der westlichen Ostsee zu zweifeln. Der Ansatz aller verfügbaren Abwehrmittel gegen die möglicherweise schon seit der letzten Ubootsmeldung, d.h. seit 26. X. auf günstige Angriffsgelegenheit lauernden Uboote ist dringend erforderlich. Die Notwendigkeit zur beschleunigten wirksamen Absperrung der Ostsee-Eingänge ist erneut unter Beweis gestellt. Die Mar.Attaché's in Stockholm und Kopenhagen werden über die Dringlichkeit der deutschen Forderung nach sofortiger Sperrung von Sund und Belten unterrichtet (siehe 17.11.) - - - - Eigene Lage 16.11.: Atlantik:) Keine besonderen Nordsee:) Ereignisse.) -.-

Datum und Uhrzeit	Angabe des Ortes, Wind, Wetter, Seegang, Beleuchtung, Sichtigkeit der Luft, Mondschein usw.	Vorkommnisse
16.11.		**O s t s e e :** Fortsetzung des Handelskrieges. Erneute Behinderung deutscher Handelskriegführung durch schwedischen Zerstörer und Wachboot. Weitere Aufbringung von Dampfern.

U b o o t s l a g e   16.11.:

Atlantik:

Keine besonderen Vorkommnisse.
U 47 läuft ins Operationsgebiet Atlantik aus.
U 41 meldet 160 sm westlich von Brest Dampfer "Hopestar" (5267 t) gejagt und ohne Ergebnis mit Torpedos beschossen.(Fehlschüsse oder Versager ?)
Über das nunmehr als vermisst anzunehmende "U 45" liegt eine Meldung von "U 46" vor. Danach hat "U 45" am 10. gefunkt: 3 grosse abgeblendete 15 sm laufende Dampfer vernichtet. Jage den vierten. Quadrat 3266/3335 B E..
Es besteht die Möglichkeit, dass es sich bei diesem vierten Dampfer um "Stonepool" gehandelt hat, der am 13.10. in Zusammenhang mit Ubootsbekämpfung im Funkbild in Erscheinung getreten ist und vom gegnerischen Funkdienst lobend erwähnt wurde.

Nordsee:

Keine Änderungen.

Handelsschiffahrt 16.11.:

Führer ordnet die Rückkehr des Dampfers "Bremen" an, sobald Lage es erlaubt.

Datum und Uhrzeit	Angabe des Ortes, Wind, Wetter, Seegang, Beleuchtung, Sichtigkeit der Luft, Mondschein usw.	Vorkommnisse
16.11.		Über umfassende Arbeiten, die von den Schweden zur Vertiefung der 3 sm-Rinne bei Falsterbo beabsichtigt sind berichtet eine schwedische Zeitung vom 9.11.. Danach soll eine 7 m-Rinne im Laufe des nächsten Jahres fertiggestellt werden. Allerdings müssen dazu nicht nur Baggerungen an den Sandbänken vorgenommen, sondern auch Sprengungen zur Schaffung einer Durchfahrt an einem Unterwasser-Rücken von Kalkstein durchgeführt werden, der an einer Stelle die fragliche Rinne sperrt. Die Rinne, die rund um Falsterbo innerhalb der 3 sm-Grenze ausgeprickt ist, hat gegenwärtig bei Mittelwasser nur eine Tiefe von 5 m und kann nicht von Fahrzeugen mit einem grösseren Tiefgang als 4,5 m passiert werden.

Der Kopenhagener Rundfunk berichtet am 16.11., dass, nachdem Deutschland sich geweigert habe, die schwedische 4 sm-Grenze anzuerkennen, eine Reihe von Schiffen in Trelleborg ihre Ladung reduziert habe, um innerhalb der 3 sm-Grenze ihre Fahrt unter der schwedischen Küste fortsetzen zu können.

Der Rumänische Seedienst hat die Beförderung deutscher Sendungen des Durchfrachtverkehrs von der Donau nach Häfen der Ägäis und des Mittelmeeres abgelehnt, so dass zur Zeit keine Möglichkeit mehr besteht, Ausfuhrgüter aus Deutschland über Rumänien mit Schiffen rumänischer Nationalität nach Griechenland usw. zu befördern. Die Engländer sollen 2 Schiffe des rumänischen Seedienstes mit Einfuhrgütern nach Deutschland und der Slowakei aufgebracht und gezwungen haben, die Ladung in Malta zu löschen.

Der englische Minister für Schiffahrt hat laut Daventry-Radio am 15.11. bekanntgegeben, dass von 3070 Schiffen, die im Konvoy geleitet wurden, bisher nur 7 versenkt worden wären.

- - - -

Schiffsbewegungen in Eismeerhäfen: Beobachtungen, die jedoch <u>nicht</u> vollständig sind, ergaben, dass der weitaus grösste Anteil des Schiffsverkehrs auf die Norweger entfällt. Schiffahrtsweg führt in der Regel von Archangelsk bezw. Murmansk über Honningsvaag (Nähe Nordkap) und Lödingen (Lofoten) nach Narvik oder Bergen, von wo die Schiffe

-.-

Datum und Uhrzeit	Angabe des Ortes, Wind, Wetter, Seegang, Beleuchtung, Sichtigkeit der Luft, Mondschein usw.	Vorkommnisse

16.11.

teilweise unter Geleit nach England bezw. Hollandhäfen gehen. Die Ladung besteht fast ausschliesslich aus Holz.
  Erfasst wurden im Zeitraum Oktober bis Anfang November 1939 folgende Schiffe, bei denen zum Teil wiederholte Verschiffungen festgestellt wurden.

    15 englische Schiffe
     1 dänisches Schiff
     4 estnische Schiffe
     3 finnische Schiffe
     3 griechische Schiffe
     1 holländisches Schiff
     9 lettische Schiffe
    18 norwegische Schiffe
     4 schwedische Schiffe
     5 russische Schiffe.

Mit Beginn der Vereisung des Weissen Meeres ab Mitte November muss ein Absinken des Verkehrs erwartet werden. Ermittlungen über den Umfang der noch zu erwartenden Holzausfuhr aus Murmansk sind eingeleitet.

- - - -

    Funksender Tokio meldete Auslaufen deutscher Dampfer.
    Da aus dem Melden deutscher Schiffsbewegungen schwerwiegende Nachteile für die betreffenden Schiffe entstehen können, sollen die befreundeten Neutralen gebeten werden, derartige Meldungen zu unterlassen.

- - - -

    Tankschiff "Westerwald" wird unterrichtet über Aufnahme durch Streitkräfte Gruppe Ost nördlich Warngebiet Grosser Belt und Wellenschaltung in Heimatgewässern. Schiff soll bei Schultz-Grund Standort melden.

- - - -

    Unterrichtung Gruppe West über Änderung B.Nr. in 7803 (Stichwortangabe).

C/Skl.   1.Skl.

Datum und Uhrzeit	Angabe des Ortes, Wind, Wetter, Seegang, Beleuchtung, Sichtigkeit der Luft, Mondschein usw.	Vorkommnisse

Datum und Uhrzeit	Angabe des Ortes, Wind, Wetter, Seegang, Beleuchtung, Sichtigkeit der Luft, Mondschein usw.	Vorkommnisse

17.11.

(49)

Politische Nachrichten :
-------- ---------

1.) Lage in Belgien siehe Politische Übersicht Nr. 75.

2.) 17.11. Tagung des Obersten Kriegsrates der Westmächte unter Teilnahme Chamberlain's, Halifax, Shatfield, Kingsley Wood, Daladier, Gamelin, Darlan, Veuillemin über kombinierten Einsatz der französischen und britischen Streitkräfte und enge Zusammenarbeit auf dem Gebiete der Lufttätigkeit, Munitionsherstellung, Rohstoff-, Öl- und Lebensmittelversorgung, Schiffahrts-und Wirtschaftskriegführung (siehe auch Auslandspresse). Bildung von 6 Exekutiv-Komitee's für Luftfahrt, Aufrüstung Rohstoffbeschaffung und Öl, Lebensmittel, Seetransport, Blockade.

3.) Stellung der nordischen Staaten zu Deutschland siehe Politische Übersicht Nr. 75. Besonders bemerkenswert die ungünstige eindeutig gegen Deutschland gerichtete Stimmung in <u>Schweden</u> (besonders in Handelskreisen und der Arbeiterschaft) und das sehr guten Arbeiten der englischen Propaganda und <u>Spionage</u> in nordischen Ländern.

1100^h

Lagebesprechung beim Chef der Seekriegsleitung

Besonderes:

1.) Im Hinblick auf die anhaltende Ubootsgefahr in der westlichen Ostsee ordnet Chef Skl. an, dass Gruppe Ost alle Vorbereitungen trifft zur völligen Absperrung der Belte durch Auslegen einer Minensperre mit Sperrlücke für eigene Streitkräfte. Falls die von den Dänen geforderte Sperrung <u>nicht</u> im Sinne der Forderung der Skl. durchgeführt wird oder unerwünschte Verzögerung erleidet, wird die Sperrung ohne weitere Rücksichten durch unsere <u>eigenen</u> Streitkräfte erfolgen.

2.) Vortrag über die Vorüberlegungen der Skl. zur Frage der Erklärung eines Teil-Warngebietes an der nordenglischen Küste (Peterhead - Firth of Forth).

Die vorliegenden Nachrichten deuten daraufhin, dass England "im Begriff ist, sich einen "War channel" längs seiner Ostküste zu schaffen und durch langgestreckte Flankensperren und Erklärung von Warngebieten seinen für ihn sehr

Datum und Uhrzeit	Angabe des Ortes, Wind, Wetter, Seegang, Beleuchtung, Sichtigkeit der Luft, Mondschein usw.	Vorkommnisse
17.11.		bedeutenden Schiffahrtsweg unter der Küste zu erhalten und soweit irgend möglich zu sichern. Es muss daher die Aufgabe der deutschen Seekriegführung sein, diese Absicht des Gegners zu durchkreuzen und den Weg unter der Küste und in seine kriegswichtigen Häfen der Einwirkung deutscher Kriegsmassnahmen zu unterstellen. Die Überlegungen der Seekriegsleitung gehen auf die Erklärung eines Warngebietes vor der Küste von Kinnaird Head bis St. Abbs Head (Lage etwa Kinnaird Head $0°\ 30'$ W, St. Abbs Head bis $1°\ 30'$ W). Das Warngebiet würde die wichtigen Häfen von Aberdeen, Montrose, Dundee und den Firth of Forth mit Edinburgh und Leith abschliessen. Eine tatsächliche Minenverwendung ist vorerst <u>noch nicht</u> beabsichtigt, dagegen ist durch Einsatz von Ubooten mit E-Torpedos das Ausliegen von Minen vorzutäuschen.
(50)		Die Erklärung eines solchen Warngebietes (nähere Erläuterung siehe Kriegstagebuch Teil C, Heft VI Minenkriegführung) ist abhängig zu machen von der Gesamtlage und im Einzelnen von den Beobachtungen der zur Zeit im Seegebiet von Kinnaird Head eingesetzten Uboote "U 18" und "U 22". Sie kommt voraussichtlich nicht vor dem 1.12. in Frage. - - - - - Besondere Feindnachrichten 17.11.: -------------------- A t l a n t i k : ------------------ England: <u>Geleitzugsmeldungen:</u> Nach Aussage des Kapitäns eines norwegischen Dampfers erfolgt Zusammenstellung der Geleitzüge England - USA 130 sm westlich von Kirkwall. Zwischen Irland und Kirkwall wäre ständige Kontrolle durch englische Kriegsfahrzeuge. V-Mann meldet, dass kanadische Flugzeuge in Zusammenarbeit mit englischen Kriegsschiffen ständig in Atlantik eingesetzt werden. -.-

Datum und Uhrzeit	Angabe des Ortes, Wind, Wetter, Seegang, Beleuchtung, Sichtigkeit der Luft, Mondschein usw.	Vorkommnisse

17.11.

Nach Meldung Mar.Att. Madrid soll 24. oder 25.11. grösserer Konvoi Gibraltar auslaufen.

Geleitzug H X 9 westlich Biscaya unter Geleit französischer Uboote und leichter Streitkräfte.

Frankreich:

Ein französisches Linienschiff ("Provence"?) 17.11. 0800 Uhr Casablanca eingelaufen.

Kommandant 6. Geschwader fordert von Dienststelle Marine Marokko für 18. und 19.11. Aufklärung Seegebiet Casablanca - Gibraltar in 50 sm Abstand von der Küste, vermutlich für Bewegung grösserer Einheiten.

Nordsee:

Chef der Heimatflotte, der bereits am 16.11. in See war, befindet sich 17.11. nachm. in der Minch.

Der Chef des 2. Kreuzergeschwaders mit J-Zerstörern 17. abends in Rosyth.

Feindliche Aufklärer 17.11. in grosser Höhe über Wilhelmshaven. Kein Bombenabwurf, Flakabwehr ohne Erfolg. Flugzeuge geben Aufklärungsmeldungen über gesichtete deutsche Streitkräfte. Meldungen ungenau. Schiffstypenbezeichnungen entsprechen nicht der tatsächlichen Dislokation.

Daventry-Meldung gibt die erfolgreiche Aufklärung über N W - Deutschland bekannt. Wichtige Flottenstützpunkte seien fotografiert worden.

Luftaufklärung Luftflotte 2 führt Aufklärung bei Dünkirchen durch und stellt starken Dampferverkehr im Gebiet Dover - Calais fest, auch 2 Kriegsschiffe gesichtet.

Fliegerkorps X sichtet in Nord-Shetland 2 Kreuzer, 4 Flugboote, in Lerwick nur Dampfer. Scapa wird nicht eingesehen.

Übersicht über die Tätigkeit der englischen und französischen Hauptverbände vom 8.-15.11. siehe B-Bericht Nr. 11/39.

Wetterflotte (Kriegstagebuch)
(Einlagen)

-.-

Datum und Uhrzeit	Angabe des Ortes, Wind, Wetter, Seegang, Beleuchtung, Sichtigkeit der Luft, Mondschein usw.	Vorkommnisse
17.11.		Besonderes: England: 1.) Heimatflotte besteht zur Zeit nur aus "Nelson", "Rodney", "Hood", 2. Kreuzergeschwader und 3. und 8. Zerstörerflottille. Teilweise Durchführung von Sonderaufgaben. – Einsatz "Hood" für Geleitdienst, Einsatz Kreuzer "Sheffield" und "Belfast" im Dienst der Northern Patrol. 2.) Verstärkung der Überwachung des Seegebietes Island – Faroer – Shetlands. Einsatz von Kreuzern, Zerstörern und Hilfsschiffen. Flugzeugträger "Pegasus" in Shetlandbereich. 3.) Weiterer Ausbau Geleitzugdienst in der Nordsee. Ansteuerungspunkte an englischer Ostküste Kinnaird Head und Firth of Forth. Sicherung in erster Linie durch Zerstörer. Starke Störung der Schiffahrt an der Küste durch deutsche Minenverseuchungen. Sicherung im Harwich – Themsegebiet durch Zerstörer. (G-Klasse und polnische Burgas). 4.) Englische Uboote in Wartestellungen Seegebiet von Borkum, Skagerrak, Südwestküste Norwegens. Vor Ausgang Weg 2 Warngebiet (?). 5.) Im Atlantik weiterhin stark gesicherter Geleitzugverkehr. Einholung Geleitzüge durch Heimatstreitkräfte etwa von 48° N 29° W an. Luftsicherung während des ganzen Atlantikweges. 6.) Verteilung der Streitkräfte im Nord-und Südatlantik siehe Karte zum B-Bericht. 7.) Weitgehender Abzug von Streitkräften aus dem Mittelmeer (Zur Zeit nur noch 1 Linienschiff, 3 kleine Kreuzer und einige kleinere Einheiten) sowie aus Ostasien (zur Zeit nur noch 1 Kreuzer !) Frankreich: Überwachungs-, Ubootsjagd-und Geleittätigkeit wie bisher. Stärkere Konzentration auf das Dakargebiet. –.–

Datum und Uhrzeit	Angabe des Ortes, Wind, Wetter, Seegang, Beleuchtung, Sichtigkeit der Luft, Mondschein usw.	Vorkommnisse
17.11. (52)		Eigene Lage 17.11.: ------------------ Atlantik: --------- Tankschiff "Westerwald" teilt deutschem Konsulat Drontheim mit, dass das Schiff durch ein norwegisches Torpedoboot bei Hestwik (Insel Hidra) angehalten worden ist. W. hat den Konsul gebeten, an Bord zu kommen und einen norwegischen Lotsen mitzubringen. Schiff hatte von Skl. Befehl, die neutralen norwegischen Hohwitsgewässer zu benutzen und als Handelsschiff aufzutreten. Untersuchung des Schiffes durch Norweger ist daher nicht ohne weiteres anzunehmen. Es steht zu hoffen, dass das Schiff planmässig seinen Weitermarsch antreten kann. Nordsee: -------- 17.11. nachmittags Anlaufen Sperrunternehmung 5. Zerstörer-Division Nordeinfahrten Themsemündung planmässig. Übersicht über Standorte und Kriegsbereitschaft der Zerstörer vom 18.11. siehe Kriegstagebuch Teil B Blatt 49. Ostsee: ------- 1730 Uhr Ubootsalarm von Kreuzer "Emden" westlich Fehmarn. 3 Torpedolaufbahnen gesichtet. Sofortiger Ansatz Ubootsjagd bisher ergebnislos. Durch Gruppe Ost wird Ostsee westlich Gjedser für Übungen Seestreitkräfte gesperrt. Marineattaché's Stockholm und Kopenhagen erhalten von Skl. folgende Weisung: Am 16.11. und am 17.11. sind erneute Ubootsangriffe in der Ostsee und zwar auf Linienschiff "Schlesien" vor Schleimünde und auf Kreuzer "Emden" südlich von Kjelsnor festgestellt worden. Bitte sofort dortige Marine auf die sich hieraus ergebende äusserste Dringlichkeit der Entscheidung über -.-

Datum und Uhrzeit	Angabe des Ortes, Wind, Wetter, Seegang, Beleuchtung, Sichtigkeit der Luft, Mondschein usw.	Vorkommnisse

17.11.		Sperrung von Sund und Belten hinzuweisen und zu fragen, wann spätestens dort beabsichtigte Sperren liegen können, da sonst eigene deutsche Massnahmen unerlässlich.
		Fortsetzung Handelskrieg im Seegebiet Hanöbucht und östlicher Ostsee durch Minenschiffe "Kaiser" und "Hansestadt Danzig". Aufbringung von 9 Dampfern.
		
		U b o o t s l a g e :
		------------ 	
		Atlantik:
		
		Im Operationsgebiet
		Atlantik: U 28, U 33, U 41,
		                       U 43, U 49.
		                       U 53 auf dem Rückmarsch.
		Im Mittelmeer (?): U 26
		Auf dem Anmarsch: U 29, U 47.
		U 29 erhält vom B.d.U. Standort Chef Heimatflotte im Gebiet North-Minch übermittelt.
		
		Nordsee:
		
		U 15 meldet Aufgabe vor Lowestoft durchgeführt.
		U 20 ausgelaufen zur Sonderunternehmung.
		Im übrigen keine Änderungen.
		
		Handelskrieg der Uboote:
		------------------------ 	
		    Auf Grund erteilter Genehmigung des Führers wird nach Überprüfung der Massnahmen durch A.A. folgende Verschärfung des Handelskrieges befohlen:
		    Sofortiger voller Waffeneinsatz gegen alle einwandfrei feindlichen Passagier-

-.-

Datum und Uhrzeit	Angabe des Ortes, Wind, Wetter, Seegang, Beleuchtung, Sichtigkeit der Luft, Mondschein usw.	Vorkommnisse
17.11.		dampfer, deren Bewaffnung erkannt wird, oder deren Bewaffnung bereits bekannt ist, wird für Uboote freigegeben. Vervollständigte Liste der bewaffneten feindlichen Passagierdampfer wird in besonderem Fernschreiben an B.d.U. übermittelt.
(53)		"U 53" meldet 17.11. mittags: Geleitzug 18 Fahrzeuge, Geleit 5 Zerstörer, 60 sm westlich Cap da Roca, Kurs 5°, Fahrt 8 sm, Formation 4 Kolonnen. Boot wird von französischen Peilstellen geortet und von Admiralität gemeldet. Es behält die Fühlung und meldet erneut 18.11. 0300 Uhr. Boot bekommt von B.d.U. Mitteilung, dass "U 41" und "U 43" 18.11. mittags im Seegebiet Finisterre sein können. B.d.U. erhält von Skl. Weisung über Erprobung Basis Nord. Skl. hält die Erprobung der Basis durch das in den nächsten Tagen auslaufende "U 36" für dringend erwünscht. Versorgungsgut für Ölschiff "Phönizia" in Murmansk geht mit Fischdampfer 22.11. ab nach Murmansk. (Näherer Befehl siehe Kriegstagebuch Teil B, Heft V, Blatt 50).
		Handelsschiffahrt 17.11.: Verlust: Dampfer "Rheingold" 5055 BRT 21.9. ab Bahia, muss als verloren betrachtet werden, damit steigen die deutschen Handelsschiffsverluste auf 23 Schiffe = 2,7 %.

Datum und Uhrzeit	Angabe des Ortes, Wind, Wetter, Seegang, Beleuchtung, Sichtigkeit der Luft, Mondschein usw.	Vorkommnisse
17.11.		Die Versenkung des englischen Dampfers "Afrika Shell" durch "Spee" hat im gesamten Nachrichtendienst der Welt grosses Aufsehen erregt. Es wird behauptet, dass die Versenkung innerhalb der Hoheitsgewässer erfolgt ist. "Spee", der den Nachrichtendienst offensichtlich mit verfolgt hat, meldet, dass "Afrika Shell" 7 sm vor der Küste gesprengt wurde und später getrieben sei.

C/Skl.
1.Skl.
Asto 2

Datum und Uhrzeit	Angabe des Ortes, Wind, Wetter, Seegang, Beleuchtung, Sichtigkeit der Luft, Mondschein usw.	Vorkommnisse	71
18.11.		Lagebesprechung beim Chef der Seekriegsleitung:	

Besonderes:
―――――

1.) Vortrag Ia über Unternehmung der Schlachtschiffe gemäss des auf Grund Weisung der Seekriegsleitung aufgestellten Operationsbefehles des <u>Seebefehlshabers West</u>. Unternehmung soll am 21.11. anlaufen. Gleichzeitige Unternehmung Handelskriegsgruppe im Skagerrak ist vorgesehen.
    Chef Skl. mit beabsichtigtem Verlauf der Operation voll einverstanden.
    (Im einzelnen siehe 21.11. und Operationsbefehl Seebefehlshaber West).

2.) Der Ergänzung der Themse-Sperrung durch L.M.A.-Verseuchungen, wie von Gruppe West vorgesehen, wird vom Chef Skl. zugestimmt.

3.) Im Hinblick auf die mehrfachen schärfstens abzulehnenden Störungen der rechtmässigen deutschen Handelskriegführung in der Ostsee durch schwedische Seestreitkräfte und Flugzeuge ist erneuter energischer Protestschritt des A.A. bei der schwedischen Regierung erforderlich. Entsprechender Antrag geht an A.A.

4.) Kommandant Panzerschiff "Deutschland" (Konteradmiral Wenneker) meldet sich zur Berichterstattung über Ablauf Panzerschiffsoperation und besondere Erfahrungen:
    Ausfahrt "Deutschland" planmässig ohne Feindberührung. Politisch bedingtes Absetzen im ersten Teil der Operation war militärisch nachteilig und verhindert die zum derzeitigen Zeitpunkt noch möglichen Erfolge gegen einzeln fahrenden feindlichen Handelsverkehr. Durchstoss "Deutschland" in Mittelatlantik auf Westindienroute brachte <u>nicht</u> den erwünschten unmittelbaren Erfolg. <u>Kein</u> Verkehr angetroffen, da englischer Verkehr weitestgehend umgeleitet und auf Geleitzüge mit unbekannten Routen umgestellt. Neufundlandbank und Nordatlantik-Weg nur <u>Neutrale</u>; <u>kein</u> Engländer. Sehr schlechte

-.-

Datum und Uhrzeit	Angabe des Ortes, Wind, Wetter, Seegang, Beleuchtung, Sichtigkeit der Luft, Mondschein usw.	Vorkommnisse
18.11. (54)		Wetterlage beeinträchtigt stark die Handelskriegführung. Brennstoff-und Proviantergänzungen an der Küste Grönlands. Basis Grönland hinsichtlich Wetterlage und völlig ungestörter und unbemerkter Unterschlupfmöglichkeit ideal als Versorgungsplatz (auch für Uboote geeignet). Rückmarsch planmässig. "Westerwald" gut bewährt als Versorgungsschiff. Anerkennenswerte Unterstützung durch vorzügliches Arbeiten. (Eingehende Erfahrungsauswertung siehe Kriegstagebuch der "Deutschland" und Kriegstagebuch Teil C, Heft I). - - - - Besondere Feindnachrichten 18.11.: = = = = = = = = = = = = = = = = = A t l a n t i k : - - - - - - - - England: Von Westen kommender Geleitzug (wahr - scheinlich H X 9) wahrscheinlich unter Geleit von "Resolution" mit Kreuzer und Zerstörern steht 18.11. 1000 Uhr 350 sm westlich La Rochelle. Der Geleitzug trifft vermutlich (von Boston kommend) 19. abends vor dem Bristol-Kanal ein. Kann 20.11. abends in Liverpool sein, sodass mit Ausladen des Transportes am 21. früh gerechnet werden kann. Luftwaffe will versuchen, Erlaubnis zum Angriff zu erwirken, da es sich um den ersten bedeutsamen Flugzeugtransport aus U.S.A. handelt. Westlich des Kanals wird Kreuzer "Norfolk", im Westkanal 2 Hilfskreuzer von der Funkbeobachtung erfasst. Flugzeugträger "Argus" läuft mit 2 Zerstörern Gibraltar aus nach Osten. Nach Meldungen der K.O. Spanien wird Patrouillendienst Gibraltar meistens von 2 englischen und 2 französischen Zerstörern versehen, gelegentlich ausserdem Kanonenboote. Geleitzüge werden von Schnellbooten bis Kap Spartel begleitet. Hafensicherung von Gibraltar wurde verstärkt, Einfahrten durch je 3 Netze gesichert.

Datum und Uhrzeit	Angabe des Ortes, Wind, Wetter, Seegang, Beleuchtung, Sichtigkeit der Luft, Monbschein usw.	Vorkommnisse	72
18.11.		Frankreich: Keine besonderen Meldungen.	

Nordsee:

Die durch Funkbeobachtung festgestellten Schiffsbewegungen und der aussergewöhnlich starke, teilweise dringende Funkverkehr deuten auf erhebliche Störungen des Themse-Verkehrs durch unsere Minenverseuchungen. Flottillenführer "Keith" und einige G-Zerstörer befinden sich Seegebiet Themse - Harwich. Minensuchtätigkeit moderner Minensuch- streitkräfte wird an der englischen Südostküste beobachtet. Nach einer V-Mann-Meldung ist der Edinburgh-Kanal (Themse) geschlossen. Schiffe werden auf dem nördlichen Weg (Blackdeep) Sunk-Feuerschiff und von dort Kurs Ost verwiesen. Es ist anzunehmen, dass die Warnung schon vom 17. oder früher stammt, sodass die letzten deutschen Sperrunternehmungen sich darauf noch nicht ausgewirkt haben.

Schiffe aus den Downs sollen östlich der Linie Nord-Goodwin - Kentish Knock - Sunk-Feuerschiff bleiben.

Bei der augenblicklichen Minenlage ist zu erwarten, dass sehr bald weitere Einschränkungen des Themse-Verkehrs folgen. Gegen Mittag läuft westlich der Long-Sand-Tonne (Nord) ein englischer Dampfer auf Mine. Eine entsprechende Warnmeldung wird von Funkwachschiff "Scapa" an alle verbreitet.

20 sm nördlich Borkum wird ein englisches Uboot gemeldet. Die Beobachtungen bestätigen laufend die nach Funkaufklärung und Entzifferungsdienst angenommenen feindlichen Uboots-Wartestellungen nördlich Borkum - Norderney, sowie westlich der Mitte unseres Warngebietes.

Ostsee:

Ein in Flensburg eingetroffener dänischer Motorsegler meldet, dass er am 17.11. um 1440 Uhr süd-

Datum und Uhrzeit	Angabe des Ortes, Wind, Wetter, Seegang, Beleuchtung, Sichtigkeit der Luft, Mondschein usw.	Vorkommnisse
18.11.		lich von Alsen bei der Einfahrt in die Flensburger Förde auf kürzeste Entfernung ein halbgetauchtes Uboot unbekannter Nationalität gesehen habe. Nach Feststellungen bei B.d.U. und E.K.K. kommt kein eigenes Uboot in Frage.

E i g e n e   L a g e   18.11.:
- - - - - - - - - - - - - - - - - -
A t l a n t i k :

Keine besonderen Vorkommnisse.
(Siehe Handelskrieg mit Ubooten)

An Panzerschiff "Graf Spee" wird zur Unterrichtung übermittelt: "Offizieller Beginn Walfangsaison in der Antarktis am 6.12.; mit Eintreffen einzelner Boote ist schon vorher zu rechnen."

N o r d s e e :

In der Nacht vom 18.11. zum 19.11. planmässige Durchführung Zerstörerminenunternehmung Sperraufgabe III, Humber - mündung mit 3 Zerstörern.

Durch die in letzter Zeit ohne Störung durchgeführten Minenunternehmungen der Zerstörer an der Ostküste Englands ist erreicht worden:
1.) Abriegelung der beiden Zugänge zur Themse durch 288 Grundminen
2.) Abriegelung des Nord-Südweges an der englischen Küste in Gegend Humber durch 180 Grundminen
3.) Abriegelung der Humbermündung durch 70 Grundminen.

Die <u>unmittelbare</u> Wirkung durch Minentreffer konnte bisher in vielen Fällen mit Sicherheit, in anderen mit hoher Wahrscheinlichkeit bestimmt werden. Dass in dem Trefferbild hauptsächlich neutrale Schiffe in Erscheinung treten findet eine Erklärung darin, dass England die eigenen Schiffs-

-.-

Datum und Uhrzeit	Angabe des Ortes, Wind, Wetter, Seegang, Beleuchtung, Sichtigkeit der Luft, Mondschein usw.	Vorkommnisse	73
18.11			

verluste möglichst nicht bekannt gibt und damit gleichzeitig die neutrale Schiffahrt als von der deutschen Seekriegführung hauptsächlich getroffen herausstellt.

Es kann angenommen werden, dass mindestens eine ebenso grosse Zahl englischer Schiffe durch Minentreffer vernichtet sind.

Die _mittelbare_ Wirkung ist schwer bestimmbar, da sie sich aus den verschiedensten Faktoren zusammensetzt. Sie ist aber fraglos noch höher als die unmittelbare.

So nimmt z.B. die Themse (London) 1/4 der gesamten Einfuhr auf.

Die Häfen der Ostküste spielen vor allem für die kriegsentscheidenden Rohstoffe der Produktionsgüterindustrie (Eisenerze, Holz) und das Mineralöl eine wichtige Rolle. Infolge Spezialisierung dieser Häfen bedeutet eine etwaige Umleitung des Verkehrs eine besondere Erschwerung.

(Soweit gegnerische Massnahmen in Auswirkung unserer eigenen Grundminenverwendung erkennbar geworden sind, berechtigen sie zu dem Schlusse, dass der Gegner durch dieses Mittel und die Form seines Ansatzes überrascht ist. Das Reagieren des Gegners auf diese Überraschung tritt in Erscheinung als Warnung der Schiffahrt vor einem bestimmten Gebiet, wo nachweisbar Verluste, offenbar verursacht durch Minentreffer, entstanden sind.

Es ist bisher in keinem Falle beobachtet, dass der Gegner nach einer gewissen Zeit, wie dieses zum Beispiel vor einem Hafen als natürlich zu erwarten wäre, das Gebiet nach Absuchen wieder frei befahrbar erklärt hätte.

Es muss angenommen werden, dass der Gegner auf die Abwehr von Grundminen nicht bezw. noch nicht hinreichend vorbereitet ist, um mit einer wirksamen Bekämpfung dieser Gefahr zu beginnen. Misst man das Maß der Bedrohung des Gegners an unseren eigenen Sorgen der Grundminenbekämpfung, so gewinnt man ein ungefähr richtiges Bild, welche Waffe wir mit der Grundmine in der Hand haben. Es muss daher mit allen uns zu Gebote stehenden Mitteln (einschliesslich bevorzugter Rohstoffzuteilung und Fertigung) angestrebt werden, diesen Vorteil der deutschen Seekriegführung mit rücksichtsloser Schärfe auszunutzen.

Datum und Uhrzeit	Angabe des Ortes, Wind, Wetter, Seegang, Beleuchtung, Sichtigkeit der Luft, Mondschein usw.	Vorkommnisse
18.11.		Die Neuartigkeit des Seekriegsmittels der Grundmine und der Mangel an wirksamen Mitteln des Gegners zu ihrer Abwehr machen die Frage berechtigt, ob es richtig war, dieses Kampfmittel schon zum gegenwärtigen Zeitpunkt einzusetzen, oder ob es zweckmässiger gewesen wäre, mit einem überraschenden Einsatz bis zum Zeitpunkt der Möglichkeit einer Massenverwendung zu warten. Die Seekriegsleitung glaubt aus folgenden Gründen von diesem Kampfmittel schon von Kriegsbeginn an Gebrauch machen zu müssen:

1.) Das Vorhandensein von Grundminen beim Gegner war zwar nicht bekannt, immerhin musste jedoch angenommen werden, dass auch der Gegner auf diesem Entwicklungsgebiet seit dem Weltkriege wesentliche Fortschritte gemacht hatte, sodass die Gefahr bestand, dass er uns eines Tages in der Grundminenverwendung zuvor kam und uns den Einsatz dieser Waffe damit wesentlich erschweren würde.

2.) Die Entwicklung der Kriegslage ist nicht vorauszusehen. Grundsätzlich war zu fordern, das Kriegsmittel der Grundmine, solange die Gelegenheit bestand, sie überhaupt an den Gegner heranzutragen, zum Einsatz zu bringen. Dies galt insbesondere für die Verwendung der Grundmine durch Uboote, da keineswegs feststand, ob diese Möglichkeit in absehbarer Zeit infolge der starken Ubootsabwehr des Gegners noch gegeben war.

3.) Das Bestreben des Gegners, durch ausgedehnte Flankensperren und Warngebiete seine Küste gegen jeden Zugriff unsererseits zu schützen und seinen Küstenweg damit zu sichern, ist unverkennbar. Es musste damit gerechnet werden, dass bei längerem Abwarten eine Möglichkeit, die Grundmine durch Überwasserstreitkräfte an die englische Küste heranzubringen – und zwar bis in die Flussmündungen hinein – nicht mehr bestand.

4.) Der gegenwärtige Zeitpunkt für einen stärkeren Mineneinsatz durch Zerstörer erschien im Hinblick auf die Überlegungen zu einer weiteren Verschärfung des Wirtschaftskrieges gegen England besonders günstig, da die weitgehende Störung des Handelsverkehrs an der Ostküste und in der Themse geeignet ist, die neutralen Staaten von einem weiteren Handelsverkehr mit England überhaupt abzuschrecken.

-.-

Datum und Uhrzeit	Angabe des Ortes, Wind, Wetter, Seegang, Beleuchtung, Sichtigkeit der Luft, Mondschein usw.	Vorkommnisse

18.11.

5.) Auch bei Kenntnis der Eigenart der Mine kann erwartet werden, dass, wenn der Gegner tatsächlich völlig unvorbereitet durch die nicht räumbare Grundmine getroffen ist, eine längere Zeit vergeht, bis ihm die frontreife Entwicklung eines geeigneten Räumgerätes gelungen ist. Diese Zeit wird so lang eingeschätzt, dass der Gegner in der Zwischenzeit durch verstärkten Einsatz aller Möglichkeiten der Minenverwendung schwere Verluste erlitten und sein Handelsverkehr mit den Neutralen einen starken, für ihn äusserst empfindlichen Rückgang erfahren hat.

Luftaufklärung der südlichen Nordsee erhält ausser mit französischen Zerstörer-Flugzeugen keine Feindfühlung, sichtet jedoch zahlreiche Fischdampfer und sonstigen Dampferverkehr.

Eine Rotte "He 115" wird 18.11. 10 sm westlich Helder wahrscheinlich durch holländisches Flugzeug angegriffen. Angriff wird durch drei Feuerstösse erwidert und nach See zu abgedreht. Vorfall einwandfrei ausserhalb holländischer Hoheitsgewässer. Von Ob.d.L. ist veranlasst, dass Luftattaché schärfste Verwahrung gegen Angriff erhebt und dazugesetzt, dass Möglichkeit der Verletzung der holländischen Neutralität durch britisches Flugzeug vorliegen kann.

O s t s e e :

Ubootsjagd in der Kieler Bucht durch Ujagdstreitkräfte und Flugzeuge brachte bisher keine weiteren Ergebnisse.

Beim Handelskrieg durch Minenschiffe mit Unterstützung durch Seeluftwaffe treten erneute Störungen ein durch neutralitätswidriges Verhalten schwedischer Zerstörer.

Datum und Uhrzeit	Angabe des Ortes, Wind, Wetter, Seegang, Beleuchtung, Sichtigkeit der Luft, Mondschein usw.	Vorkommnisse
18.11.		3 Walfangboote werden als U-Jäger "Hans", "Ida", "Karl" für Ostseeverwendung in Dienst gestellt.

Zu den deutschen Forderungen hinsichtlich der völligen Sperrung der Belte haben die dänische Marineleitung und Regierung sich nach Meldung des Mar.Attaché's Kopenhagen sehr verständnisvoll geäussert. Die dänische Marine ist besonders dankbar über die Behandlung der Angelegenheit und darüber, dass der dänischen Marineleitung die Möglichkeit gegeben wurde, von sich aus an ihre Regierung heranzutreten. Grundsätzlich sind die Dänen bereit, die Sperren in der von uns gewünschten Form auszulegen. Es ist eine vierfache, voll wirksame Treppensperre vorgesehen unter besonderer Gewähr einer sicheren Dauersperrung. Sperrung Gr.Belt soll am 20.11. beginnen. Als <u>Sofortmassnahme</u> bis zur Wirksamkeit der gesamten Sperre wird Dänemark je eine Gruppe kleiner Torpedoboote in den dänischen Hoheitsgewässern im Gr. und Kl. Belt zur Bewachung gegen getauchte Uboote einsetzen.

Hinsichtlich der schwedischen Sperrung am Sund lauten die Berichte des Mar.Attaché's zunächst gleichfalls günstig. Schwedischer Marinechef erklärt Bereitwilligkeit, auf deutsche Wünsche einzugehen. Schwedische Regierung hat beschlossen, eine Sperre südlich Falsterbo bis an deutsche Sundsperre heran auszulegen. Schwedischer Gesandte will deutsche Regierung am 19.11. unterrichten. Nähere Einzelheiten bleiben abzuwarten.

U b o o t s l a g e   18.11.:

A t l a n t i k :   Keine Änderungen.

"U 35" ausgelaufen ins Operationsgebiet. "U 49" meldet 150 sm südwestlich Fastnet Fächerschuss auf 3 Dampfer (Tan-

-.-

Datum und Uhrzeit	Angabe des Ortes, Wind, Wetter, Seegang, Beleuchtung, Sichtigkeit der Luft, Mondschein usw.	Vorkommnisse	75
18.11.		ker und Transporter) Fehlschuss anscheinend wegen Schlechtwetter (WSW 5, diesig). "U 53" hält noch immer Fühlung an Geleitzug westlich Cap Villano. Boot erhält vom B.d.U. Befehl, häufiger zu melden, bis "U 41" und "U 43" herangeführt sind und spätestens am 19. morgens selbst anzugreifen. Boot wird nach B-Dienst - meldung anscheinend von Flottillenführer Volta gesichtet.	

N o r d s e e :

"U 15" läuft nach planmässiger Durch -
führung Minenunternehmung in Wilhelmshaven ein.
"U 66" tritt vom Op.-Gebiet an norwegischer Küste Heimmarsch an.
"U 22" (Operationsgebiet bei Kinnaird Head) meldet Versenkung eines Dampfers und 2 Fehlschüsse.

H a n d e l s s c h i f f a h r t 18.11.:
- -
    1 Dampfer von Übersee heimgekehrt,
1 Dampfer (das bereits verloren gemeldete
M. "Togo") von Übersee bis Norwegen gekommen. Dampfer "Trifels" am 14.11. anscheinend durch französische Einheit
aufgebracht.
    Die zwei derzeit in der Northern Patrol diensttuenden Kreuzer des 2. Kreuzergeschwaders sind zusammen mit einigen älteren D-Kreuzern auf der Linie nach Island zu eingesetzt. Es scheint, dass gerade diese Enge in der letzten Zeit auf Grund der sich häufenden Meldungen über das Auslaufen deutscher Dampfer aus neutralen

                                                          -.-

Datum und Uhrzeit	Angabe des Ortes, Wind, Wetter, Seegang, Beleuchtung, Sichtigkeit der Luft, Mondschein usw.	Vorkommnisse
18.11.		Atlantikhäfen besonders eingehend und sorgsam überwacht würde. Die Bewachung der Dänemarkstrasse erfolgt durch Hilfskreuzer, durch welche einige deutsche Dampfer aufgebracht wurden, sofern sich diese nicht selbst bei Aufbringungsgefahr versenkten.

Die Tätigkeit der in der Northern Patrol eingesetzten Einheiten wird weitgehend durch eine Luftaufklärung unterstützt, die sowohl Seegebiete nach den Faroern als auch nach der norwegischen Küste zu überwacht.

Nach Meldung R E M werden die beiden ersten isländischen Fischdampfer 20./21.11. in Cuxhaven eintreffen. Weitere 6 Fischdampfer werden erwartet. Dampfer haben Anweisung, über Kattegat, Sund und KW-Kanal nach Cuxhaven zu gehen.

Es ist damit zu rechnen, dass die diesjährige Kartoffelmissernte in England zu stärkeren Einfuhren aus Dänemark und Ostseerandstaaten zwingen wird.

Da Dänemark selbst Kartoffeln ausführt, ist daher bei etwaigen Kartoffellieferungen der Randstaaten nach Dänemark stets zu vermuten, dass die Ware in Wirklichkeit für England bestimmt ist. Erfahrungsgemäss beginnt die englische Kartoffeleinfuhr in der zweiten Hälfte des November.

Konsul Trondheim teilt telefonisch mit:
 "Troßschiff "Westerwald" in norwegischen Hoheitsgewässern angehalten durch norwegisches Torpedoboot. Bei Anbordkommen Kommando wird Bewaffnung des Schiffes festgestellt und Forderung auf Durchsuchung des Schiffes erhoben. Kapitän "Westerwald" lehnt

-.-

Datum und Uhrzeit	Angabe des Ortes, Wind, Wetter, Seegang, Beleuchtung, Sichtigkeit der Luft, Mondschein usw.	Vorkommnisse
18.11.		diese ab und weist darauf hin, dass Bewaffnung nur zur Verteidigung diene. Geschütze könnten nicht voraus schiessen. Konsul Nolda macht ebenfalls geltend, dass in ähnlicher Form bewaffnete englische Handelsschiffe von ihm bereits mehrfach in norwegischen Gewässern gesehen worden wären. Trotzdem wird Forderung auf Durchsuchung aufrecht erhalten. Vorher dürfe Schiff nicht weiterfahren. Kapitän "Westerwald" will zunächst Weisung von Seekriegsleitung haben. Schiff ist empfangsklar, darf aber nicht senden.
		Norwegischer Aussenminister erklärt deutschem Gesandten, dass norwegische Regierung auf Durchsuchung des Schiffes bestehen müsse und diese notfalls erzwingen werde. Gesandter hat Aufschub dieser Massnahme verlangt, bis Unterrichtung deutscher Regierung erfolgt ist.
		An "Westerwald" ergeht folgender Funkspruch: "Westerwald" ist Staatsschiff im Dienste Kriegsmarine. Deshalb jede Durchsuchung ablehnen. Sofortige ungehinderte Weiterfahrt verlangen. Gesandtschaft Oslo unterrichtet norwegische Regierung. Seekriegsleitung".
		Gleichzeitig erfolgt entsprechender Schritt der deutschen Gesandtschaft Oslo, die unter Hinweis auf Staatsschiff-Charakter der "Westerwald" ihre sofortige Freilassung fordert. Daraufhin erhält "Westerwald" die Erlaubnis, ihre Reise fortzusetzen.

Wetterkladde (Kriegstagebuch) (Einlagen)

Datum und Uhrzeit	Angabe des Ortes, Wind, Wetter, Seegang, Beleuchtung, Sichtigkeit der Luft, Mondschein usw.	Vorkommnisse

Datum und Uhrzeit	Angabe des Ortes, Wind, Wetter, Seegang, Beleuchtung, Sichtigkeit der Luft, Mondschein usw.	Vorkommnisse

19.11.

Lagebesprechung beim Chef der Seekriegsleitung:

Besonderes:

Chef Skl. stellt Heranziehung "Lützow" für Unternehmung der Schlachtschiffe zur Erwägung. Er sieht den Vorteil einer Teilnahme darin, dass Panzerschiff als Rückhalt der leichten Kreuzer mit diesen zusammen einen Verband bildet, der jeder feindlichen Kreuzerkombination gewachsen wäre, was für die Tätigkeit der leichten Streitkräfte von besonderer Bedeutung sein würde.

Gruppe Ost wird hierzu um Prüfung gebeten, ob Panzerschiff sich in Operation noch eingliedern lässt, vor allem im Hinblick auf Bedarf für Ubootssicherung.

"Lützow" (Gotenhafen) erhält Befehl, Gefechts- und Fahrbereitschaft in dem Umfange aufrecht zu erhalten, dass kurzfristige Unternehmung durchgeführt werden kann und Zeitpunkt des Klarseins sowie Einschränkungen der Gefechtsbereitschaft zu melden.

Antwort "Lützow" besagt: "Klar ab 19.11. 0800 Uhr. Höchstfahrt 24 sm, da ein Hauptmotor ausgefallen".

Auf Grund Mitteilung der Gruppe West, dass Panzerschiff erst am 23.11. früh auf der Jade zu sein braucht, um zur Aufnahme der Schlachtschiffe am Schluss der Operation verfügbar zu sein, erhält "Lützow" fernschriftlich Befehl, mit allen Mitteln Fahrbereitschaft wiederherzustellen. Erforderlichenfalls ist beabsichtigt, nötiges Werftpersonal sofort in Marsch zu setzen.

"Lützow" meldet 1650 Uhr: Eintreffen 23.11. vormittags Jade. Wiederherstellung voller Fahrbereitschaft mit eigenen Mitteln sichergestellt. Hilfe Werft nicht erforderlich. Abstellen des bis zu 5000 m sichtbaren Funkenfluges bis 23.11. nicht möglich.

-.-

Datum und Uhrzeit	Angabe des Ortes, Wind, Wetter, Seegang, Beleuchtung, Sichtigkeit der Luft, Mondschein usw.	Vorkommnisse
19.11.		Gruppe West wird entsprechend unterrichtet.

- - -

Aus einem von uns festgestellten Erkundungsauftrag des englischen Nachrichtendienstes vom 31.10. geht hervor, dass England über die Dislokation unserer Schlachtschiffe nicht unterrichtet ist. Die gestellten Fragen lauten u.a.:

" 1.) Lage der deutschen Grosskampfschiffe feststellen.
  2.) Beim englischen Nachrichtendienst ist bekannt geworden, dass Deutschland in Russland Uboote gekauft hat. Diese Boote (14 Stück) sollen bereits durch den K.W.-Kanal gekommen sein. Feststellen, ob diese Angaben stimmen.
  3.) Feststellen, ob die auf den Stettiner Oderwerken fertiggestellte Helling Nr. 4 oder Nr. 5 ist.
  4.) Ist es richtig, dass Swinemünde kriegswichtiger Hafen geworden ist?
  5.) Feststellen, wie die Stimmung auf den deutschen Kriegs-und Handelsschiffen ist und Schiffe angeben, auf denen die Stimmung gegen den Krieg ist. Bei dieser Frage hat der englische Agent hinzugesetzt, dass die Engländer eine solche Schiffsbesatzung auch gut behandeln würden, wenn sie ihnen in die Hände fiele.
  6.) Besondere genaue Beobachtung von Stettin, da dort verschiedene militärische Sachen vor sich gehen sollen.
  7.) Die Feststellung der Empfänger der Ladung in Riga ist nicht so sehr wichtig; wichtiger sei die Menge der Ladung und vor allem der Lebensmittel, die von Riga nach Deutschland gehen.

- - - -

Besondere Feindnachrichten 19.11.:
= = = = = = = = = = = = = = = = =
A t l a n t i k :

-.-

Datum und Uhrzeit	Angabe des Ortes, Wind, Wetter, Seegang, Beleuchtung, Sichtigkeit der Luft, Mondschein usw.	Vorkommnisse

19.11.

England:

Nach einem Bericht des Mar.Attaché's Washington wurden die englischen Schlachtkreuzer immer nur einzeln an der kanadischen Küste gesichtet. Es wird angenommen, dass jeweils eins dieser Schiffe mit Zerstörern und anderen Einheiten die Geleitzüge deckt. Bei Annäherung an die europäischen Bestimmungshäfen trennen sich die schweren Schiffe vom Geleitzug und werden durch Zerstörer und Flugzeuge ersetzt. Der Kanada-Geleitzug läuft angeblich mindestens jede Woche einmal, in einer Stärke bis zu 60 Schiffen.

Schiffsbewegungen und Standorte: Kreuzer "Despatch" 17.11. in Callao. - In der Dänemarkstrasse werden 2 englische Zerstörer und Hilfskreuzer gemeldet. - Die Kreuzer "Diomede" und "Ceres" erhalten vom Chef der "Northern Patrol" einen Funkspruch, der einen deutschen Dampfer betrifft.

Geleitzüge im Mittelmeer werden nach Meldungen der K.O.Spanien in letzter Zeit wieder häufig durch Uboote begleitet.

Attaché Tokio meldet, dass englischer Passagierdampfer "Empress of Kanada" (21500 t) ausser mit 3-15 cm und Flaks mit 2 Torpedorohren ausgerüstet und aktive Seeoffiziere und ausgebildete Geschützmannschaften an Bord hat.

Nordsee:

Englischer Rundfunk gibt Warnung vor der Annäherung an Rattray Head (Moray-Firth) an alle Schiffe. In gleichem Zusammenhang scheint das in See gehen eines dort stationierten Küsten-Rettungsbootes zu stehen, welches gestern Abend zur Aufklärung einer Explosion in See eingesetzt wurde (Operationsgebiet von "U 18" und "U22").

In Auswirkung unserer Minensperren laufen mehrere feindliche und neutrale Dampfer nördlich des Spurn-Feuerschiffes und östlich des Tongue-Feuerschiffes auf Mine, darunter der holländische Passagierdampfer "Simon Bolivar" (8309 BRT), der italienische Dampfer "Grazia", ein Schwede, ein Jugoslave und ein Japaner.

Datum und Uhrzeit	Angabe des Ortes, Wind, Wetter, Seegang, Beleuchtung, Sichtigkeit der Luft, Mondschein usw.	Vorkommnisse
19.11.		Britische Admiralität behauptet in einer Erklärung, dass Minenlegung im Fahrwasser der von neutralen und britischen Schiffen viel befahrenen Linie ohne vorherige Warnung den Gepflogenheiten des internationalen Verkehrs und dem internationalen Recht widerspricht. Minen seien von Ubooten gelegt. Die ausserordentlich starke abschreckende Wirkung der deutschen Minenverseuchungen in der Themse muss nach Ansicht der Skl. zum Anlass genommen werden, die Neutralen erneut auf die grossen Gefahren hinzuweisen, denen sie sich bei einem Befahren der englischen Gewässer aussetzen und sie zu veranlassen, ihre Schiffahrt vor einem Handelsverkehr im Operationsgebiet zu warnen. Dabei ist auf die Erklärung der Kriegszone hinzuweisen, die die USA, um Schiffsverluste in europäischen Gewässern und damit Verwicklungen in den Konflikt zu vermeiden, erlassen haben. Die Mitteilung an die Neutralen muss so gehalten werden, dass sie keineswegs die Schiffsverluste an der englischen Küste auf deutsche Minen zurückführt und etwa als Entschuldigung der deutschen Regierung dafür aufgefasst werden könnte. Vielmehr muss sie als gutgemeinter freundschaftlicher Rat die Neutralen allgemein auf die selbstverständliche Auswirkung der modernen Kriegsmassnahmen beider Parteien im Operationsgebiet hinweisen und zu erkennen geben, dass die deutsche Regierung im Interesse der Sicherheit der neutralen Schiffahrt, die ihr besonders am Herzen läge, nur raten könnte, das Kampfgebiet überhaupt zu meiden. - - - E i g e n e L a g e 19.11.: = = = = = = = = = = = = = = A t l a n t i k : Siehe Ubootslage. N o r d s e e : Minenunternehmung vor dem Humber (4.Z-Flottille) ist planmässig abgelaufen. Alle beteiligten Einheiten kehren im Laufe des 19.11. in die Flussmündungen zurück. -.-

Datum und Uhrzeit	Angabe des Ortes, Wind, Wetter, Seegang, Beleuchtung, Sichtigkeit der Luft, Mondschein usw.	Vorkommnisse

9.11.

Ostsee:

Ubootsjagd in der Kieler Bucht hat bisher keine Ergebnisse gehabt. Die westliche Ostsee wird am 20.11. für Übungen von kleinen Fahrzeugen bis zum Zerstörer herauf freigegeben.

Handelskrieg der Minenschiffe mit Unterstützung der Luftwaffe in mittlerer und östlicher Ostsee führt zur Aufbringung mehrerer Dampfer.

Aus Meldungen der am Sund eingesetzten Handelskriegsstreitkräfte geht hervor, dass der Verkehr mit geleichterten Schiffen fast ausschliesslich durch die Kogrund-Rinne läuft.

Ausserhalb Hoheitsgrenzen nur Verkehr nach Süden. Schwedische Zerstörer und Flugzeuge versuchen weiterhin die Handelskontrolle zu stören und die deutschen Streitkräfte durch taktloses Verhalten zu brüskieren. Schwedischer Hubschrauber kreiste mit Fotogerät über deutschen Booten. Gruppe Ost gibt Anweisung, bei weiterem derartigen Verhalten des schwedischen Flugzeuges unter vorheriger Benachrichtigung der in der Nähe stehenden schwedischen Wachboote mit MG C/30 Schiessübungen abzuhalten. Es wird weiter gemeldet, dass die englischen Dampfer anscheinend umgemalt worden sind und unter schwedischer Flagge fahren.

- - - -

Ubootslage :

Atlantik:

"U 31" ausgelaufen ins Operationsgebiet.
Im Atlantik Operationsgebiet: U 26, 28, 33, 41, 43, 49, 53.
An der nordnorwegischen Küste: U 38.

Datum und Uhrzeit	Angabe des Ortes, Wind, Wetter, Seegang, Beleuchtung, Sichtigkeit der Luft; Mondschein usw.	Vorkommnisse
19.11.		Auf dem Ausmarsch: U 47 in nördlicher Nordsee. U 29 westlich der Hebri U 26 meldet Aufgabe vor Gibraltar <u>nicht</u> durchgeführt. Boot hat Rückmarsch angetreten. Standort bei Cap Santa Maria. U 49 hat Dampfer "Rothesey Castle" (7016 t bei dem 2 englische Zerstörer standen, erfolglos beschossen. U 53 hält mit anerkennenswerter Zähigkeit weiterhin Fühlung am Geleitzug. Boot ist am 17.11. wegen Rammgefahr infolge sehr enger Abstände nicht zum Schuss gekommen und am 18.11. bei Angriffsansatz unter Wasser gedrückt worden. Bei einem Fächerschuss werden 2 Detonationen gehört. "U 53" erhält Befehl, Peilzeichen zu geben zum Heranführen der übrigen Uboote, verliert Fühlung am 19. abends (100 sm Nordwest Cap Ortegal). Fühlung geht auf "U 41" über und wird am 20.11. 0 200 Uhr wieder durch "U 53" übernommen. Die Boote sind mehrere Male geortet worden, C und C Western Aproaches und C in C North Atlantik, haben Meldung bekommen, Zerstörer "Galant", wahrscheinlich noch 2 weitere Zerstörer sind zur Ubootsjagd eingesetzt. - - - - H a n d e l s s c h i f f a h r t 19.11.: = = = = = = = = = = = = = = = = = In der Heimat befinden sich jetzt insgesamt 257 Schiffe = 65,5%, davon sind in der Norwegenfahrt eingesetzt: 15 Schiffe mit 83 593 BRT. Verluste bisher 23 Schiffe = 2,7 %. Deutscher Konsul in Reykjavik meldet am 18.11.39: 14 Uhr S.O.S. aufgefangen Position 6400 N 2630 W nur zwei Textworte "englischer Hilfskreuzer", kein Schiffsname Zwei englische Zerstörer und Hilfskreuzer in der Dänemarkstraße Nach Koppelung kann es sich um den Hamburg-Süddampfer "Entrerios" (5178 BRT) handeln. - - - - -.-

Datum und Uhrzeit	Angabe des Ortes, Wind, Wetter, Seegang, Beleuchtung, Sichtigkeit der Luft, Mondschein usw.	Vorkommnisse

9.11.

Schiffsverkehr Hamburg im Oktober 1939.
(Mitteilung des R.V.M.)
Schiffsein-und Ausgänge Hamburg:
Eingänge Oktober 1914:   55 Schiffe mit
                         21 562 BRT
Eingänge Oktober 1939: 706 Schiffe mit
                        341 086 BRT
Ausgänge Oktober 1914:   80 Schiffe mit
                         23 717 BRT
Ausgänge Oktober 1939: 709 Schiffe mit
                        283 957 BRT.

Kohlen-und Kokseinfuhr auf englischen Schiffen nach Norwegen: (Aus Konsulatsbericht Norwegen).
Zu Anfang des Krieges versuchte die englische Regierung, sofort einen Druck auf Norwegen dadurch auszuüben, dass eine genügende Zufuhr von englischer Kohle als sehr fraglich hingestellt wurde. Von unserer Seite wurde darauf der norwegischen Regierung bedeutet, dass Deutschland genügende Mengen Kohlen und Koks liefern werde. Daraufhin setzten die Engländer ihre mittlerweile sehr heraufgesetzten Preise sofort wieder herab und erklärten sich ihrerseits zur genügenden Anlieferung bereit mit dem Ergebnis, dass sowohl im September wie im Oktober die Zufuhr von englischer Kohle das Mehrfache der normalen Anlieferung betrug. Es ist selbstverständlich, dass diese sehr starke englische Kohlenzufuhr an Norwegen gleichzeitig wirtschaftliche Erpressungen der Engländer zur Folge hat. So ist denkbar, dass die Eisenbahn und die von Kohlelieferungen abhängigen Industrien nur dann Kohle erhalten, wenn sie nicht für Deutschland Güter befördern oder liefern. Sehr viel Schuld an diesem bedauerlichen Zustand ist zweifellos in der Schwerfälligkeit unserer eigenen Verhandlungen zu suchen. Bevor England liefern konnte und wollte, versprachen wir ostoberschlesische Kohle. Es lag aber bei uns zwischen dem Versprechen und dem tatsächlichen Liefern soviel Zeit, dass die Engländer die Gelegenheit ausnutzten, sich einzuschieben.

152

Datum und Uhrzeit	Angabe des Ortes, Wind, Wetter, Seegang, Beleuchtung, Sichtigkeit der Luft, Mondschein usw.	Vorkommnisse

Wetterkladde (Kriegstagebuch)
(Einlagen)

Datum und Uhrzeit	Angabe des Ortes, Wind, Wetter, Seegang, Beleuchtung, Sichtigkeit der Luft, Monbschein usw.	Vorkommnisse	81
20.11.		Besondere Politische Nachrichten.	

1.) Starke propagandistische Auswertung der Versenkung des holländischen Passagierdampfers "Simon Bolivar" durch Minentreffer in der englischen und teilweise auch neutralen (besonders schwedischen) Presse.
    Holländische Berichte sind sachlich, lassen Frage offen, ob deutsche oder englische Mine.
    Skl. hat den Eindruck, dass unsere eigene Propaganda schneller und schlagkräftiger hätte einsetzen müssen.

2.) Im Zusammenhang mit dem Untergang des "Simon Bolivar" erste englische Presseveröffentlichungen über Berechtigung Englands nunmehr seinerseits als "Repressalie gegen die Verletzung des internationalen Rechtes durch Deutschland" die wirtschaftliche Kontrolle auf den deutschen Exporthandel auszudehnen !

3.) Nach Pressemeldung hat britische Regierung dem Völkerbund die Ausserkraftsetzung folgender Pakte auf unbegrenzte Zeit mitgeteilt:
    a) Vertrag zur Begrenzung von Flottenrüstungen vom 25.3.1936 zwischen USA, Frankreich, Grossbritannien, Italien, Kanada, Australien, Neuseeland, Indien.
    b) Flottenabkommen zwischen Grossbritannien und Sowjet-Russland vom 17.6.1937.
    c) Flottenabkommen zwischen Grossbritannien und Polen vom 27.4.1938.

4.) Schwedischer Gesandter erklärt deutscher Regierung grundsätzliche Bereitwilligkeit Schwedens, deutschen Wünschen hinsichtlich Sundsperrung entgegen zu kommen. Schweden versucht jedoch die Entscheidung über diese Frage mit den zur Zeit laufenden Deutsch-Schwedischen Wirtschaftsverhandlungen in Verbindung zu bringen.

- - - -

Kriegswirtschaftliche Lage Deutschlands nach dem Stande vom 1.11.1939 siehe Kriegswirtschaftlicher Lagebericht Nr.2. Auszug Kriegstagebuch Teil B, Heft V, Blatt 53....

(55)

Wetterkladde (Kriegstagebuch)
(Einlagen)

Datum und Uhrzeit	Angabe des Ortes, Wind, Wetter, Seegang, Beleuchtung, Sichtigkeit der Luft, Mondschein usw.	Vorkommnisse
20.11.		Besondere Feindnachrichten 20.11. ================= A t l a n t i k : -------------------- England: Ein V-Mann-Bericht aus England erwähnt die ausserordentlich ungünstige Auswirkung, die die Einführung des Geleitzugssystemes auf das englische Eisenbahntransportwesen hat, da die Schiffe stossweise ankommen und zum Teil in solchen Häfen gelöscht werden, die sonst nicht angelaufen werden. Konsul Reykjavik meldet: Ein englischer Kreuzer und 2 Hilfskreuzer in Dänemarkstraße, bei schlechtem Wetter in Adalvik und Hornvik. Spanische Marineleitung teilt Marine-Attaché Beobachtungen mit, dass Engländer dazu übergehen, einen Teil ihrer Dampfer unter irischer Flagge fahren zu lassen. Frankreich: "Lorraine" und 2 leichte Kreuzer 18.11. Gibraltar nach Westen passiert. (Übermittelt an "Spee") - - - N o r d s e e : ----------------- Funkbeobachtung erfasst Bewegungen von Zerstörern und Kreuzern, darunter "Southampton" und "Belfast", ferner der Flakkreuzer "Coventry". Durch Luftaufklärung werden um 1500 Uhr auf dem Clyde 3 Schlachtschiffe mit Südkurs festgestellt, bei denen es sich nach bisherigen Feststellungen um "Nelson", "Rodney" und "Hood" handelt. -.-

Datum und Uhrzeit	Angabe des Ortes, Wind, Wetter, Seegang, Beleuchtung, Sichtigkeit der Luft, Mondschein usw.	Vorkommnisse

20.11. Ein feindliches Uboot wird nördlich Norderney geortet und bekämpft. Ergebnis nicht eindeutig festgestellt.

Nach feindlicher Rundfunkverlautbarung sind in den letzten 3 Tagen über 26000 t Schiffsraum durch Minen an der englischen Ostküste in Verlust geraten.

Die Luftaufklärung und Bilderkundung des Fliegerkorps X ergibt folgende Feststellungen:

1.) Scapa 1300 Uhr, Flughöhe 6000 m: Südlich Ore bei (südlich) Lincs "Iron Duke", anscheinend auf Grund gesetzt, aber unter Dampf. Östlich Lincs 2 Zerstörer der Y-Klasse vor Anker. Am Kai vor Lincs 1 Dampfer. Schlecht liegendes Flakfeuer von Kriegsschiffen und aus Gegend westlich Rinne Hill.

2.) Moray-Firth 1300 Uhr: Unbelegt, keine Abwehr.

3.) Loch Ewe 10/10 bedeckt, Wolkenhöhe 800 m, nicht eingesehen.

4.) Firth of Clyde 1320 Uhr im Quadrat 6287 A M östlich Insel Arran 3 Schlachtschiffe, Kurs 180 Grad, hohe Fahrt, keine Abwehr. Flughöhe 3000 m.

5.) Starker Dampferverkehr bei Kinnaird Head auf süd - westlichen und nordöstlichen Kursen.

6.) 1225 Uhr 12 Handelsschiffe unter der Küste in Höhe von Stone Haven mit südlichem Kurs.

Bilderkundung der Aufklärungsgruppe des Ob.d.L. ergibt:

Dover: 4 Zerstörer, wahrscheinlich "Broke"-Klasse
8 Hilfsminensuchboote (Fischdampfer)
2 Frachtdampfer 1 000 - 3000 BRT
2 Uboote 1850 t
Netzsperre, anscheinend zum Schliessen der Einfahrt vorgesehen.

Zwischen Deal und St. Margaret:
68 Frachtschiffe 350 000 BRT
1 Fracht-Fahrgastschiff 11 500 BRT
2 Fahrgastschiffe 40 000 BRT
3 Tankdampfer 24 000 BRT
1 Segelschiff
6 Fischdampfer etwa 2 000 BRT

-.-

Datum und Uhrzeit	Angabe des Ortes, Wind, Wetter, Seegang, Beleuchtung, Sichtigkeit der Luft, Mondschein usw.	Vorkommnisse
20.11.		Eigene Lage 20.11.:
		= = = = = = = = = = =
		Atlantik:

		Keine besonderen Vorkommnisse. Uboote siehe unter Handelskrieg.
		- - -
		Troßschiff "Westerwald" auf dem Rückmarsch von Kopervik durchs Skagerrak. Gruppe Ost und BSO erhalten Befehl, Aufnahme zur Durchfahrt durch Grossen Belt sicher - zustellen. "Westerwald" wird durch F T über die heute Abend im Grossen Belt zwischen 54°47' und 54° 51' N beginnenden dänischen Sperrmassnahmen innerhalb Hoheitsgewässer unterrichtet. Aufnahmen durch
(56)		eigene Streitkräfte ~~bis Uhr~~ *Vor* in 270 Grad 3 sm ab.
		- - -
		N o r d s e e :
		----------------
abends		Erstmalige Verwendung der LMA durch "He 59 Staffel über Themse und Harwich. Es kommen LMA zum Abwurf über Themse Nord (2), Themse Süd (4), Downs (2) und Harwich (1).
		Vorpostenboot 209 (Komdt.Kapitänleutnant R. Auerbach) 56 sm nordwestlich Helgoland nach Minen-oder Torpedoexplosion gesunken.
		Genaue Feststellungen über Ursache sind im Gange.
		Im übrigen keine besonderen Vorkommnisse. Kein Einsatz der Luftaufklärung wegen Wetterlage.
		-.-

Datum und Uhrzeit	Angabe des Ortes, Wind, Wetter, Seegang, Beleuchtung, Sichtigkeit der Luft, Mondschein usw.	Vorkommnisse

20.11.

3 weitere Ubootsjäger (Walfangboote) werden für Nordseeverwendung in Dienst gestellt.

Um alle verfügbaren kampfkräftigen Schiffe erforderlichenfalls bei der Rückkehr der Schlachtschiffe von ihrer beabsichtigten Operation zum Einsatz bringen zu können, erhält Panzerschiff "Admiral Scheer" Befehl zur Herstellung Einsatzbereitschaft im Rahmen derzeitiger K.B.
<u>Gruppe West</u> erhält ab 22.11. Rückgriffsrecht auf "Scheer" zur Unterstützung Seebefehlshaber West bis Abschluss der Unternehmung, <u>falls bei besonderer Lage</u> Einsatz trotz geringer Geschwindigkeit "Scheer" (21 sm) zweckmässig erscheint (Gruppe Ost und Seebefehlshaber West erhalten gleichen Befehl).

- - -

Gruppe West meldet Schneidung des Kabels Esbjerg - Nordfrankreich.

- - -

O s t s e e :

<u>Ubootsjagd</u> in Kieler Bucht durch U-Jäger und Flugzeuge. Ohne Ergebnis. Nachprüfung durch Taucher an Bekämpfungsstellen feindlicher Uboote bisher ohne Erfolg.
<u>Sperrbewachung</u> an Belten und bei Gjedser wird durch U-Jäger und S-Boote verstärkt. Gruppe Ost war von Skl. darauf hingewiesen, dass bei Veröffentlichung dänischer Sperrmassnahmen heute 20.11. abends mit beschleunigtem Ausbrechen englischer Uboote aus Ostsee zu rechnen sein werden.
<u>Sicherungsaufgaben</u>: in der Ostsee sind in folgende Gebiete unterteilt worden.

-.-

Datum und Uhrzeit	Angabe des Ortes, Wind, Wetter, Seegang, Beleuchtung, Sichtigkeit der Luft, Mondschein usw.	Vorkommnisse
20.11.		

F.d.V.O.: Abschnittsleiter West: Sicherung Küstenvorfeld der westlichen Ostsee vom Kleinen Belt bis Darsser Ort.
B.S.O.: Abschnitt Mitte von Darsser Ort bis Grosshorst, einschliesslich Sund und Kattegat.
F.d.M. Ost: Abschnittsleiter Ost: Sicherung Küstenvorfeld von Grosshorst bis Memel.
Von den Abschnittsleitern werden selbständig durchgeführt: Vorpostendienst, Sperrbewachung, Wege - kontrolle, Sicherung der Seeverbindungen, Ubootsjagd.

- - -

U b o o t s l a g e :

Atlantik:

"U 31" wegen Störungen kehrtgemacht. Boot geht Wilhelmshaven zurück. Sonst keine Änderungen.
"U 28", 29, 33 erhalten vom B.d.U. den Standort der im Clyde festgestellten 3 englischen Schlachtschiffe.

Nordsee:

"U 19; von Sonderunternehmung zurück.
Im Operationsgebiet Nordsee befinden sich "U 13", "U 22", "U 57", "U 20".
Auf dem Rückmarsch "U 18" und "U 60".

- - - -

H a n d e l s k r i e g der Uboote:

Atlantik:

Englischer Dampfer "Pensylva (4258 t) versenkt. Rettungsboot Dampfer "Arlington Court" (4915 t) 150 sm westlich Brest aufgefunden.
(Möglicherweise Erfolge von "U 53")
"U 41" hat bis 1900 Uhr Fühlung an Geleit-

-.-

Datum und Uhrzeit	Angabe des Ortes, Wind, Wetter, Seegang, Beleuchtung, Sichtigkeit der Luft, Mondschein usw.	Vorkommnisse	84
20.11.		zug 160 sm westlich La Rochelle, wird durch franz. Zerstörer abgedrängt. "U 43" steht 9 sm vor dem Geleitzug und beabsichtigt bei Hellwerden 21.11. anzugreifen.	

N o r d s e e :

"U 18" bei Kinnaird Head 2 Tanker versenkt. "U 57" im Seegebiet von Nord Hinder 2 Dampfer versenkt.

H a n d e l s s c h i f f a h r t 20.11.:
= =

Eigene Schiffahrt:

Auf Grund der bisherigen Erfahrungen der zurückkehrenden Handelsschiffe und des bestehenden Eindruckes, dass die verschiedenen Verluste in letzter Zeit vornehmlich darauf zurückzuführen sind, dass die Dampfer sich zu nahe an der isländischen Küste halten, wird an die in Betracht kommenden deutschen Reichsvertretungen folgende W-Nachricht Nr. 104 gegeben:
"Bei Rückkehr Heimat im Nordatlantik möglichst westlich 30 Grad West bleiben, Südspitze Grönland ansteuern, dicht unter Grönlandküste fahren bis etwa 69 Grad Nord, dann Norwegen ansteuern."

Mit Sicherheit muss nördlich und südlich Islands mit einer stärkeren feindlichen Bewachung gerechnet werden. Die Durchfahrt durch die Dänemarkstrasse, möglichst nahe der Eisgrenze, bietet aber noch die grössten Aussichten eines unbemerkten Durchstossens.

Ausländische Schiffahrt:

Auswertung erfasster Bewegungen der feindlichen und neutralen Handelsschiffahrt und Unterlagen für Feststellungen Konterbandeverkehr und Transithandel siehe B-Bericht "Ausländische Handelsschiffahrt" Nr. 1/39.

(57)

Datum und Uhrzeit	Angabe des Ortes, Wind, Wetter, Seegang, Beleuchtung, Sichtigkeit der Luft, Mondschein usw.	Vorkommnisse
20.11.		Für die Beurteilung der mittelbaren Auswirkung unserer Minen-und Ubootskriegführung ist folgende Meldung des deutschen Vertreter aus Lissabon bemerkenswert: "Nachdem schon wiederholt neutrale Schiffsbesatzungen sich wegen der ihnen drohenden Gefahren geweigert hatten, die Ausfahrt von Lissabon nach Norden mitzumachen, haben sich gestern nach Pressemeldungen 46 Besatzungsangehörige verschiedener hier liegender griechischer Schiffe aus dem gleichen Grunde zu Lande nach Gibraltar auf die Heimreise begeben." Nach dem Bericht eines dänischen Dampferkapitäns liegen bei der Insel Kahl im Oslofjord 4 norwegische Schiffe zu Anker mit Papiermasse für England. Für diese Schiffe ist keine Mannschaft zu bekommen.
abends		Dänemark veröffentlicht Bekanntgabe über Minensperrung quer über die beiden Belte zwischen Langeland und Laaland und zwischen Alsen und Aerö zur Erweiterung der Sicherung seiner territorialen Fahrwasser Eine dritte Sperrung würde an den westl. Eingängen zum Smaalandsfahrwasser vorgenommen werden. Dänische Marine beginnt 20.11. abends mit Auslegung der Minen.
(58) (59)		(Überblick über den während des Weltkrieges durch die dänischen Sperrlücken passierenden Handelsschiffsverkehr siehe Teil B, Heft V, Blatt .57.. Übersicht über die jetzigen dänischen Sperren siehe Teil C, Heft VI Minenkriegführung)

Datum und Uhrzeit	Angabe des Ortes, Wind, Wetter, Seegang, Beleuchtung, Sichtigkeit der Luft, Mondschein usw.	Vorkommnisse	85
21.11		Lagebesprechung beim Chef der Seekriegsleitung.	
(60)		Besonderes:

1.) Zur Lage: Die bisherige Kriegsentwicklung in der Nordsee hat im Gegensatz zu der auf Grund der Einschätzung Englands <u>vor</u> dem Kriege herrschenden Auffassung sehr umfangreiche operative Wirkungsmöglichkeiten aufgezeigt und hat erwiesen, daß bei dem völligen Mangel an gegnerischer Initiative und der bisher rein defensiven Haltung des Gegners die Möglichkeit besteht, sowohl leichte wie schwere Streitkräfte wesentlich intensiver in der gesamten Nordsee und im Skagerrak zum Einsatz zu bringen, als es vorher möglich erschien. Die Entwicklung läßt einen völlig anderen Verlauf als im Weltkriege erkennen. England sieht in der Nordsee nicht mehr eines seiner hauptsächlichen Interessengebiete, sondern sieht den Schwerpunkt seiner gesamten Kriegführung auf den Atlantik verlagert und beschränkt sich auf allen Seegebieten allein auf den Schutz seines Handelsverkehrs. Diese englische Haltung bringt für die deutsche Seekriegsführung den Zwang mit sich zur stärksten offensiven Einstellung und muß sie veranlassen, ihre schwachen Kampfmittel zur Ausnutzung aller sich bietenden Gelegenheiten mit rücksichtsloser Entschlossenheit zum Einsatz zu bringen.

Da die Möglichkeit, mit unseren U-Booten den englischen Handelsverkehr | |

- 2 -

- 2 -

Handelsverkehr an der Westküste zu unterbinden oder mit Überwasserstreitkräften und Flugzeugen dort eine umfassende Minenverseuchung zu unternehmen, nicht gegeben ist, muß das nächste Ziel der deutschen Seekriegsführung in der Nordsee im Hinblick auf die kriegswichtige Bedeutung der Osthäfen die völlige Unterbindung jeglichen Handelsverkehrs an der Ostküste sein.

Chef Skl. sieht auf dem Wege zu diesem Ziel die Auswirkungen unserer Minenverwendung an der Ostküste und besonders im Themsegebiet als außerordentlich bedeutend und in ihren Folgen noch nicht absehbar an. Der weitere beschleunigte Ausbau der Minenverseuchungen an der Ostküste ist in Ausnutzung des bisherigen Erfolges und in der Erkenntnis der hier vorliegenden Schwäche des Gegners mit allen Mitteln unter Einsatz von Überwasserstreitkräften, U-Booten und Flugzeugen, anzustreben. Gleichzeitig muß trotz der Schwierigkeit der Aufgabe eine weitere Verseuchung der W e s t k ü s t e Englands durch U-Boote versucht werden.

2.) Chef Skl. ordnet an, daß in Veröffentlichungen von Presse, Rundfunk usw. nicht mehr wie bisher herauszustellen ist, es handle sich bei den Minen an der englischen Küste nur um englische Minen. Es soll die Frage, ob deutsche oder

- 3 -

Datum und Uhrzeit	Angabe des Ortes, Wind, Wetter, Seegang, Beleuchtung, Sichtigkeit der Luft, Mondschein usw.	Vorkommnisse

21.11.

- 3 -

oder englische Minen nicht näher behandelt werden, sondern in den Vordergrund der deutschen Propaganda die Warnung an die Neutralen treten, Operationsgebiete, in denen von beiden Kriegsgegnern alle modernen Kampfmittel zur Anwendung gebracht werden, zu meiden.

Im übrigen ist die Verantwortlichkeit für diesen die Interessen der Neutralen stärkstens berührenden Zustand dem Gegner zuzuschieben.

3.) Vortrag über Operationsbefehl für auslaufende U-Boote:

"U 31" und "U 35" erhalten das Gebiet südlich Irland und westlich vom Englischen Kanal als Operationsgebiet zugewiesen mit der Aufgabe:

(61)

Angriff auf feindliche Kriegsschiffe (Zerstörer nur bei sicheren Schußunterlagen) - warnungslose Versenkung aller feindlichen Handelsschiffe - Versenkung aller der Schiffe, die gemäß St.K. Befehlen versenkt werden dürfen - Außerhalb Nordsee gegenüber Neutralen Handelskrieg nach Prisenordnung.- Zusammenarbeit mit anderen Booten ist anzustreben.

- 4 -

Datum und Uhrzeit	Angabe des Ortes, Wind, Wetter, Seegang, Beleuchtung, Sichtigkeit der Luft, Mondschein usw.	Vorkommnisse
21.11. (62)		- 4 - 4.) Vortrag über Weisung Nr 8 des Führers und Obersten Befehlshabers: (siehe Weisung 8 OKW/WFA 213 Gkdos.Chefs.) Besonderes: a) Bereitschaft für Unternehmung " Gelb " muß vorläufig aufrechterhalten bleiben, um günstige Wetterlage jederzeit ausnutzen zu können. Operationen sind so anzulegen, daß Angriff noch 23^h am A-Vortag angehalten werden kann. (Stichworte " Rhein " , " Elbe "). b) Die Maßnahmen gegen Holland sind freigegeben, da, obwohl Haltung Hollands zunächst noch nicht feststeht, mit der feindseligen Haltung gerechnet werden muß. c) Kriegsmarine Aufgabe wie bisher. Außer Maßnahmen gegen Belgien, entgegen bisheriger Weisung, auch die Maßnahmen gegen Holland freigegeben. Kampfmaßnahmen gegen die holländischen Streitkräfte erst, wenn diese eine feindliche Haltung einnehmen. Kriegsmarine übernimmt artilleristischen Küstenschutz auf holl. Inseln, wo erforderlich. Für die Kriegsmarine besteht nach wie vor die Bindung, daß Sperrmaßnahmen für U-Boote in der Nacht vor dem A-Tag, jedoch möglichst kurz vor der A-Zeit freigegeben sind. Sperrmaßnahmen mit Überwasserstreitkräften und Flugzeugen jedoch erst zur A-Zeit des Heeres erfolgen dürfen.

Datum und Uhrzeit	Angabe des Ortes, Wind, Wetter, Seegang, Beleuchtung, Sichtigkeit der Luft, Mondschein usw.	Vorkommnisse
.11.		Politische Nachrichten 21.11.:

Im Zuge der Wirtschaftskriegsmassnahmen Englands macht Chamberlain im Unterhaus die Mitteilung, dass die englische Regierung in Zukunft auch die Ausfuhr deutschen Ursprunges oder deutscher Eigenschaft nicht weiter dulden, sondern Massnahmen dagegen treffen werde. Die Verschärfung seines Handelskrieges begründet England als Vergeltungsmassnahme gegen die unrechtmässige deutsche Minen-und Ubootkriegführung.

    Dieser Schritt Englands musste seit langem erwartet werden. Er wird auf starken Widerstand der Neutralen stossen, von dem England sich jedoch kaum beeindrucken lassen wird Die Auswirkungen der beabsichtigten englischen Massnahme sind beschleunigt eingehend in Zusammenarbeit mit O.K.W. Sonderstab H W K, Auswärtigem Amt und G.B.W. zu prüfen, um Art und Ausmass der deutschen Gegenmassnahmen festzulegen.

    (Pressekommentare zur deutschen Seekriegführung und zur
    beabsichtigten englischen Exportdrosselung siehe Auslandspresse).

(63)

    Der englische Wirtschaftskrieg wird in vorbildlicher Weise durch eine grosszügig aufgebaute, in allen Ländern arbeitende Nachrichtenbeschaffungs-und Kontrollorganisation unterstützt. Die Erfahrungen, die sich aus den bisherigen eigenen Wirtschaftskriegsmassnahmen ergeben, zeigen sehr eindringlich, dass auf diesem Gebiet unsere deutsche Nachrichtenorganisation im Auslande noch Lücken aufweist, die mit Rücksicht auf eine erfolgreiche Wirtschaftskriegführung schnellstens geschlossen werden müssen. 3.Skl. ist bestrebt, die für die Nachrichtengewinnung schon bestehende Organisation zu erweitern und zur Erfüllung der umfangreichen Aufgaben arbeitsfähig zu machen (Die Forderungen der 1.Skl. für diese Organisation werden in einem Schreiben an 3.Skl. niedergelegt. Siehe Kriegstagebuch, Heft XII, Wirtschaftskriegführung).

                          - - - -

                                  -.-

Datum und Uhrzeit	Angabe des Ortes, Wind, Wetter, Seegang, Beleuchtung, Sichtigkeit der Luft, Mondschein usw.	Vorkommnisse
21.11.		

Besondere Feindnachrichten 21.11.:
= = = = = = = = = = = = = = = = = = =

A t l a n t i k :

England:

Eine Meldung des Marine Attaché's in Kopenhagen bestätigt die bisherigen Feststellungen der Bewachung der Gewässer rings um Island durch grosse bewaffnete Handelsdampfer und Hilfskreuzer.
Im Südafrikagebiet wird erneut Kreuzer "Shropshire" festgestellt. Die Rückverlegung des Kreuzers ist vermutlich auf das Auftreten des "Graf Spee" im Indischen Ozean zurückzuführen.
Geleitzug von 8 Tankern und 5 Frachtdampfern läuft 21.11. von Osten kommend Gibraltar ein.

Frankreich:

Funkbeobachtung erfasst Luftaufklärung im Kanal und an der Westküste (in Verbindung mit der Einholung eines Geleitzuges nach der Gironde). Beim Geleitzug 5 Zerstörer. 4. U-Division nordwestlich der Biscaya, 6. Flottillenführerdivision in Brest.

N o r d s e e :

Die Minenerfolge am 21.11. überschreiten 20 000 t, darunter befinden sich der japanische Dampfer "Terukuni-Maru" mit 11 900 t und der italienische Dampfer "Fianona" mit 6 600 t.
Die Ungewissheit des Gegners über die Lage vor der Themse und vor dem Humber geht daraus hervor, dass alle ausländischen Schiffe gewarnt werden, sich der englischen Ostküste zwischen $51°20'$ und $54°$ Nord nachts zu nähern.
Eine englische Luftaufklärung über der Themse-Mündung lässt den Schluss zu, dass dem Gegner die Möglichkeit des Auftretens von Ubooten in diesem Gebiet zur Durch-

-.-

Datum und Uhrzeit	Angabe des Ortes, Wind, Wetter, Seegang, Beleuchtung, Sichtigkeit der Luft, Mondschein usw.	Vorkommnisse
21.11.		führung von Minenverseuchungen noch vorschwebt.

Der englische Minensucher "Mastiff" (490 t) ist auf Mine gelaufen und gesunken.

Die eigene Luftaufklärung sichtet in den Hoofden 2 Gruppen von je 2 Zerstörern und glaubt im Wide Firth (Orkneys) Schlachtschiffe und Kreuzer festgestellt zu haben (Meldung über Schlachtschiffe ist sehr fraglich und unwahrscheinlich).

Aus dem Funkbild ist erkennbar, dass Kreuzer "Belfast", wahrscheinlich im Firth of Forth, einen Unfall erlitten hat und beschädigt worden ist. Meldung ist noch unsicher. Möglicherweise handelt es sich um Minentreffer.

- - - -

Eigene Lage 21.11.:
==========================

Atlantik:

Keine besonderen Ereignisse.
Siehe Ubootslage.

Nordsee:

21.11. nachmittags Auslaufen der Schlachtschiffe "Scharnhorst" und "Gneisenau" zur Unternehmung gemäss Operationsbefehl Nr. 4 des Seebefehlshabers West: <u>Vorstoss in das Seegebiet Island – Faröer</u>, unter Führung des Seebefehlshabers West: Vizeadmiral M a r s c h a l l .

Die Absicht des Seebefehlshabers West für die Schlachtschiffoperation lautet:

Ich beabsichtige gemäss Weisung des $O_{b.d.M.}$ zur Bedrohung der Nordatlantikwege und zwecks der dadurch erreichbaren weiteren Bindung von Feindstreitkräften im Nordatlantik mit den Schlachtschiffen überraschend in das Seegebiet Island – Faröer vorzustossen, dort gegen die vermutete feindliche Bewachungslinie vorzugehen, durch Scheinkurse einen Durchbruch der Schlachtschiffe in den Nordatlantik vorzutäuschen

Datum und Uhrzeit	Angabe des Ortes, Wind, Wetter, Seegang, Beleuchtung, Sichtigkeit der Luft, Mondschein usw.	Vorkommnisse
21.11.		und anschliessend unter Ausholung nach Norden und Ausnutzung der langen Nächte mit hoher Geschwindigkeit wieder die Heimatgewässer anzulaufen.)
(64)		(In Verbindung mit dem Vorstoss der Schlachtschiffe und zugleich als Diversionsunternehmung läuft eine Handelskriegsoperation der Kreuzer "Leipzig" und "Köln" mit Zerstörern in der mittleren Ostsee und im Skagerrak an. Führung B.d.A. (Im Einzelnen siehe Weisung der Seekriegsleitung, Op.-Befehl Seebefehlshaber West und Op.-Befehl des B.d.A. Ablauf der Unternehmung siehe Kriegstagebuch Teil B, Heft II Nordseekriegführung).

Ostsee:

Ubootsjagd in westlicher Ostsee ohne Ergebnis. Ostsee wird darauf von Gruppe Ost unter Hinweis auf Notwendigkeit Ubootssicherung für Übungen wieder freigegeben.
    Handelskrieg in der östlichen Ostsee durch "Tannenberg" und "Hansestadt Danzig", am Sund durch die 11. Minensuchflottille und nördlich von Gotland durch das Minenräumschiff 11 in Zusammenarbeit mit Flugzeugen. 5 Dampfer zur Untersuchung eingebracht.
    Beim Handelskrieg in östlicher Ostsee, Aalandsee und am Sund ereignen sich erneut nach Meldung der Gruppe ernste Zwischenfälle mit schwedischen Streitkräften, die in unerhörter Weise versuchen, die deutsche Handelskriegführung zu stören und ihren Anspruch auf die 4 sm weiterhin geltend zu machen (Im Einzelnen siehe Lage Ostsee vom 22.11.). Nur dem nachgebenden und zurücksichtsvollen Verhalten der deutschen Streitkräfte ist es zu verdanken, wenn Waffengebrauch unserer Streitkräfte vermieden worden ist.
    Chef Skl. ordnet in Zukunft rücksichtsloses Vorgehen gegen schwedische Streitkräfte an, die unserer rechtmässigen Handelskontrolle Schwierigkeiten machen.

- - - -

-.-

Datum und Uhrzeit	Angabe des Ortes, Wind, Wetter, Seegang, Beleuchtung, Sichtigkeit der Luft, Mondschein usw.	Vorkommnisse
21.11.		Für die dänischen Beltsperren ist für die eigenen Streitkräfte befohlen worden, dass durch den BSO zunächst nur Sperrlotsendienst für deutsche Schiffe durchgeführt wird, bis die Frage des gemeinsamen Sperrlotsendienstes geregelt ist. Die Bewachung der Sperrlücken soll südlich der Sperren ausserhalb der Hoheitsgewässer durch die BSO-Streitkräfte durchgeführt werden.

U b o o t s l a g e :

Atlantik:

"U 31" und "U 48" laufen ins Operationsgebiet Atlantik aus.
"U 53" tritt wegen Brennstoffmangel den Rückmarsch an (noch 11 Torpedos an Bord).
"U 33" nach Versenkung von 5 Fischdampfer der Bewachung zur Einfahrt in den Nord - kanal Rückmarsch angetreten.
"U 49" meldet Beschädigung Bugrohr und Standsehrohr durch Wasserbomben, eingeschränkte Tauchtiefe, für Fühlunghalter-Aufgaben noch verwendungsbereit. B.d.U. befiehlt Rückmarsch.
Im Operationsgebiet Atlantik befinden sich nunmehr nur noch "U 41", "U 43". Boote erhalten Befehl, je nach Brennstofflage im Gebiet westlich des Kanals bis 12 Grad West zu operieren.
Von "U 28", das zur Minenverseuchung vor Swansea eingesetzt war, fehlt bisher noch eine Nachricht. "U 26" befindet sich auf dem Rückmarsch.
Auf Anmarsch ins Operationsgebiet:
"U 35" nördlich Shetlands
"U 47" nordwestlich Shetlands.
Boote erhalten im Hinblick auf die in Zusammenhang mit unserer Schlachtschiffunternehmung zu erwartenden Feindoperationen Befehl zur Angriffsaufstellung westlich der Fair-Island-Passage bezw. nördlich North-Minch. -.- |

Datum und Uhrzeit	Angabe des Ortes, Wind, Wetter, Seegang, Beleuchtung, Sichtigkeit der Luft, Mondschein usw.	Vorkommnisse
21.11.		"U 29" unterwegs zur Sonderunternehmung Milford Haven. "U 38" an der nordnorwegischen Küste. N o r d s e e : "U 60" eingelaufen, "U 18", "U 57" auf dem Rückmarsch. Im Operationsgebiet noch "U 13", "U 22", "U 20". - - - - - H a n d e l s s c h i f f a h r t 21.11.: Generalkonsul Reykjavik meldet Versenkung Dampfer "Bertha Fisser" (4110 BRT) am 20.11. südöstlich Island. Konsul meldet ferner folgende aufgenommene FT-Meldung: "S O S 65 Grad 25' Nord, 25 Grad 40' West Bunar. We are Sinking chassed by men of war. Sieg mein Führer, Sieg Gross-Deutschland". --- Dampfer "Adolf Woermann" meldet 21.11. 1753 Uhr: "Werde begleitet von englischem Hilfskreuzer 12 Grad S, 3 Grad W" und 2120 Uhr: "Bewaffnetes britisches Handelsschiff "Waimarama" versucht uns anzuhalten. Setzen Fahrt fort, Kurs West." Da der Engländer 17 1/2 Kn. und "Adolf Woermann" nur 12 Kn. läuft, besteht für unser Schiff nur geringe Aussicht, sich der Beschattung zu entziehen. --- Schiffahrt erhält durch Funk-und Kabel folgende W-Nachricht Nr. 24 von der Skl.: "Bei schlechtem Wetter liegen britische Hilfskreuzer anscheinend in Fjorden Nord-

Datum und Uhrzeit	Angabe des Ortes, Wind, Wetter, Seegang, Beleuchtung, Sichtigkeit der Luft, Mondschein usw.	Vorkommnisse
21.11.		westen von Island."

Aus <u>Delfzijl</u> wird gemeldet, dass in der Einfahrt ein Dampfer, der sprengfertig gemacht sei, klar liege, um den Hafen sperren zu können. Holländische Pioniere hätten in der Nacht vom 12. zum 13.11. in den Verstrebungen der Verladebrücken und Kräne Sprengbomben angebracht. Ein Frachtdampfer von etwa 1000 BRT sei mit Sand beladen worden. Nach holländischer Angabe seien diese Massnahmen getroffen worden, weil Holland mit einem Einbruch von Seiten Deutschlands rechnete.

172

Datum und Uhrzeit	Angabe des Ortes, Wind, Wetter, Seegang, Beleuchtung, Sichtigkeit der Luft, Mondschein usw.	Vorkommnisse

Datum und Uhrzeit	Angabe des Ortes, Wind, Wetter, Seegang, Beleuchtung, Sichtigkeit der Luft, Mondschein usw.	Vorkommnisse	91
22.11.		Besondere Politische Nachrichten 22.11.	

1.) Nach einer Mitteilung des rumänischen Marineattachés in London hat England neutralen Schiffen auf ihren Wunsch die Teilnahme an englischen Geleitzügen unter folgenden Bedingungen genehmigt:
   a) die britische Admiralität trägt keine Verantwortung für einen Verlust;
   b) die Schiffe stehen im Handelsverkehr mit oder für das britische Reich oder ihm verbündeten Ländern;
   c) der Eintritt neutraler Schiffe in den Geleitzug schließt das Mitfahren englischer Schiffe nicht aus.

2.) Lebhafte Entrüstung in Amerika wegen angeblicher Verwendung von Treibminen durch Deutschland und Verletzung der Haager Vereinbarungen im Seekrieg. Das Auslegen von Treibminen wird als Drohung nicht nur gegen England, sondern gegen die ganze internationale Schiffahrt angesehen. Englische Absichten zur völligen Drosselung des deutschen Exportes werden in USA begrüßt.

Dem Auswärtigen Amt wird der Entwurf einer Note übersandt, die eine Warnung der deutschen Regierung vor dem Befahren der Gewässer um England durch neutrale Handelsschiffe enthält. A.A. wird gebeten, die interessierten ausländischen Regierungen so schnell wie möglich in der vom A.A. für geeignet gehaltenen Form zu unterrichten.
(Entwurf der Note siehe Kriegstagebuch Teil B Heft V, Blatt 5**5**)

(65)

Datum und Uhrzeit	Angabe des Ortes, Wind, Wetter, Seegang, Beleuchtung, Sichtigkeit der Luft, Mondschein usw.	Vorkommnisse
22.11.		1500 Uhr Vortrag Ob.d.M. beim Führer.

Besprechungspunkte:

1.) Lage in der Ostsee - Sperrung Ostsee-Eingänge - Übergriffe schwedischer Bewachungsstreitkräfte.
2.) Lage in der Nordsee: Offensive Minenverwendung - bisher erkennbare Auswirkungen.
3.) Verluste der feindlichen und neutralen Handelsschiffahrt.
4.) Vorschlag Minenwarngebiet an englischer Nordwestküste.
5.) Frage der politisch-militärischen Weiterentwicklung. - Verschärfung des Seekrieges.
6.) Panzerschiffsverwendung.
7.) Schlachtschiff-Operation.
8.) Wirtschaftskriegsmaßnahmen. - Kündigung deutsch-dänischen Lebensmittelabkommens. - Englische Absicht zur Exportabdrosselung.
9.) U-Bootsbaupläne.
10.) Ausbau der Seeluftstreitkräfte.
11.) Ankauf von U-Booten in fremden Ländern.

(66)   (Im einzelnen siehe Niederschrift des Ob.d.M. Kriegstagebuch Teil C Heft VII).

Datum und Uhrzeit	Angabe des Ortes, Wind, Wetter, Seegang, Beleuchtung, Sichtigkeit der Luft, Mondschein usw.	Vorkommnisse

22.11.

Besondere Feindnachrichten 22.11.
- - - - - - - - - - - - - - - - -

A t l a n t i k:

England:
    Verschiedene Nachrichten über Geleitzugsbewegungen liegen vor, so haben am 21.11. ein Geleitzug von 20 Dampfern, am 22.11. ein Geleitzug von 30 Dampfern unter Geleit von 2 engl. und 2 franz. Zerstörern Gibraltar nach Westen passiert. La Plata-Geleitzug mit Zerstörer "Havock" steht 22.11. 100 sm südl. der Kanaren.
    Schiffsbewegungen: Krz."Exeter" auf dem Marsch nach dem Kap der Guten Hoffnung (kommt vom La Plata), Krz."Ajax" 22.11. Buenos-Aires nach 2-tägigem Aufenthalt ausgelaufen, Krz."Cumberland" eingelaufen.

    Heimatbereich: Die Sperrmaßnahmen im Firth of Clyde sind nach Süden erweitert. Ankern ist verboten zwischen den Linien 90° von Toward Pt. und 286° von Leven Pt. Schiffe, die dieses Gebiet befahren wollen, müssen sich erst nähere Anweisung geben lassen. Die frühere Sperre zwischen Dunoon und Cloch Pt. (nördlich) ist aufgenommen.

Frankreich:
    Westlich des Kanals und in der Biscaya zahlreiche Einheiten zur U-Bootsabwehr in See, die auf Sichtmeldung bzw. Ortung deutscher U-Boote hin eingesetzt werden.
    Funkbeobachtung stellt westlich der Biscaya franz. U-Boote fest. U-Boot "Psyche" vor Mogador, ein weiteres U-Boot mit aufgebrachtem deutschen Dampfer "Trifels" Casablanca eingelaufen.

- . -

Datum und Uhrzeit	Angabe des Ortes, Wind, Wetter, Seegang, Beleuchtung, Sichtigkeit der Luft, Mondschein usw.	Vorkommnisse
22.11.		Daventry Radio meldet Versenkung zweier deutscher U-Boote in letzten 3 Tagen durch ein einziges französisches Torpedoboot. Es liegen <u>keinerlei</u> Anhaltspunkte deutscherseits für einen Verlust vor. Neutrale: Holl.Fahrgastschiff "Damsterdyk" (10 000 t) mit Flugzeugen von San Pedro ausgelaufen, wird zusammen mit engl.Schiffen durch kanadische Kriegsschiffe geleitet. Der Konsul in Tetuan meldet: Auf Grund amerik.Neutralitätsgesetzes wird erwartet, daß Tanger Knotenpunkt der amerik.Schiffahrt wird, da Casablanca nicht angelaufen werden darf. Diese Entwicklung würde politische Rückwirkung auf die spanische und franz.Marokko-Zone haben, die sich noch nicht übersehen läßt. Nordsee: Gestrige Meldung vom Unfall Kreuzer "Belfast" bestätigt sich. Es muß Minentreffer einer von "U 21" im Firth of Forth ausgelegten Mine angenommen werden. Bemerkenswert ist die Feststellung der amerikanischen "United Press", daß es zum zweiten Male einem deutschen U-Boot gelungen sei, in einen englischen Stützpunkt einzudringen und Erfolge zu erzielen. – Britische Admiralität sperrt als Folge des Minenalarms die nördliche Einfahrt zum Firth of Forth. Admiralität gibt 22.11. nachts den Verlust des Zerstörers "Gipsy" (1 335 t) bekannt. Ursache: Minenexplosion. Aus der Meldung, daß die Erschütterungen der Explosion sich auf die Häuser an Land auswirkte, kann geschlossen werden, daß sich der Verlust in unmittelbarer Küstennähe zutrug. Es wird vermutet, daß "Gipsy" in der Einfahrt von Harwich auf Mine lief. – . –

Datum und Uhrzeit	Angabe des Ortes, Wind, Wetter, Seegang, Beleuchtung, Sichtigkeit der Luft, Mondschein usw.	Vorkommnisse

22.11.

Englischer Minensucher "Dragonet" (315 t) läuft auf Mine und sinkt.

Die Feuer in der Themsemündung werden am 22.11. geändert.

Durch die Meldung von "U 18" nach Rückkehr ist erwiesen, daß das am 16.11. westlich des Warngebiets gemeldete englische U-Boot mit einem Fischkutter, der vor Weg 2 Aufstellung genommen hatte, zusammen arbeitete.

Die Luftaufklärung der operativen Luftwaffe in Richtung Shetlands hat folgendes Ergebnis:

Im Sullom-Voe und anderen Liegeplätzen Shetlands keine Seestreitkräfte.

Im Lax-Firth nördlich Lerwick 1 Flakkreuzer der C-Klasse und vermutlich 1 Zerstörer. 1310 Uhr Angriff auf Flakkreuzer, wegen sehr starker Abwehr und geringer Wolkenhöhe abgebrochen, anschließend Tiefangriff auf Flugboot, dieses versenkt.

O s t s e e:

Erneuter U-Bootsalarm westlich von Fehmarn. Ergebnis Wasserbombenbekämpfung nicht festgestellt.

- . -

Datum und Uhrzeit	Angabe des Ortes, Wind, Wetter, Seegang, Beleuchtung, Sichtigkeit der Luft, Mondschein usw.	Vorkommnisse
22.11.		**Eigene Lage 22.11.** **Atlantik:** 　Keine besonderen Vorkommnisse. **Nordsee:** 1. Operationstag der Schlachtschiff-Unternehmung, Schiffe sollten nach Operationsbefehl 0100 Uhr 70 sm westlich Hanstholm, um 1800 Uhr rund 100 sm von der norwegischen Küste etwa in Höhe von Trondheim stehen. Die gleichzeitig angelaufene Handelskriegsunternehmung des B.d.A. mit 2 Kreuzern und 3 Zerstörern wurde durch die stürmische Wetterlage beeinträchtigt. Die Prisenuntersuchung muß unter Skagen stattfinden. Die Streitkräfte werden durch die Ostsee zurückkehren. In der Nacht vom 21.zum 22.11. und vom 22.zum 23.11. erneute L.M.A.-Verwendung durch "He 59"-Staffel. Einsatz: Harwich 4, Themse innen 18, Humber 14, Downs 2, Dünkirchen 11. ――― An der Verluststelle von Vp.Boot 209 wurden im Umkreis von 3 sm <u>keine</u> Minen gefunden. Der Weg Blau wird daraufhin wieder freigegeben. - . -

Datum und Uhrzeit	Angabe des Ortes, Wind, Wetter, Seegang, Beleuchtung, Sichtigkeit der Luft, Mondschein usw.	Vorkommnisse

22.11.

Gruppe W e s t nimmt an, daß Verlust möglicherweise auf eine holländische Treibmine zurückzuführen ist, da an in der Nähe gefundener holl. Treibmine sehr mangelhafte Membran-Entschärfereinrichtung festgestellt.

Ein Beweis hierfür liegt nicht vor.
Skl. hält nach Art der Detonation (sofortiges Auffliegen des gesamten Achterschiffs) eine Torpedierung des Bootes durch engl. U-Boot durchaus für möglich.

Gruppe W e s t meldet Auslegen einer doppelten Netzsperre auf der Jade.

O s t s e e :

Troßschiff "Westerwald" läuft von Atlantikoperation kommend in Swinemünde ein. Schiff soll hier etwa 8 Tage verbleiben und anschließend in Danziger Werft gehen.

U-Bootsjagd bisher ohne sichtbaren Erfolg.

Handelskrieg führt zur Einbringung weiterer 3 Dampfer.

Dänische Marine beim Auslegen der Beltsperren in dänischen Hoheitsgewässern.

(67)

Für den Sperrlotsendienst, die Sperrbewachung und Sperrlückenbewachung und den Schiffskontrolldienst bei den dänischen Belt-Sperren ist folgende Regelung vorgesehen:

a) Deutsche Kriegs- und Handelsschiffe werden in beiden Richtungen durch den deutschen Lotsendienst gelotst.

b) Deutsche und andere neutrale Schiffe werden von Norden nach Süden durch den deutschen, von Süden nach Norden durch den dänischen Lotsendienst gelotst.

-.-

Datum und Uhrzeit	Angabe des Ortes, Wind, Wetter, Seegang, Beleuchtung, Sichtigkeit der Luft, Mondschein usw.	Vorkommnisse
22.11.		c) Gesamte Sperrbewachung und Bewachung der Sperrlücke im Norden durch die dänische Marine. d) Bewachung der Sperrlücke im Süden durch die deutsche Marine. e) Schiffskontrolldienst für die neutralen Schiffe südlich der Sperre vor Übernahme der dänischen Lotsen durch die deutsche Marine. f) U-Boots- und Minensicherung für die Durchfahrt deutscher Seestreitkräfte und erforderlichenfalls auch für deutsche Handelsschiffe in beiden Richtungen durch die deutsche Marine. Vorstehende Regelung ist wegen Lage Sperrlücken innerhalb und außerhalb Hoheitsgrenze zur militärischen Sicherung Deutschlands bedingt. Marineattaché Kopenhagen erhält Weisung in entsprechendem Sinne, um das Einverständnis der dänischen Marine herbeizuführen. Die Verhandlungen mit Schweden über eine wirkungsvolle Sperrung der Gewässer nördlich unserer Sundsperre und der damit verbundenen Frage, durch die schwedische Sperre nur schwedische Kriegsschiffe und schwedische Handelsschiffe zu lotsen, die der Kontrolle der schwedischen Regierung unterliegen, sind __nicht__ weitergekommen. Der am 22.11. von den Schweden gemachte Vorschlag ist völlig unzureichend und sieht nur eine kleine Sperrlegung durch Schweden im Gebiet zwischen 4 und 3 sm vor der schwedischen Küste vor, lehnt aber jede Beeinträchtigung der neutralen Schiffahrt innerhalb der 3 sm-Grenze ab. Unter diesen Umständen ist die beschleunigte Erweiterung unserer Sundsperre bis an die 3 sm-Grenze heran notwendig. Der Vorschlag der Schweden ist __abzulehnen__ unter gleichzeitiger Unterrichtung über die von Deutschland nunmehr beabsichtigten Maßnahmen. - . -

Datum und Uhrzeit	Angabe des Ortes, Wind, Wetter, Seegang, Beleuchtung, Sichtigkeit der Luft, Mondschein usw.	Vorkommnisse

22.11.

Gruppe Ost und B.S.O. erhalten Befehl, Vorbereitungen für Sperre "Undine uneingeschränkt" so zu treffen, daß Sperrlegung kurzfristig erfolgen kann.

U-Bootslage 22.11.

Atlantik:

Keine besonderen Veränderungen.
"U 43" meldet Geleitzug 150 sm westlich La Rochelle mit westl.Kurs 7 sm, 1 Treffer auf Tanker.
"U 38" berichtet über Lage an der norw. Küste. Boot hat bisher keine Erfolge erzielen können.

Nordsee:

Im Operationsgebiet: "U 13".
Nach beendeter Unternehmung eingelaufen: "U 18" und "U 57".

"U 18" Kurzbericht meldet Versenkung zweier Tanker bei Kinnaird Head. Geringer Handelsverkehr bei Peterhead. Stets dicht unter der Küste. Keine Bewacher in See, nur unter der Küste. Keinerlei Verkehr im englischen Minengebiet vor schottischer Küste beobachtet.

"U 57" stand Nordausgang Kanal. Versenkung zweier unbekannter abgeblendeter Dampfer. Zeitweilig starker Verkehr bei Nordhinder Feuerschiff, beobachtete Hauptrichtungen Kurs NO, NW und W. Boot meldet einen Fehlschuß auf engl.Zerstörer Typ "Antelope" infolge Frühdetonation.

"U 22" hat Rückmarsch aus Operationsgebiet bei Kinnaird Head angetreten.
Außer "U 35" und "U 47" erhalten die ausmarschierenden Atlantik-Boote "U 31" und "U 48" Angriffswartestellungen im Orkneys-Seegebiet.

Datum und Uhrzeit	Angabe des Ortes, Wind, Wetter, Seegang, Beleuchtung, Sichtigkeit der Luft, Mondschein usw.	Vorkommnisse

22.11.		Handelsschiffahrt 22.11.
		
		Eigene Schiffahrt:
		
		Dampfer "Adolph Woermann" versenkt sich mit wertvoller Ladung im Südatlantik bei Annäherung feindlicher Kriegsschiffe. Schiff wurde seit 20.11. von feindl. Handelsschiff beschattet, das vermutlich durch Ft. ein englisches Kriegsschiff herangerufen hat.
		    Dampfer "Antiochia" in der Nacht zum 23.11. 80 sm südöstlich Islands durch engl. Kreuzer angehalten.
		    Ein Schiff trifft von Montevideo kommend Norwegen ein.
		
		Deutscher Fischdampfer "Wilh.Reinhold" sichtete 14.11. in Höhe von Bergen Geleitzug von etwa 20 Dampfern in Begleitung von Kriegsfahrzeugen. Dampfer wurde durch norw. Kriegsschiff aufgehalten, sodaß Eindruck bestand, als ob Meldung des Geleitzuges durch den Fischdampfer verhindert werden sollte.
		Auf Grund einer Nachricht wird angenommen, daß deutscher Erzdampfer "Treuenfels" an der norw. Küste besonderer engl. Beobachtung unterliegt, daher Funkspruch an alle deutschen Handelsschiffe in Norwegen:
		"Möglichst nicht außerhalb norw. Hoheitsgewässer fahren. Größte Vorsicht geboten".
		
		- . -

Datum und Uhrzeit	Angabe des Ortes, Wind, Wetter, Seegang, Beleuchtung, Sichtigkeit der Luft, Mondschein usw.	Vorkommnisse

22.11.

Ausländische Schiffahrt:

Laut Reutermeldung hat das <u>englische Informationsministerium</u> mitgeteilt, daß durch das Ministerium für wirtschaftliche Kriegführung in Zukunft zwecks Kontrolle des Schiffsverkehrs <u>Handelspässe für fremde Schiffe</u> ausgestellt werden sollen. Die mit diesen Schiffen beförderten Waren sollen angeblich bevorzugt befördert werden. Ähnliche Geleitbriefe hatte England schon im Weltkrieg eingeführt.

Aus Valparaiso wird gemeldet, daß große Mengen Kupfer auf neutralen, vorwiegend USA-Schiffen nach New York verschifft werden, wo Umladung nach Frankreich und England erfolgt.

(68) B-Dienst-Angaben über Kriegsverluste feindlicher und neutraler Handelsflotten, Liste über bewaffnete Handelsschiffe und Beobachtungen über Schiffsverkehr in den Eismeerhäfen siehe Bericht 2/39 "Ausländische Handelsschiffahrt".

---

745 hr

Panzerschiff "Graf Spee" erhält folgende Unterrichtung:

1.) "Deutschland" 15.11. eingelaufen, Durchbruch ohne Feindberührung, hat Namen "Lützow" erhalten. Rückkehr wird geheim gehalten.
"Westerwald" 12.11. Gr.Belt passiert.

2.) "Shropshire" und wahrscheinlich "Sussex" im Südafrika-Bereich, "Exeter" auf Marsch zum Kap der guten Hoffnung.

C/Skl. 1/Skl.   Asto II

184

Datum und Uhrzeit	Angabe des Ortes, Wind, Wetter, Seegang, Beleuchtung, Sichtigkeit der Luft, Mondschein usw.	Vorkommnisse

Datum und Uhrzeit	Angabe des Ortes, Wind, Wetter, Seegang, Beleuchtung, Sichtigkeit der Luft, Mondschein usw.	Vorkommnisse

23.11.

Besondere politische Nachrichten 23.11.:

1.) Wenig entschlossen, inhaltlose und wenig kraftvolle Thronrede des englischen Königs siehe Auslandspresse Nr. 541.

2.) Gesamte ausländische Presse nimmt in aussergewöhnlich starkem Masse zu der Mitteilung der englischen Regierung über Verschärfung der Blockademassnahmen und Drosselung des deutschen Exportes Stellung. Scharfe Proteste der neutralen Staaten, besonders der vorwiegend betroffenen Länder Holland, Belgien, Italien und Japan. Französische Nachricht spricht von den bisherigen 3 Methoden zur Störung der deutschen Wirtschaft:
1.) Konterbandekontrolle
2.) Massenweiser Warenaufkauf in neutralen Ländern zur Lähmung der deutschen Versorgung
3.) Beeinflussung der Neutralen durch Entschädigungszahlung, ihren normalen Handelsaustausch mit Deutschland nicht zu erhöhen.
Deutscher Handel, der durch diese Massnahmen noch nicht völlig lahmgelegt, werde durch Abdrosselung des Exportes und Verhinderung jeglicher Devisenbeschaffung nunmehr an der Wurzel getroffen.

(69)

3.) Rumänisches Gesamtkabinett zurückgetreten. Tatarescu mit Kabinettsbildung beauftragt. Aussenminister Gafencu bleibt. (siehe politische Übersicht und Auslandspresse).

- - -

Lagebesprechung beim Chef der Seekriegsleitung

Besonderes:

1.) Antwort Schwedens zur Frage der Sundsperrung wird vom Chef Skl. für völlig unzureichend erklärt, da sie keine Gewähr für die Verhinderung des Eindringens von Ubooten in die Ostsee bietet (Schweden will lediglich eine ungenügende

Datum und Uhrzeit	Angabe des Ortes, Wind, Wetter, Seegang, Beleuchtung, Sichtigkeit der Luft, Mondschein usw.	Vorkommnisse
23.11.		

(70) Minensperre im Gebiet zwischen der 3 und 4 sm-Grenze auslegen und innerhalb der 3 sm-Zone eine lose Bewachung gegen Uboote einrichten). Ausserdem hat Schweden sich __nicht__ bereiterklärt, eine Kontrolle der Schiffahrt auf Banngutverkehr in den Hoheitsgewässern vorzunehmen. Chef.Skl. befiehlt Auslegen deutscher Sperre bis zur 3 sm-Zone heran (siehe auch Kriegstagebuch Teil C, Heft VIII).

2.) In Hinblick auf die Freigabe der Tankschiffversenkung innerhalb der von Amerika erklärten Kriegszone (siehe unter Handelskrieg) ist zu prüfen, ob auch die den Ubooten für die Versenkung abgeblendeter Schiffe gegebene Sperrzone auf das Gebiet der amerikanischen "Kriegszone" zu reduzieren ist. Skl. hält es grundsätzlich für zweckmässig, alle Gebietserklärungen für den Handelskrieg und seine Verschärfungen mit den im amerikanischen Neutralitätsgesetz bekanntgegebenen Zonen in Übereinstimmung zu bringen.

3.) Für die Zusammenarbeit mit dem Auswärtigen Amt ist zwischen Chef Skl. und Chef OKW vereinbart worden, dass alle grundsätzlichen, die Wehrmacht in der Gesamtheit betreffenden, militärpolitischen Angelegenheiten vom OKW mit dem A.A. besprochen und bearbeitet werden, dass aber in allen ausschliesslich die Seekriegführung berührenden Fragen eine laufende Fühlungnahme, verzugslose Besprechungen und Klärungen unmittelbar zwischen der Seekriegsleitung und dem A.A. zu erfolgen haben. Diese Regelung entspricht den dringenden Erfordernissen der Seekriegführung, die nur bei Aufrechterhalten dieser dauernden innigen Verbindung mit der politischen Leitung in der Lage ist, ihre fast stets politisch sich auswirkenden Entschlüsse zu fassen und ihre Massnahmen ohne Verzögerung zu treffen.

(71)

= = = = =

Besondere Feindnachrichten 23.11.:
= = = = = = = = = = = = = = = = =
Atlantik:

England:

Linienschiff "Revenge" bisher im westlichen jetzt im östlichen Nordatlantik festgestellt. Kreuzer "Manchester" in Höhe von Vigo (bisher Ostindien).

-.-

Datum und Uhrzeit	Angabe des Ortes, Wind, Wetter, Seegang, Beleuchtung, Sichtigkeit der Luft, Mondschein usw.	Vorkommnisse

23.11.

Um 0000 Uhr fordert Zerstörer "Fortune" dringend Schlepper für "Foxhound" an. Die Boote der 8. Zerstörerflottille standen zur Ubootsjagd südlich der Hebriden. Anscheinend Kollision.

Frankreich:

Drei Gruppen eines Geleitzuges laufen mit halbstündigen Abständen in Brest ein.

Dünkirchen Radio gibt bekannt, dass Schiffahrt an der Südküste von Gris Nez eingestellt ist. (Minensperren? Treibminengefahr ?)

N o r d s e e :

Der Chef der Heimatflotte befindet sich in See südlich der Hebriden.

In der Northern Patrol werden erneut kleine Kreuzer der C-und D-Klasse festgestellt.

Eine feindliche Luftaufklärung klärt das Seegebiet in Richtung Südwest-Norwegen auf.

15 sm nordwestlich Borkum wird vormittags ein feindliches Uboot geortet und gesichtet.

E i g e n e   L a g e :
=======================

Die von deutscher Seite für 23.11. früh vorgesehene Aufklärung im Seegebiet Island - Faröer durch ein "Kondor"-Flugzeug muss ausfallen, da die Maschine beim Start schwer beschädigt wird. Von den Schlachtschiffen, die um 0800 Uhr im Quadrat 9200 A E stehen sollten, geht erwartungsgemäss keine Meldung ein, sodass angenommen wird, dass die Operation zur Überwachung des Gebietes Island-Faröer planmässig verläuft. Da bis zum Nachmittag keinerlei Anhaltspunkte für eine Feindberührung und für einen unmittelbaren Erfolg der Schlachtschiffe vorliegen, erhält der Seebefehlshaber West um 1630 Uhr von der Gruppe West die Ermächtigung, die Unternehmung nach eigenem Ermessen um 24 Stunden auszudehnen. Kurz nach Ausgang dieser Weisung erfasst die Funkbeobachtung 1645^h(MEZ) Funkspruch einer unbekannten Einheit südlich Islands auf 65° 40' Nord, in dem gemeldet wird, dass Schiff von Schlachtkreuzer gejagt werde.

Wetterkladde (Kriegstagebuch)
(Einlagen)

-.-

Datum und Uhrzeit	Angabe des Ortes, Wind, Wetter, Seegang, Beleuchtung, Sichtigkeit der Luft, Mondschein usw.	Vorkommnisse
23.11.		Um 1701 Uhr wiederholt das Wachschiff in Scapa den nur verschlossen abgegebenen Funkspruch der unbekannten Einheit (die als Hilfskreuzer angesprochen wird) nunmehr ge - schlüsselt und setzt offen das Wort "Deutschland" an den Schluss des Funkspruches. Kurz darauf (1727 Uhr MEZ) gibt eine Befehls- stelle, offenbar der Chef der Heimatflotte, ein kurzes Funksignal, den Stichwortbefehl "Yellow", der vermutlich den Ausführungs- befehl für Ansatz und Aufstellung der Streitkräfte der Heimatflotte darstellt. Die vom Gegner gewonnene Erkenntnis über das Auftreten schwerer deutscher Streitkräfte im Seegebiet Island-Faröer führt zu weiteren dringenden Anordnungen der britischen Admiralität und des Chefs der Heimatflotte. Die gesamte Heimatflotte wird mobilisiert, Kreuzer und Zerstörer in Bereitschaft befohlen bezw. zum Ansatz gebracht, Geleitzüge werden abgestoppt. Es kann erwartet werden, dass die Schlacht- schiffe den angetroffenen Gegner vernichtet haben und der Lage ent- sprechend entweder die Operation verlängern oder nach Einbruch der Dunkelheit ihren Rückmarsch antreten. Weitere Weisungen oder Befehle der Skl. sind nicht erforderlich. - - - - Die Minenverseuchungen vor Themse und Hum- ber fordern weitere Opfer. Nach Rundfunk - meldungen laufen griechischer Dampfer "Elena R." (4570 t), englischer Dampfer "Lewland" (974 t) und englischer Minensu- cher "Dragonet" (350 t) auf Mine und sinken Minister Simon erklärt im Unterhaus, die deutschen Minen an der englischen Ostküste stellten eine überraschende neue Erfin- dung dar. Alles, was Wissenschaft und Intelligenz vermögen, würde jedoch aufgeboten, um dieser neuen Gefahr entgegenzutreten. Nach Pressemeldung habe die britische Ad- miralität bereits ein Mittel gefunden, um die magnetischen Minen unwirksam zu machen. Sie beabsichtige Minensuchboote zu bauen, die zum grössten Teil aus Holz bestünden und in Abständen Metallbänder nach sich ziehen sollten, durch die die Magnetminen zur Detonation gebracht werden würden. -.-

Datum und Uhrzeit	Angabe des Ortes, Wind, Wetter, Seegang, Beleuchtung, Sichtigkeit der Luft, Mondschein usw.	Vorkommnisse
23.11.		

Das Abwerfen von Magnetminen von Flugzeugen aus ist nach englischer Rundfunkmeldung beobachtet worden. Minen seien mit kleinen Fallschirmen von niedrig fliegenden Wasserflugzeugen abgeworfen. Eine Mine sei im Fahrwasser entdeckt und mit Gewehrschüssen zur Explosion gebracht worden (?)

Die Auswirkungen der Grundminenverwendung zeigen ausser den unmittelbaren Versenkungserfolgen eine zunehmende Unsicherheit der gesamten Schiffahrt an der englischen Ost - küste, die durch die Erfolge der an der Ostküste tätigen Uboote noch erhöht wird.

Die englische Propaganda-Offensive gegen die deutsche Minenkriegführung hat bisher nicht die von England gewünschte Wirkung gehabt, und wird durch die Sorge der Neutralen vor den Folgen der englischen Blockadeverschärfung stark beein - flusst. Die holländische Regierung hat die Reeder aufgefordert, die Schiffahrt nach England ganz einzustellen bis die Minengefahr an der englischen Küste beseitigt wäre.

Ausser der Minenverseuchung stellten in zunehmendem Masse auch die zahlreichen Schiffswracks vor Themse und Humber erhebliche Schiffahrtshindernisse dar. Die Gesamtbewegungsfreiheit des Gegners und seiner Zufuhren ist damit an der Ost - küste so weitgehend eingeschränkt, dass äusserst nachteilige Folgen für die englische Kriegswirtschaft erwartet werden können. Die Ausnutzung dieser Schwäche des Gegners durch weiteres "Nachladen" der Minenverseuchungen und Auslegen neuer Minensperren mit dem Endziel, die englische Ostküste völlig unpassierbar zu machen, wird mit allen Mitteln angestrebt werden.

- - - -

O s t s e e l a g e :

Keine besonderen Ereignisse. Ubootsjagd ohne Ergebnis. Keine Anhaltspunkte über Anwesenheit feindlicher Uboote.

Fortsetzung Räumarbeiten in Danziger Bucht.

- - -

-.-

Datum und Uhrzeit	Angabe des Ortes, Wind, Wetter, Seegang, Beleuchtung, Sichtigkeit der Luft, Mondschein usw.	Vorkommnisse

23.11.

Handelskriegführung:
= = = = = = = = = = = = =

Entsprechend der Weisung des Führers erhält der B.d.U. folgenden Befehl:
"Sofortiger voller Waffeneinsatz gegen Tankschiffe, soweit sie nicht als amerikanisch, russisch, japanisch italienisch oder spanisch erkannt werden, ist von Ubooten in dem von Amerika bekanntgegebenen Sperrgebiet westlich 2 Grad Ost freigegeben. Bei neutralen Tankern ist Fiktion innerer Explosion erwünscht. Daher Boote in diesen Fällen ungesehen bleiben und vorzugsweise Eto verwenden."

B.d.U. gibt Befehl an Uboote, sofort weiter. Das Gebiet ist, wie folgt, begrenzt:
Westlich 2 Grad Ost und innerhalb der Verbindungslinie 62° Nord, 2° Ost und 58° Nord 20° West und 45° N 20° W und 43° 54' N 2° 45' W dann 180° bis zur spanischen Küste.

Durch diesen Befehl ist ein weiterer beträchtlicher Schritt in der Verschärfung des Handelskrieges getan. Von der Erfassung des für die feindliche Kriegsversorgung besonders schwer ins Gewicht fallenden Tankerraumes und der Ölzufuhren für den sofort einsetzenden vollen Waffeneinsatz der Uboote erwartet die Skl. eine allmählich einsetzende erhebliche Schädigung des Gegners.

Der gegenwärtige Stand der deutschen Handelskriegführung ist folgender:

1.) <u>Warnungsloser Angriff durch Uboote</u>:
   a) auf sämtliche als feindlich erkannten Handelsschiffe; Ausnahme: einzeln fahrende unbewaffnete Passagierdampfer;
   b) auf sämtliche neutrale in feindlichem Geleit fahrenden Schiffe;
   c) auf sämtliche abgeblendet fahrenden Schiffe in einem bestimmten begrenzten Gebiet;
   d) auf sämtliche Schiffe, die sich der Anhaltung widersetzen oder FT gebrauchen;
   e) auf sämtliche Tankdampfer westlich 2 Grad Ost innerhalb der amerikanischen Kriegszone mit Ausnahme italienischer, russischer, spanischer, japanischer und amerikanischer Tankdampfer.

-.-

Datum und Uhrzeit	Angabe des Ortes, Wind, Wetter, Seegang, Beleuchtung, Sichtigkeit der Luft, Mondschein usw.	Vorkommnisse

23.11.

2.) <u>Handelskrieg durch Anhalten und Untersuchung gemäss Prisenordnung:</u>
  a) durch Überwasserschiffe gegenüber allen feindlichen und neutralen Schiffen;
  b) durch Uboote nur gegenüber solchen neutralen Schiffen, die nicht unter Ziffer 1.) fallen.

3.) Grundminenverwendung durch Überwasserstreitkräfte, Uboote und Flugzeuge in den durch Wassertiefe, Gegenwehr und eigener Reichweite gezogenen Grenzen.

4.) Keinerlei Handelskriegsmassnahmen gegenüber italienischen spanischen, russischen und japanischen Schiffen.

5.) <u>Es bleiben dem deutschen Zugriff noch entzogen:</u>
  I. alle einzeln fahrenden neutralen auf England und Frankreich fahrenden Schiffe.
   <u>Ausnahmen:</u>
   a) im Falle eines unkorrekten Verhaltens gemäss Ziffer 1) b-d;
   b) die Banngut fahrenden und vom Prisenkrieg erfassten Schiffe;
   c) die Tankschiffe gemäss 1) e).
  II. alle feindlichen als neutral getarnten, sich völlig korrekt verhaltenden Schiffe.

- - -

U b o o t s l a g e   23.11.:
= = = = = = = = = = = = = = =
A t l a n t i k :

"U 41" 200 sm westlich der Gironde ist 20 Stunden durch Zerstörer unter Wasser gedrückt. Boot muss wegen Brennstoffmangel Rückmarsch antreten.

"U 43" hält bis abends Fühlung an einem Geleitzug (240° 9 sm) nördlich Kap Ortegal und versucht "U 26" heranzuführen.

-.-

Datum und Uhrzeit	Angabe des Ortes, Wind, Wetter, Seegang, Beleuchtung, Sichtigkeit der Luft, Mondschein usw.	Vorkommnisse
23.11.		Das zurückkehrende "U 33" erhält vom B.d.U. Angriffsaufstellung nördlich Nordron. Alle Uboote erhalten Befehl, keinesfalls Dampferbesatzungen an Bord zu nehmen, ausser solchen Kriegsgefangenen, die mit nach Hause gebracht werden sollen.

Nach einem V-Mann-Bericht soll sich der Horchdienst auf den franz. Kriegsschiffen als wenig wirksam gezeigt haben. Bewegte See, Geschwindigkeitsänderungen, Nähe von Schiffen im Geleitzug machen die Ergebnisse der Ortung sehr fraglich.

Neue Versenkungserfolge:
Dampfer "Almeda Star" (14935 t) querab Vigo beschossen. Versenkung fraglich ("U 26" ?) - Engl.Dampfer "Darino" (1351 t) 19.11. an der französischen Küste versenkt - Trawler "Sulby" 21.11. an der schottischen Küste versenkt. - 2 französische Trawler in Biscaya versenkt.

N o r d s e e :

"U 20" von Unternehmung zurück.
"U 13", "U 22" auf dem Rückmarsch von der englischen Ostküste, sodass sich zur Zeit kein Uboot mehr im Nordseeoperationsgebiet befindet.
Bei den Orkneys stehen weiter die Atlantikboote "U 47", "U 35", "U 31", " 48" in Wartestellungen.

- - -

H a n d e l s s c h i f f a h r t   23.11.
= =
Dampfer "Togo" heimgekehrt von Übersee.

Der deutschen Handelsschiffahrt in neutralen Häfen und auf dem Heimmarsch wird folgende W-Nachricht durch Funk und Kabel übermittelt:

-.-

Datum und Uhrzeit	Angabe des Ortes, Wind, Wetter, Seegang, Beleuchtung, Sichtigkeit der Luft, Mondschein usw.	Vorkommnisse
23.11.		

"Niedrige Wassertemperaturen in Dänemarkstrasse bedeuten durchaus nicht immer, dass Eis in der Nähe ist. Nebelzonen ausnutzen."

    Auf Grund einer Rücksprache Min.Rat Coupette/Konteradmiral Schniewind wird vom R.V.M. am 22.11. folgendes Telegramm an Botschaft Madrid gegeben:
    "Zunächst keine weiteren Schiffe ohne meine Genehmigung Heimat schicken."

    Island-Fischdampfer "Hekla" in Hamburg eingelaufen, meldet, dass er unterwegs von englischem Hilfskreuzer angehalten und, obwohl nach Hamburg bestimmt, freigelassen sei.

    Holländische Regierung hat Reedereien geraten, Schiffahrt nach England vorläufig einzustellen. Nach Klärung Minenlage an englischer Küste soll beabsichtigt sein, holländische Schiffe in Geleitzügen zusammenzufassen und durch Hochseeschlepper mit Minenräumgerät zu geleiten.

    - - -

    A.A. teilt mit, dass nunmehr in Norwegen in folgenden Orten Berufskonsulate unterhalten werden:
    Kristiansand,
    Stavanger,
    Haugesund,
    Bergen,
    Trondheim,
    Narvik,
    Kirkenes.

    - - - -

    Panzerschiff "Graf Spee" erhält folgende Unterrichtung:
1.) "Eagle", "Cornwall", "Dorsetshire", zwei australische Zerstörer, Ubootsmutterschiffe "Lucia" und "Medway" 18.11. Colombo eingelaufen.

-.-

Datum und Uhrzeit	Angabe des Ortes, Wind, Wetter, Seegang, Beleuchtung, Sichtigkeit der Luft, Mondschein usw.	Vorkommnisse
23.11.		Verlegung Uboote von Ostasien nach Colombo möglich. 22.11. "Ajax" Buenos Aires aus, "Cumberland" eingelaufen.
	2.)	Nach Reuter Leuchtfeuer und FT Unterrichtung an Südafrika-Küste einstweilen unzuverlässig.

- - - -

C/Skl.

1.Skl.

Datum und Uhrzeit	Angabe des Ortes, Wind, Wetter, Seegang, Beleuchtung, Sichtigkeit der Luft, Mondschein usw.	Vorkommnisse
24.11.		

Auswärtiges Amt (Gruppe Wirtschaftskrieg Botschafter Dr. Ritter) übermittelt die bereits mehrfach mündlich erörterten Absichten über die Wirtschaftskriegsmassnahmen des A.A. gegen die Länder des Ostseeraumes.

I. Die Länder Litauen, Lettland, Estland und Finnland sollen durch verstärkten wirtschaftlichen Druck zu einem Verzicht auf ihre Ausfuhr ausserhalb des Ostseeraumes gebracht werden und zu einer Umsteuerung ihrer Wirtschaft auf ausschliesslichen Austausch mit Deutschland veranlasst werden. Das Gleiche gilt in gewissem Umfange für Schweden.

II. A.A. hält für das Vorgehen der deutschen Seestreitkräfte gegen den Handel dieser Länder folgende Richtlinien für erforderlich:

1.) Die Ausfuhren der vier Länder: Litauen, Lettland, Estland und Finnland sind in den nächsten Wochen besonders hart anzufassen. Bei jeder Ausfuhr von Rohstoffen und Lebensmitteln aus diesen Ländern besteht der allgemeine Verdacht, dass sie für England bestimmt sind, wenn die Ausfuhren

    a) die Ostsee auf dem Seewege verlassen wollen oder
    b) nach Schweden verfrachtet werden.

Dieser allgemeine Verdacht kann praktisch in der Regel durch keines der üblichen Beweismittel widerlegt werden. Es müssten schon im Einzelfalle ganz ausnahmsweise schlüssige und unwiderlegbare Beweismittel vorliegen, wenn ein beschlagnahmtes Schiff wieder freigegeben werden soll.

2.) Bei Schiffen mit Holz jeder Art (also einschliesslich Holzschliff und Zellulose) aus Skandinavien und aus dem Ostseeraum besteht, auch wenn sie an neutrale Länder konsigniert sind, der allgemeine Verdacht, dass sie doch nach England gehen werden.

-.-

Datum und Uhrzeit	Angabe des Ortes, Wind, Wetter, Seegang, Beleuchtung, Sichtigkeit der Luft, Mondschein usw.	Vorkommnisse
24.11.		Solche Schiffe müssen aufgebracht und dürfen nicht freigegeben werden, ausser wenn auch hier im Einzelfalle ganz ausnahmsweise schlüssige und unwiderlegbare Beweise dafür vorliegen, um diesen allgemeinen Verdacht völlig zu beseitigen.

3.) Auch bei anderen (neben Holz) wichtigen Rohstoffen und Lebensmitteln ist bei Frachten, die auf ihrer Fahrt den englischen Seeraum berühren müssen oder berühren können (also z.B. von Skandinavien nach Holland oder Belgien oder den Vereinigten Staaten von Nordamerika oder Südamerika, Afrika usw.) ganz allgemein der Verdacht anzunehmen, dass die Frachten nach England umgeleitet werden und dort verbleiben. Auch hier ist zuzugreifen.

A.A. bittet Skl. um Mitteilung, ob von Seiten der Skl. Bedenken gegen ein derartiges Vorgehen bestehen, andernfalls wird entsprechende Anweisung an die Seestreitkräfte erbeten.

Grundsätzlich begrüsst die Skl. die energische und rücksichtslose Einstellung des A.A. Die Angelegenheit wird innerhalb der Skl. geprüft werden.

- - -

Besondere Feindnachrichten 24.11.:
- - - - - - - - - - - - - - - - - -
Atlantik:

England:
Ein leichter Kreuzer der "Sidney"-Klasse (Perth) hat 22.11. den Panama-Kanal nach Westen passiert sodass sich nunmehr, vermutlich zur Deckung der aus den westamerikanischen Häfen angekündigten wichtigen Kriegsmaterialtransporte 3 Kreuzer ("Despatch","Caradoc" und "Perth") an der Westküste von Amerika befinden.

-.-

Datum und Uhrzeit	Angabe des Ortes, Wind, Wetter, Seegang, Beleuchtung, Sichtigkeit der Luft, Mondschein usw.	Vorkommnisse	103
24.11.			

Für Materialtransporte aus den Vereinigten Staaten und Kanada sind als Löschhäfen Bristol, Liverpool, Le Havre und Marseille vorgesehen.

Frankreich:

B-Dienst erfasst eine Reihe von Schiffsbewegungen zu Standorten, darunter 4 englische Zerstörer südlich der Kanarischen Inseln, und 12.französische Flottillenführerdivision in Casablanca.

Spanische Meldung kündigt für 28.11. Auslaufen eines grossen Truppentransportes aus Casablanca an.

Ein franz. armierter Überwachungsdampfer meldet Versenkung eines deutschen Ubootes im Kanal (zur Zeit kein eigenes Uboot im Kanal).

Nordsee:

Ein unbekannter Seebefehlshaber, wahrscheinlich der Chef der Heimatflotte, wird 24.11. um 1340 Uhr nördlich der Hebriden festgestellt. Er gibt dringenden Funkspruch an die schweren Kreuzer "Norfolk" und "Suffolk" und den leichten Kreuzer "Delhi".

Die britische Admiralität gibt die Beschädigung des neuesten Kreuzers "Belfast" (angeblich nördlich May Isle durch Torpedo-oder Minentreffer zu. Das Schiff soll mit eigener Kraft den Hafen erreicht und nur 20 Verletzte haben.

(In der deutschen Presse war, um das Ausliegen von Minen im Firth of Forth möglichst nicht in Erscheinung treten zu lassen, die Nachricht von der Torpedierung des Kreuzers "Belfast" durch ein Uboot veröffentlicht worden).Englische Admiralität lässt die Frage, ob Uboot oder Mine, offen, erlässt jedoch eine erneute Schiffahrtsbeschränkung im Firth of Forth.

-.-

Datum und Uhrzeit	Angabe des Ortes, Wind, Wetter, Seegang, Beleuchtung, Sichtigkeit der Luft, Mondschein usw.	Vorkommnisse
24.11.		Feindliche Bombenflugzeuge in der Nacht vom 24.11. zum 25.11. in der Deutschen Bucht, zum Teil niedrig über Brunsbüttel. Keine Bomben, nur Flugblätter. Beschuss erfolglos.

Es wird durch neue Feststellungen bestätigt, dass das Gebiet 10-20 sm nördlich Borkum ständig von feindlichen Ubooten besetzt gehalten wird.

Die Verschärfung der Ubootsbekämpfung ist erforderlich, die Auslegung weiterer Ubootsabwehrsperren wird von der Gruppe West erwogen.

- - - -

E i g e n e L a g e 24.11./
= = = = = = = = = = = = = = = =
A t l a n t i k :

Keine besonderen Ereignisse.

N o r d s e e :

Von den Schlachtschiffen liegen keine Meldungen vor, da gemäss Operationsbefehl Kampfhandlungen nur innerhalb der Eindringtiefe eigener Luftkampfstreitkräfte gemeldet werden sollen.

Über die offensichtlich gestern erfolgt Kampfhandlung im Gebiet südlich Island liegen daher noch keine Nachrichten vor. Es ist zu hoffen, dass einer der in diesen Seegebieten stehenden englischen Kreuzer (z.B. "Delhi") von den Schlachtschiffen erfasst worden ist.

Die Massnahmen des Gegners sind noch nicht klar erkennbar. Sie sind möglicherweise gelähmt durch die Unkenntnis über die Lage beim Gegner. Offenbar vermutet der Gegner eine Rückkehr der "Deutschland", wobei die Überlegung eines gleichzeitig erfolgenden Vorstosses der Schlachtschiffe in den Atlantik nicht ausgeschlossen erscheint.   -.- |

Datum und Uhrzeit	Angabe des Ortes, Wind, Wetter, Seegang, Beleuchtung, Sichtigkeit der Luft, Mondschein usw.	Vorkommnisse

24.11.

Auf Grund der Mobilisierung der gesamten englischen Heimatflotte entschloss sich der Gruppenbefehlshaber West im Einvernehmen mit Chef Skl., die B.d.A.-Streitkräfte für die Aufnahme der Schlachtschiffe am 25.11. früh (wie zunächst vorgesehen) nicht nördlicher als bis zur Höhe von Hanstholm zu schicken, um sie bei Ausbleiben der Schlachtschiffe nicht allein der Einwirkung überlegener Feindstreitkräfte auszusetzen. Die Änderung der Absichten wird dem Seebefehlshaber mitgeteilt, dem ferner zwecks grösserer Bewegungsfreiheit der Rückmarsch durch Skagerrak oder Weg II anheimgestellt wird.

- - - -

Ostsee:

BSO meldet Aufnahme des von der Skl. vorgesehenen Lotsendienstes an den Belten. Marineattaché Kopenhagen meldet zur Frage des Lotsendienstes:

1. Dänen bitten dringend, von deutschem Lotsendienst in Richtung Nord-Süd abzusehen. Sehen in Stationierung der Lotsenfahrzeuge die berechtigt wären, neutrale Schiffe zur Lotsenübernahme innerhalb dänischer Hoheitsgewässer anzuhalten, Einschränkung ihrer Hoheitsrechte. Einrichtung deutschen Lotsendienstes würde ihnen Wahrung neutraler Haltung ausserordentlich erschweren, die bereits durch Auslegung Sperren belastet.
2. Grundsätzlicher dänischer Standpunkt ist, dass für Passieren dänischer Sperren auch dänische Lotsen zuständig. Sperrlücken sind so günstig bezeichnet, dass Einrichtung allgemeinen Lotsenzwanges nicht beabsichtigt. Dies auch im Hinblick auf örtliche dänische Fischerei zweckmässig. Sofern wir es für nötig halten, könnten deutsche Handelsschiffe selbstverständlich jeweils deutschen Lotsen in beiden Richtungen an Bord nehmen. Hauptsache sei, dass gegenüber neutraler Schifffahrt Gesicht dänischer Neutralität und Gebietshoheit gewahrt wird.
3. Für Kriegsschiffe soll kein Lotsenzwang bestehen. Ebensowenig für dänische Regierungsfahrzeuge der Gesamtsperrbewachung.

-.-

Datum und Uhrzeit	Angabe des Ortes, Wind, Wetter, Seegang, Beleuchtung, Sichtigkeit der Luft, Mondschein usw.	Vorkommnisse
24.11.		4. Gesamteindruck: Dänischer Oberbefehlshaber hofft, dass nach bereitwilliger Erfüllung unserer bisherigen Forderungen deutscher Grossadmiral bereit ist, die zwecks Wahrung dänischer Souveränität vorgebrachten dringenden Wünsche zu berücksichtigen. Dänen werden hinsichtlich deutscher Handelsschiffe und Prisen grösstes Entgegenkommen zeigen, wollen nur nach aussen keine Minderung eigener Hoheitsrechte und neutraler Haltung allzu sichtbar werden lassen.

Die vorgeschlagene Regelung wird in Zusammenarbeit mit Gruppe Ost geprüft.

-- ---

Da die Verhandlungen mit den Schweden über eine wirksame schwedische Sperrung am Sund zu keinem Ergebnis geführt haben, erhalten Gruppe Ost und BSO folgenden Befehl:
"Undine uneingeschränkt".
Sofortige Sperrbewachung und Warnung der Schiffe, die Erweiterung Sperrgebietes noch nicht erfahren haben, sicherstellen. Schiffahrtswarnung ist 24.11. mittags durch OKM erfolgt."

Schiffahrtswarnung erfolgt mittags durch Küstenradio.

Im Handelskrieg in der Ostsee werden 4 Dampfer zur Untersuchung eingebracht.

- - - -

U b o o t s l a g e :
= = = = = = = = = = = =
A t l a n t i k :

Keine besonderen Ereignisse.
"U 33" auf dem Rückmarsch meldet Versenkung engl. Hilfskriegsschiffes, Ubootsfalle. 7000 Tonnen, holländische Tarnung, im Artilleriefeuer westlich Orkney-Inseln
-.-

Datum und Uhrzeit	Angabe des Ortes, Wind, Wetter, Seegang, Beleuchtung, Sichtigkeit der Luft, Mondschein usw.	Vorkommnisse

24.11.

Wie sich nachträglich aus ausländischen Rundfunkmeldungen ergibt, hat es sich bei diesem Schiff um den deutschen Dampfer "Borkum" gehandelt, der von den Engländern aufgebracht und mit einer englischen Prisenbesatzung an Bord auf dem Marsch nach einem schottischen Hafen war.

N o r d s e e :

Keine Veränderungen.

Nach einer Reuter-Meldung wurden 5 Überlebende des holl. Dampfers "Fliederecht" an der Nordwestküste Englands gelandet, nachdem sie 7 1/2 Tage in offenem Boot auf See zugebracht hätten. Der Dampfer soll von einem deutschen Uboot versenkt sein, obgleich er von neutralem Hafen unterwegs war.

- - - - -

H a n d e l s s c h i f f a h r t   24.11.:
= =

A.A. übermittelt folgende Meldung:

Botschaft Rio de Janeiro drahtet am 22.11.:
"Viele deutsche Importeure, namentlich Hamburg, Bremen, kabel grösstenteils offen brasilianischen Exporteuren wegen Exportwaren unter Hinweis auf November - Dezember hier auslaufende deutsche Schiffe. Auch Telefongespräche gleichen Inhaltes. Bitte dringend sofort Massnahmen zur Unterbindung dieser über aus gefährlichen Praxis, die selbst Vertreter brasilianischer Kabelgesellschaft als selbstmörderisch bezeichnet. Hiesige Marine-Attachéstelle bittet auch O.K.M. zu verständigen."

- - - -

An "Spee" geht folgender Funkspruch aus:
F T 1533.
1.) "Revenge" im östlichen Nordatlantik
   "Manchester" westlich des Kanals.
2.) Mit nächstem Funkspruch Bestand Treiböl "Spee" und "Altmark" melden.

Datum und Uhrzeit	Angabe des Ortes, Wind, Wetter, Seegang, Beleuchtung, Sichtigkeit der Luft, Mondschein usw.	Vorkommnisse

24.11. (72)		Gruppe West wird über Weisung Nr. 8 des Führers unterrichtet.
		
		Um bei weiteren Terminverschiebungen eine unerwünschte Festlegung von Streitkräften zu vermeiden, erhält Gruppe West die Weisung, nur die für die Massnahmen "Wilhelm", "Otto" und "Toni" vorgesehenen Streitkräfte zu fristgerechtem Einsatz bereitzuhalten, während die Durchführung der Massnahmen "Öse", "Ida" und "Hans" je nach Lage verfügbarer weiterer Streitkräfte bezw. im Nachgang zu den erstgenannten Massnahmen folgen kann.
		(Im Einzelnen siehe Weisung Teil C, Heft II).
		
		- - - - -
		
		Hinsichtlich der Bereitstellung von Hilfskreuzern wird angeordnet, dass nach Fertigstellung des H.S.K. 1-7 weitere 6 Schiffe als H S K. 8-13 herzurichten und ihre Ausrüstung bereitzustellen sind. Schiffe sind Motorenschiffe Als Aktionsradius werden mindestens 40 000 sm bei 12 sm Geschwindigkeit gefordert. Ausrüstung für Seeausdauer von 12 Monaten.
		
		Ausrüstung:
		  2 Schiffe 400 Minen
		  4 Schiffe 60-100 Minen.
		Alle Schiffe Bugschutzgerät.
		Artillerie: 4 Schiffe 6-15 cm
		            2 " 5-15 cm
		            1 - 3,7 cm
		            1 - 7,5 cm
		Torpedo: alle Schiffe 2 Doppelrohre.
		Flugzeuge: je 2 - "He 114".
		
		- - - - -
		
		C/Skl. 1.Skl.

Datum und Uhrzeit	Angabe des Ortes, Wind, Wetter, Seegang, Beleuchtung, Sichtigkeit der Luft, Mondschein usw.	Vorkommnisse

25.11.

Besondere politische Nachrichten.

1.) a) Deutscher Gesandter überreichte am 24.11. der schwedischen Regierung energische Protestnote gegen neutralitätswidriges Verhalten schwedischer Seestreitkräfte durch Störung der deutschen Handelskriegführung in freier See. Er erklärt, daß deutsche Streitkräfte Befehl hätten, bei weiteren Störungen rücksichtslos von der Waffe Gebrauch zu machen. Von schwedischer Seite wird andererseits auf deutsche Neutralitätsverletzungen innerhalb schwedischer 3 sm Zone hingewiesen. Nachprüfungen sind im Gange.
(73) (Weiteres siehe Kriegstagebuch Teil C Heft VIII).

b) Schwedische Regierung antwortet auf die s.Zt. von uns an Schweden gerichtete Mitteilung von neutralitätswidrigem Befahren schwedischer Gewässer durch feindl. U-Boote: Der schwedischen Regierung sei kein Fall bekannt, wonach polnische oder englische U-Boote sich unter Verletzung der schwedischen Neutralität in den Hoheitsgewässern aufgehalten oder dort Kampfhandlungen vorgenommen hätten. Die schwedische Regierung versichert dabei, daß sie sich vollauf verantwortlich fühle für die Sicherung und Wahrung ihrer Neutralität.

2.) Die stark ablehnende Haltung der Neutralen zu der von England angedrohten Exportblockade hält an. In Belgien größte Sorge um das Schicksal des Hafens von Antwerpen, für den die deutsche Ausfuhr lebensnotwendig ist. Den diplomatischen Schritten anderer Staaten schließen sich die Regierungen Dänemarks und Schwedens an unter Betonung der schweren Folgen der Exportdrosselung auf den Seehandel der neutralen Staaten.
(74) (siehe im einzelnen "Auslandspresse" Nr. 544).

Datum und Uhrzeit	Angabe des Ortes, Wind, Wetter, Seegang, Beleuchtung, Sichtbarkeit der Luft, Mondschein usw.	Vorkommnisse
25.11.		3.) Nach Meldung aus Bukarest soll England Rumänien den Aufkauf von 60% des gesamten rumänischen Exports angeboten haben!
		Schwedischer Marineattaché wird zum Chef Skl. befohlen, der ihn in Übereinstimmung mit der der schwedischen Regierung übergebenen Protestnote in nachdrücklichster Form auf die Unmöglichkeit der Fortdauer des neutralitätswidrigen Verhaltens schwedischer Seestreitkräfte hinweist und ihn über den Befehl unterrichtet, daß deutsche Seestreitkräfte sich in Zukunft gezwungen sähen, weitere Störungen mit Waffengewalt zu verhindern.

Datum und Uhrzeit	Angabe des Ortes, Wind, Wetter, Seegang, Beleuchtung, Sichtigkeit der Luft, Mondschein usw.	Vorkommnisse

25.11.   Lagebesprechung bei Chef der Seekriegsleitung.

Besonderes:

1.) Chef Skl. sieht eine Gefahr in der Möglichkeit, daß England bei einem deutschen Vorgehen gegen Holland eine überraschende Landung an der norwegischen Küste und Inbesitznahme eines Stützpunktes dort vornehmen könnte und ordnet Überlegungen in dieser Richtung an.

2.) Panzerschiff "Lützow" soll nach Abschluß Schlachtschiffoperation zunächst nach Gotenhafen zurück und am 1.12. zur Überholung in Werft Danzig gehen. Frühestes Wiederauslaufen des Schiffes ist für Mitte - Ende Januar beabsichtigt. Troßschiff "Westerwald" braucht zur Reparatur und Überholung 8 - 10 Wochen. Werftzeit ist in Danzig vorgesehen.

3.) Im Hinblick auf die starke Auswirkung der Minen an der Ostküste Englands weist Chef Skl. erneut (auf die dringende Notwendigkeit zum beschleunigten weiteren Ausbau der bisherigen Minenerfolge hin. Alle verfügbaren Uboote sollen zunächst für Minenunternehmungen eingesetzt werden, auch unter vorübergehendem Verzicht auf Uboots-Operationen im Atlantik. Anpacken von Geleitzügen zum gegenwärtigen Zeitpunkt weniger wichtig. Vordringlich sind Erledigung Verseuchungen von Liverpool, Cardiff, Newcastle, Plymouth.

An Gruppe West und B.d.U. ergeht folgende Weisung: "Der Erfolg des Minenkrieges erfordert als Schwerpunkt weiteren U-Bootsansatzes Minenaufgaben".

-.-

Datum und Uhrzeit	Angabe des Ortes, Wind, Wetter, Seegang, Beleuchtung, Sichtigkeit der Luft, Mondschein usw.	Vorkommnisse
25.11.		Besondere Feindnachrichten 25.11.

Atlantik:
England:

Streitkräfteverteilung:

Schlachtkreuzer "Hood" soll 26.11. nachm. im Westkanal (wahrscheinlich Portsmouth) ankommen und am 27.11. nachm. Ausreise Richtung Gibraltar antreten.
Schlachtkreuzer "Repulse" und Flugzeugträger "Furious" sind am 24.11. 2000 Uhr aus Halifax mit Kurs 90° ausgelaufen.
Kreuzer "Manchester" läuft vom Mittelmeer kommend in Portsmouth zur Reparatur ein.

Geleitzugdienst: K.O. Spanien meldet Geleitzugbewegungen in Gibraltar: 24.11. Geleitzug aus 25 Handelsschiffen, davon 20 armierten, unter Geleit von Zerstörern und Wachbooten von Westen kommend Gibraltar eingelaufen.
Nach einer Dampfermeldung sollen die Geleitzüge im Mittelmeer nicht mehr in Malta, sondern erst in Gibraltar zusammengestellt werden. Von Gibraltar bis Le Havre würde der Konvoi durch franz., von dort durch engl.Kriegsschiffe begleitet.

Frankreich:

Ein Linienschiff (der "Dunkerque"-Kl.?) und zwei Flottillenführerdivisionen erhalten Befehl zur beschleunigten Vorratergänzung in Brest.
Vermutlich steht diese Maßnahme in Zusammenhang mit dem Auftreten deutscher Schlachtschiffe im Seegebiet Island - Faroer.
Die 4.Kreuzer-Division läuft 25.11. 1400 Uhr in Brest ein.

Neutrale:

Irland richtet Patrouillendienst mit Schnellbooten und Trawlern zur Küstenbewachung ein.

-.-

Datum und Uhrzeit	Angabe des Ortes, Wind, Wetter, Seegang, Beleuchtung, Sichtigkeit der Luft, Mondschein usw.	Vorkommnisse

25.11.

N o r d s e e :

Englische Admiralität erläßt einen Aufruf an alle Fischer Englands, sich und ihre Fischerfahrzeuge zur Bekämpfung der Minengefahr in den Dienst der Kriegsmarine zu stellen.

In Auswirkung der offenbar erkannten Minengefahr im Firth of Forth wird die Handelsschiffahrt angewiesen, sich bei der Einsteuerung des Firth of Forth südlich der Insel May zu halten.

Kanonenboot Grimsby, das mit einem Geleitzug in Verbindung steht, erhält eine Warnung der Admiralität vor Flugzeugminen.

Die in Zusammenhang mit der Schlachtschiffoperation stehenden Feindbewegungen siehe beim Überblick über eigene Lage.

E i g e n e L a g e 25.11.
- - - - - - - - - - - - -

Im Atlantik keine besonderen Ereignisse.

N o r d s e e :

Von den Schlachtschiffen liegen keine Meldungen vor. Die morgens gestartete Luftaufklärung stellt im Laufe des Vormittags in der Enge Shetlands-Norwegen mehrere Feindgruppen fest, deren Funkverkehr bereits vorher eingepeilt werden konnte. Die erste Sichtmeldung erfolgt 1140 Uhr über einen Kreuzer und 4 Zerstörer etwa 70 sm westlich der norwegischen Küste südlich Bergen. Um 1200 Uhr erfaßt ein Flugzeug einen weiteren Kreuzer und 5 Zerstörer 100 sm östlich der Shetlands und in der Nähe 3 weitere Zerstörer. Ein drittes Flugzeug meldet 2 feindliche Linienschiffe ("Nelson", "Rodney"!) mit U-Bootssicherung und 1 Kreuzer ohne Standortangabe; aus der Stellung des Flugzeugs

- . -

Datum und Uhrzeit	Angabe des Ortes, Wind, Wetter, Seegang, Beleuchtung, Sichtigkeit der Luft, Mondschein usw.	Vorkommnisse
25.11.		in der Aufklärung kann jedoch auf Nähe der Shetlands geschlossen werden.
Das Bild von der Feindlage wird 1330 Uhr durch eine weitere Sichtmeldung über 2 leichte Kreuzer mit westlichem Kurs 80 sm östlich der Nordspitze Shetlands ergänzt. Die Beobachtungen lassen erkennen, daß der Gegner seine leichten Streitkräfte in das Seegebiet Shetlands-Norwegen vorgeschoben hat, mit seinen schweren Streitkräften, anscheinend jedoch ohne Schlachtkreuzer, die allein als gefährlicher Gegner unserer Schlachtschiffe angesehen werden können, sich noch im Anmarsch befindet.
Die Operationsmöglichkeiten für die Schlachtschiffe werden daher von der Skl. z.Zt. als durchaus günstig angesehen und bei einem möglichen Zusammentreffen der Schlachtschiffe mit feindlichen Kreuzern weitere Erfolge erhofft.
Die Schlachtschiffe werden von der eigenen Luftaufklärung nicht erfaßt, obwohl es erwartet werden konnte, sodaß die Standorte der Schiffe noch nördlicher liegen müssen. Gruppe West fordert den Seebefehlshaber zur Abgabe eines nicht peilbaren sehr kurzen Funksignals zu bestimmter Uhrzeit auf, falls er zu dieser Zeit bereits südlicher als 58°N stehen würde. Das Antwortsignal blieb aus, sodaß nunmehr mit einer zeitlichen Verschiebung der Rückkehr der Schlachtschiffe um 24 Stunden entsprechend der erteilten Ermächtigung gerechnet werden muß.
Über die gegnerischen Aufklärungsergebnisse wird der Seebefehlshaber durch Gruppe West laufend unterrichtet.
Zwischen 13 und 1400 Uhr kommen auf Grund der Fühlunghaltermeldungen der Seeaufklärer Kampfflugzeuge der KG 26 auf eine Gruppe von feindlichen Kreuzern und Zerstörern zum Angriff und erzielen mehrere Bombentreffer (4 - 50 kg Bomben auf eine Einheit, 1 - 250 kg auf eine weitere Einheit). In diesem Zusammenhang ist bemerkenswert, daß Kreuzer "Glasgow" abends durch Ft. seine Absicht meldete, nach Scapa einzulaufen. Eigene Verluste treten nicht ein.

-.- |

Datum und Uhrzeit	Angabe des Ortes, Wind, Wetter, Seegang, Beleuchtung, Sichtigkeit der Luft, Mondschein usw.	Vorkommnisse

25.11.

Die westlich Bovbjerg zur Aufnahme der Schlachtschiffe wartenden B.d.A.-Streitkräfte erhalten von Gruppe **W e s t** Befehl zur beschleunigten Brennstoffergänzung, um am 26.11. wieder voll klar zu sein.

Die Funkbeobachtung bringt abends die Bestätigung, daß sich Schlachtkreuzer "Hood" <u>nicht</u> mit in der Nordsee in See befindet, sondern im Atlantik auf dem Marsch zum Kanal (siehe Feindlage).

Von 1600 - 1700 Uhr finden Einflüge mehrerer feindl. Aufklärungsflugzeuge in die innere Deutsche Bucht statt. Dabei werden Helgoland, Wilhelmshaven und Cuxhaven überflogen. Flakbeschuß ohne Ergebnis.

O s t s e e :

Vorpostenboot 301 läuft am Südausgang Gr.Belt auf Mine (anscheinend deutsche oder dänische Treibmine) und sinkt (16 Mann vermißt).

0920 Uhr teilt Gruppe Ost fernmündlich mit, daß bei der Gr.Belt-Sperre ein dänisches Torpedoboot das deutsche Lotsenfahrzeug gebeten habe, die Position nördl. der Sperre zu verlassen, da eine neue Regelung von den Dänen vorgeschlagen sei. Die Gruppe weist darauf hin, daß bei dem mitgeteilten etwaigen Zurückweichen vor den dänischen Wünschen eine starke Gefährdung der schwächsten Punkte dieser Sperren, nämlich der Nordausgänge der Sperrlücken, dadurch eintreten könne, daß die Bewachung dieser Sperrlücken ganz in neutrale Hand gelegt sei. Die Gruppe forderte dringende Stationierung von deutschen Bewachungsstreitkräften nördlich der dänischen Sperren.

- . -

Datum und Uhrzeit	Angabe des Ortes, Wind, Wetter, Seegang, Beleuchtung, Sichtigkeit der Luft, Mondschein usw.	Vorkommnisse
25.11.		Skl.(Iab) hat die Gruppe gebeten, bis zur Klärung der Frage des Lotsendienstes zunächst das deutsche Lotsenfahrzeug zurückzuziehen.

Skl. nimmt zur Frage des Lotsendienstes (siehe dänischen Vorschlag 24.11.) folgende Stellung ein:
Die militärisch erwünschte Vereinfachung der Kontrolle für einkommende Schiffahrt durch Anbordnahme deutscher Lotsen kann mit Rücksicht auf die dänischen Neutralitätswünsche aufgegeben werden. Die erforderliche Überwachung der von Norden kommenden Schiffahrt muß dann ebenso wie die Untersuchung der ausgehenden Schiffahrt auf Banngut südlich der Sperren außerhalb der dänischen Hoheitsgewässer erfolgen. Die Stationierung eines deutschen Lotsenfahrzeuges nördlich der Sperre für die **Abgabe** von Lotsen an deutsche Schiffe muß aber bestehen bleiben, Aufstellung aber außerhalb der Hoheitsgewässer.

An den Marineattaché Kopenhagen geht folgendes Telegramm:
"Mit dänischem Vorschlag einverstanden. Deutscher Lotsendienst nur für deutsche Schiffe in beiden Richtungen; deutsche Lotsenstation im Norden für von Norden kommende deutsche Schiffe außerhalb dänischer Hoheitsgewässer.
Überwachung ein- und ausgehender Schiffahrt südlich der Sperren außerhalb der Hoheitsgewässer.
               Seekriegsleitung".

Gruppe Ost und B.S.O. erhalten zur Frage des Lotsendienstes folgenden endgültigen Befehl: |

Datum und Uhrzeit	Angabe des Ortes, Wind, Wetter, Seegang, Beleuchtung, Sichtigkeit der Luft, Mondschein usw.	Vorkommnisse
25.11.		1.) Mit Rücksicht auf dänische Neutralität an Beltsperren deutscher Lotsendienst in beiden Richtungen nur für deutsche Schiffe. Deutsche Lotsenstationen im Norden außerhalb dänischer Hoheitsgewässer.
		2.) Sperrlücken werden von Dünen so genau bezeichnet, daß von allgemeinem Lotsenzwang abgesehen werden soll, für Kriegsschiffe besteht kein Lotsenzwang.
		3.) Überwachung der ein- und ausgehenden Schiffahrt südlich der Sperrlücken durch BSO. außerhalb Hoheitsgewässer.
		4.) Mit Rücksicht auf loyale Haltung Dänemarks und seiner festen Absicht, englischen Ubooten die Durchfahrt zu verwehren, ist eine deutsche Bewachung nur im Süden der Sperre vorzusehen.
		Gruppe Ost wird ferner nach erfolgter Durchführung der dänischen Sperrmaßnahmen in den Belten und am Westausgang des Smaalandsfahrwassers die von Gruppe Ost beantragte Freiräumung und Aufhebung der bisherigen deutschen Warngebiete am Südausgang der Belte freigegeben. Über das Wegräumen weiterer U-Bootssperren folgt Entscheidung später. Marineattaché Kopenhagen wird entsprechend unterrichtet.
		Die Sperrlegung zur Verlängerung der Sundsperre bis an schwedische 3 sm Grenze heran wird im Laufe des 25.11. durchgeführt und der Sperrbewachungsdienst aufgenommen. Mit schwedischer Protestnote wird gerechnet.

Datum und Uhrzeit	Angabe des Ortes, Wind, Wetter, Seegang, Beleuchtung, Sichtigkeit der Luft, Mondschein usw.	Vorkommnisse
25.11.		

U-Bootslage:

Atlantik:

Im Operationsgebiet: U 28, 29, 43.
Auf dem Rückmarsch: U 26, 41, 49, 53, 33.
Auf Marsch zur Kola-Bucht: U 38
Im Anmarsch: U 47, 35, 31, 48.

Mit Rücksicht auf günstige Angriffsstellungen, die sich aus den Feindbewegungen in Zusammenhang mit der Schlachtschiffoperation ergeben können, werden "U 35" nordwestlich der Fair Passage, "U 47" westlich des Pentland Firth befohlen. "U 31" steht südöstlich der Orkneys, "U 48" östlich der Fair-Passage.
"U 33" ist in die Heimat zurückgekehrt.

U-Bootserfolge:

Engl.Dampfer "Royston Grange" (5144 t) wird im Op.Gebiet von "U 41" torpediert.
Schwedischer Tankdampfer "Gustav E.Reuter" (6336 t) meldet, daß er 14 sm westnordwestl. Fair Island auf Mine gelaufen sei (in Auswirkung der Freigabe der warnungslosen Versenkung von Tankdampfern).

B.d.U. übermittelt an "U 38" russisches Warngebiet vor Kola-Bucht und unterrichtet das Boot über günstige Aussichten zum Abfangen der Schiffahrt vor der Teriberka-Bucht. Boot soll in Hoheitsgewässern und im Warngebiet ungesehen bleiben und dort keine Torpedierungen vornehmen.

Datum und Uhrzeit	Angabe des Ortes, Wind, Wetter, Seegang, Beleuchtung, Sichtigkeit der Luft, Mondschein usw.	Vorkommnisse

25.11.

Handelsschiffahrt 25.11.

Nach einer Sondermeldung aus Buenos-Aires hat die argentinische Regierung beschlossen, ab sofort den gesamten Export nach England und Frankreich einzustellen.

Der Schiffsbefragungsdienst Lübeck meldet: Kapt. Tunholm vom Schwedendampfer "Valparaiso" (3759 BRT, Geschw. unter 12 Kn.) aus Stockholm bestimmt nach Chile via Panama-Kanal hat von seiner Reederei für die Ausreise folgende Instruktion: Bis zur Breite Tromsö innerhalb der Schären, dann nördl. 61° den Atlantik queren zur amerik. Küste, dann in Küstennähe südwärts zum Panama-Kanal. Dasselbe gilt umgekehrt für die Heimreise.

Verschiedene Nachrichten deuten auf eine schärfere Überwachung der italienischen Handelsschiffahrt im Gebiet Gibraltar hin.

Im Hinblick auf die hohen Schiffsverluste in britischen Gewässern steigerten die amerikanischen Versicherungsgesellschaften die Prämien für Schiffsladungen für England, Frankreich, Irland, Belgien und Holland einschl. der Frachten auf neutralen Schiffen.

Englische Bestimmungen über Ursprungszertifikate für Waren, die nach Großbritannien ausgeführt werden sollen, siehe Anlage 2 zur Auslandspresse 544.

(75)

Meldung aus Athen besagt, daß England mit Griechenland in Verhandlung stehe zwecks Charterung der Hälfte des gesamten griechischen Schiffsraumes.

Gruppe W e s t und B.S.N. erhalten folgende Weisung:

— . —

Datum und Uhrzeit	Angabe des Ortes, Wind, Wetter, Seegang, Beleuchtung, Sichtigkeit der Luft, Mondschein usw.	Vorkommnisse
25.11.		Auf Schneiden Kabel Holland – England baldmöglichst wird von Wehrmachtführung größter Wert gelegt. (Angelegenheit war beim O.K.W. vorbesprochen und wurde heute, 25.11. vom Führer genehmigt und als besonders erwünscht bezeichnet). C/Skl. 1/Skl. Ig Asto II

Datum Uhrzeit	Angabe des Ortes, Wind, Wetter, Seegang, Beleuchtung, Sichtigkeit der Luft, Mondschein usw.	Vorkommnisse	112
26.11. (76)		Besondere Politische Nachrichten 26.11.: ======= ================

1.) Russisch-finnischer Grenzzwischenfall auf der karelischen Landenge. Scharfe sowjetrussische Protestnote an Finnland (siehe Auslandspresse 545/546).

2.) Rundfunkrede Chamberlains. Hinweis auf bisherige Schiffsverluste. "Die englische Öffentlichkeit steht unter dem niederschmetternden Eindruck der täglichen Schiffsverluste, deren Ausmass auch die schlimmsten Befürchtungen in London übertroffen haben." - "Die Engländer werden mit der magnetischen Mine ebenso fertig werden, wie sie zuvor mit den Ubooten fertig geworden sind".
Englisches Kriegsziel: Änderung der deutschen Geistesverfassung.
Englisches Friedensziel: Schaffung eines neuen Europas.

3.) Verschiedene Nachrichten sprechen von einer Verschärfung des Verhältnisses Japan - Amerika. Verhängung Handelsembargos gegen Japan wird in USA erwogen. Japan gewillt, Amerika gegenüber in China nicht nachzugeben. Ein offener Bruch ist jedoch auch bei weiterer Verschlechterung der Beziehungen vorerst nicht zu erwarten.

= = = =

Besondere Feindnachrichten 26.11.:
================

Atlantik:

England:

Streitkräfteverteilung: Mit der Rückkehr des Linien - schiffes "Warspite" in den Heimatbereich ist in den nächsten Tagen zu rechnen. "Ark Royal", der bis zum 10.11. in Freetown stand, wird im Heimatbereich vermutet. -.- | |

Datum Uhrzeit	Angabe des Ortes, Wind, Wetter, Seegang, Beleuchtung, Sichtigkeit der Luft, Mondschein usw.	Vorkommnisse
26.11.		

Geleitzugverkehr: Der Halifax-Geleitzug, der heute in Halifax zusammentreten soll, soll vorwiegend Bomber, Jäger, eine grössere Zahl leichtgepanzerter Lastwagen, allgemeines Kriegsmaterial, Treibstoff, Baumwolle, Weizen und Mais transportieren.

Frankreich:

Funkbeobachtung stellt für 1400 Uhr den Standort eines von Süden kommenden grösseren Verbandes mit Kurs 65°, Fahrt 20 sm 200 sm nordwestlich Kap Finistere fest. Wahrscheinlich steht bei diesem Verband das Schlachtschiff "Strassbourg", das zuletzt vor Oran beobachtet worden war. Mit diesem Verband haben sich vermutlich die bereits vorher in der südlichen Biscaya fesgestellten Fl.Führer vereinigt. Einer dieser Fl.Führer hat am 25. abends westlich Kap Finisterre ein Uboot anggriffen ("U 43" ?).

Die Verlegung der Schlachtschiffgruppe "Strassburg" aus dem Gibraltarbereich nach N in das Seegebiet von Brest kann als eine unmittelbare strategische Auswirkung des Auftretens deutscher Schlachtschiffe im Gebiet Island - Faroer beurteilt werden. Die weiteren Absichten der französischen Admiralität sind noch nicht zu erkennen. Die gestern beobachtete beschleunigte Brennstoffergänzung der "Dunkerque" lässt auch ein sofortiges Auslaufen dieses Schlachtschifes nach Brennstoffübernahme schliessen, sodass vermutet werden kann, dass der Gegner zur Zeit noch in dem Glauben lebt, die deutschen Schlachtschiffe, die er nach Ansicht der Skl. mit ziemlicher Sicherheit einwandfrei als "Gneisenau" und "Scharnhorst" festgestellt haben muss, seien in den Atlantik ausgebrochen.

-.-

Datum Uhrzeit	Angabe des Ortes, Wind, Wetter, Seegang, Beleuchtung, Sichtigkeit der Luft, Mondschein usw.	Vorkommnisse

26.11.

N o r d s e e :

Über die Lage beim Gegner gehen keine neuen Meldungen ein. Bei der herrschenden, sehr schlechten Wetterlage (Südsturm) muss die eigene und wahrscheinlich auch gegnerische Luftaufklärung ausfallen. Möglicherweise zieht der Gegner seine leichten Streitkräfte aus dem Gebiet Shetland - Norwegen zurück.

Die britische Admiralität meldete die Versenkung des als Hilfskreuzer umgebauten 16 700 t grossen P.O.Schiffes "Rawalpindi". Ausser 17 Überlebenden sei niemand gerettet.

Damit wird die bisherige Vermutung bestätigt, dass der Operation der Schlachtschiffe südlich Island ein feindlicher Hilfskreuzer zum Opfer gefallen ist. Das bisherige Funkbild lässt weitere Verluste in der Enge Island-Faeroer beim Gegner nicht erwarten.

Englische Küstenfunkstellen geben die Auslegung zweier Feuerschiffe im Seegebiet von Folkestone bekannt, womit offenbar der dort geschaffene neue Warteplatz für die neutrale Handelsschiffahrt bezeichnet worden ist. Die Admiralität hat auf Grund der Minenereignisse in den Downs den Kontrollplatz für die Schiffahrt nach Folkestone verlegt,

Eine Küstenfunkstelle gab bekannt, dass südöstlich der Shetlands ein unbekanntes Schiff als Schiffahrtshindernis treibe.

Ferner wird die Torpedierung und Versenkung des früher polnischen, nunmehr unter britischer Flagge fahrenden Schiffes "Pilsudski" von 14 300 t an der Nordwestküste Englands gemeldet. Ein besonders erfreulicher Versenkungserfolg !

2 weitere Dampfer von 1500 bezw. 2500 t werden durch Minentreffer versenkt.

- - -

-.-

Datum Uhrzeit	Angabe des Ortes, Wind, Wetter, Seegang, Beleuchtung, Sichtigkeit der Luft, Mondschein usw.	Vorkommnisse
26.11.		**Eigene Lage 26.11.:**

Nordsee:

Von den Schlachtschiffen liegt <u>keine</u> Nachricht vor. Die besonders ungünstige Wetterlage macht den Ausfall der Luftaufklärung erforderlich und lässt ein Zurückhalten der zur Aufnahme bereitgestellten BdA-Streitkräfte ratsam erscheinen.

Die Überlegungen und weiteren Absichten des Seebefehlshabers West sind <u>unbekannt</u>. Nach der Berechnung der Skl. müssten die Schlachtschiffe bei störungsfreiem Ablauf des Rückmarsches am 26.11. mittags südlich 58 Grad Nord stehen. Verzögerung durch Wetterlage ist möglich. Die Aufforderung der Gruppe West an den Seebefehlshaber, durch kurzes mit Sicherheit nicht peilbares Funksignal seinen Standort nördlich oder südlich 58 Grad Nord zu bezeichnen, blieb unbeantwortet. Eine zweite Aufforderung wurde schliesslich um 1710 Uhr beantwortet, wonach der 58. Breitengrad nach Süden passiert wurde.

Um 2000 Uhr stehen die Schlachtschiffe 140 sm westlich Hanstholm und laufen über Weg Blau in die innere Deutsche Bucht ein.

- - -

Ostsee:

Der BSO meldet, dass in Grossen Belt zahlreiche, anscheinend dänische Minen treiben, deren Abschiessen im Seegang sehr schwer sei. Es besteht Verdacht, dass diese Minen noch scharf sind und dass der Verlust des Vorpostenbootes 301 auch auf eine derartige Mine zurückzuführen ist. Die Lotsenstationen der BSO-Streitkräfte im Norden und im Süden des dänischen Sperrgebietes und die Bewachung nördlich der eigenen Beltsperre mussten wegen der Gefährdung durch diese treibenden Minen zurückgezogen werden. Die Schiffahrt wird bereits bei Kjels Nor vor der Minengefährdung gewarnt werden.

-.-

Datum Uhrzeit	Angabe des Ortes, Wind, Wetter, Seegang, Beleuchtung, Sichtigkeit der Luft, Mondschein usw.	Vorkommnisse	114
26.11.			

Die Skl. ist noch nicht davon überzeugt, dass es sich um dänische Minen handelt, sondern hält auf Grund der stark stürmischen Wetterlage eigene Minenvertreibungen für wahrscheinlich. Es besteht zunächst jedenfalls kein Grund, in die Wirksamkeit der dänischen Minensperren Zweifel zu setzen. Marineattaché Kopenhagen wird trotzdem auf Befürchtungen hinsichtlich dänischer Treibminen hingewiesen und veranlasst, die Vornahme eingehender Nachprüfungen und Kontrollen von dänischen Minen zu erbitten.

Schwedische Marineleitung gibt Erweiterung der deutschen Minensperre bei Falsterbo bekannt. Dadurch sei Passieren für Schiffe von 8 m Tiefgang nicht mehr möglich. Deutsche Minen lägen damit innerhalb der 4 sm-Grenze, die nach schwedischer Ansicht die schwedische Hoheitsgrenze darstellten. Schwedische Regierung würde gegen die deutschen Massnahmen protestieren.
Dänische Pressemeldung besagt:
"Die schwedische Regierung hat das Lotsenwesen beauftragt, zu untersuchen, ob eine neue Fahrrinne um Falsterbo herum innerhalb der 3 sm-Grenze geschaffen werden kann. Veranlassung ist die von deutscher Seite geplante Erweiterung der Minensperre über die 4 sm-Grenze hinaus. Die neue Fahrrinne würde g.F. über Falsterbo Rev führen, was bedeutende Sprengungen und Ausbaggerung erfordern würde. Das könnte aber wahrscheinlich in verhältnismässig kurzer Zeit durchgeführt werden."

U b o o t s l a g e   26.11.:
= = = = = = = = = = = = = = =
A t l a n t i k :

Keine Veränderungen. Auf dem Rückmarsch "U 26", "U 41", "U 49", "U 53".

-.-

Datum Uhrzeit	Angabe des Ortes, Wind, Wetter, Seegang, Beleuchtung, Sichtigkeit der Luft, Mondschein usw.	Vorkommnisse
26.11. (77)		**Nordsee:** B.d.U. verteilt die bei den Orkneys stehenden Uboote("U 47", "U 35", "U 31", "U 48") auf das Seegebiet östlich der Inselgruppen mit der Weisung, auf Lee suchende Schiffe zu operieren. "U 33" (Kapitänleutnant v.Dresky) läuft von Fernunternehmung im Atlantik kommend in Wilhelmshaven ein. Boot war nach Minenunternehmung Bristol-Kanal im Operationsgebiet vor Nord-Kanal und hat dort <u>keinen</u> Verkehr angetroffen. Vor Abmarsch 5 Fischdampfer versenkt. (Kurzbericht "U 33" siehe Kriegstagebuch Teil B, Heft V, Blatt 57. --- Uboots-und Minenerfolge: Nach amtlicher Londoner Mitteilung wurden während des Wochenendes 25./26.11. 17 Schiffe versenkt, davon 11 englische Schiffe mit 25 787 t, 2 französische Schiffe mit über 3000 t und 4 neutrale Schiffe mit 23 950 t. Holländischer Dampfer "Spaarndam" (8857 t) in der Themsemündung auf Mine gelaufen. - - - - Handelsschiffahrt 26.11. ================================ Eigene Schiffahrt: Daventry-Radio meldet am 26.11. 0800 Uhr, dass 3 weitere deutsche Dampfer von englischen Seestreitkräften an der südamerikanischen Küste aufgebracht worden seien. Im genannten Seegebiet haben nach unseren Unterlagen in den letzten Tagen D. "Windhuk", M. "Dresden" und D."Sao Paulo" gestanden. -.-

Datum Uhrzeit	Angabe des Ortes, Wind, Wetter, Seegang, Beleuchtung, Sichtigkeit der Luft, Mondschein usw.	Vorkommnisse
6.11.		Fremde Schiffahrts-und Handelsnachrichten:

Eine Hamburger Firma soll aus Stockholm erfahren haben, dass die Norweger 85 Tankschiffe an die Engländer "weggegeben" hätten.

Die Nachricht, die der Nachprüfung bedarf, würde besagen, dass Norwegen ein Drittel seines gesamten Tankerbestandes an die Engländer verkauft oder verchartert hätte. Sie erscheint zunächst unglaubwürdig, da Englands eigene Tankertonnage zur Beförderung von etwa 24 Mill. Tonnen Öl ausreicht, während der Kriegsbedarf auf etwa 16 Mill. Tonnen zu schätzen ist. (Letzter Friedensbedarf 12 Mill. t).

Konsul Narvik berichtet von Verschiffung finnischer Transitcellulose mit norwegischen und griechischen Schiffen nach England. Die Verfrachtung selbst nasser Cellulose deutet auf Englands dringenden Bedarf hin. Dieser Transit-Verkehr finnischer Cellulose für England scheint sehr lebhaft zu sein, da der Konsul am 24.11. ausser gelagerten Mengen 80 beladene Eisenbahnwaggons zählte.

= = = = =

C/Skl.

1.Skl.

Ast 2

222

Datum Uhrzeit	Angabe des Ortes, Wind, Wetter, Seegang, Beleuchtung, Sichtigkeit der Luft, Mondschein usw.	Vorkommnisse

Datum und Uhrzeit	Angabe des Ortes, Wind, Wetter, Seegang, Beleuchtung, Sichtigkeit der Luft, Mondschein usw.	Vorkommnisse

27.11.   Lagebesprechung beim Chef der Seekriegsleitung.

Besonderes:

1.) Nachrichten des Marineattachés Moskau und anderer Quellen bestätigen die Vermutung, daß Schlag gegen Holzlieferungen aus <u>nordrussischen</u> Häfen jetzt bereits zu spät. Holz aus Rußland ist abgefahren. Größere Aufstapelungen dagegen in norwegischen Häfen beobachtet.
Umso notwendiger erscheint Angriff gegen Seeverbindung <u>Norwegen</u> - England. Das vor Kola-Bucht operierende "U 38" ist daher umzusteuern (siehe unter Handelskrieg). Schwierigkeiten der Erfassung des Handelsverkehrs aus Norwegen erwachsen aus der Möglichkeit für die Handelsschiffahrt, weitgehend die norwegischen Hoheitsgewässer auszunutzen und an irgendeiner unbeobachteten Stelle die Hoheitsgrenze zur Fahrt nach England zu verlassen.

2.) Chef Skl. ordnet schärfste Handelskriegführung in der Ostsee (Kattegat, Sund usw.) an. <u>Kein</u> Nachgeben gegenüber Schweden.

3.) Chef Skl.befiehlt, daß mit allen Mitteln die volle Kriegsbereitschaft der schweren Kreuzer "Hipper" und "Blücher" bis zum 1.4.40 hergestellt wird. Kreuzer müssen vor allem voll einsatzbereit sein, wenn Schlachtschiffe ihre größere Werftüberholung vornehmen.

Datum und Uhrzeit	Angabe des Ortes, Wind, Wetter, Seegang, Beleuchtung, Sichtigkeit der Luft, Mondschein usw.	Vorkommnisse
27.11.		Vortrag von A beim Chef Skl. über Erfahrungen <u>bei der Mob.-Aufstellung von Hilfsverbänden.</u>

1.) Allgemeine Feststellung: Erhebliche Versager sowie Unzulänglichkeiten in Bereitstellung und Bewaffnung haben sich sehr nachteilig auf die Aufstellung der Hilfsverbände ausgewirkt. Es ist jedoch zu bedenken, daß im Laufe von rund 2 - 3 Monaten rund 1000 Hilfsschiffe bereit- und in Dienst gestellt wurden, eine Zahl, die während des ganzen Weltkrieges in sorgsamer organisatorischer Vorarbeit vielleicht gerade erreicht worden ist. Für diesen unvorhergesehenen früh ausgebrochenen Krieg waren die Mob.-Vorarbeiten noch nicht annähernd abgeschlossen. Es ist zweifellos - und dies wird vom Ob.d.M. auch durchaus anerkannt - das Möglichste geschehen, um den gestellten Anforderungen gerecht zu werden. Die Organisation erscheint jedoch verbesserungsbedürftig, und ist eingehend zu überprüfen!

2.) Ob.d.M. entscheidet auf Grund ernster Darlegungen von K über Baumöglichkeiten in Zusammenhang mit U-Bootsbauprogramm:

a) Von den Transportschiffen K sollen nur die beiden ersten, bereits halb fertigen Schiffe zu Ende geführt werden. <u>Verzicht</u> auf die geplanten weiteren 4 zu Gunsten dringlicher Bau- und Personalforderungen.

b) 1.Welle HSK ist so zu fördern, daß Einsatz noch in diesem Winter erfolgen kann. Entscheidung über Einsatz trifft Ob.d.M. nach Indienststellung und ersten Probefahrten.

c) 2.Welle HSK ist planmäßig im Laufe des Sommers 1940 materiell bereitzustellen. Keine Kollisionen mit anderen dringlichen Bauvorhaben. Indienststellungen und Einsatz ist abhängig von Möglichkeit Bereitstellung Besatzungen, hinsichtlich derer von MPA und M Wehr z.Zt. noch große Schwierigkeiten gesehen werden.

Datum und Uhrzeit	Angabe des Ortes, Wind, Wetter, Seegang, Beleuchtung, Sichtigkeit der Luft, Mondschein usw.	Vorkommnisse
27.11.		Besondere Feindnachrichten 27.11.

A t l a n t i k :

England:

Über die Streitkräfteverteilung der letzten Tage geht folgende Unterrichtung an Panzerschiff "Graf Spee":

18.11. 3 U-Boote Mombassa.
20.11. Gebiet Dakar: Provence, Bretagne, Dupleix, Primauguet, D.Trouin, 4 Torpedokreuzer, 3 Zerstörer, 5 U-Boote.

Gebiet Casablanca: Lorraine, Marseillaise, Galissonière, Montcalm, 6 Zerstörer, 8 U-Boote-

Gebiet Gibraltar-Oran: Paris, 6 Zerstörer, 6 U-Boote.

22.11. "Perth" von Colon nach Balboa.
"Hobart" Bombay ein.

25.11. "Manchester" Werft Portsmouth.
"Norfolk", "Suffolk" in Verbindung mit Home fleet.
"Ark Royal" im Heimatbereich vermutet.
Anzunehmen: "Kent" Ostindienbereich!
Ostasien nur "Birmingham", ältere Zerstörer und U-Boote.

26.11. "Algérie" in Toulon.
"Strassbourg", "Dunkerque" mit 3 leichten Kreuzern und 6 Torpedokreuzern vermutlich im Brestbereich.

Frankreich:

Außer Meldungen über Geleitzugbewegungen liegen keine besonderen Feindnachrichten vor.

Datum und Uhrzeit	Angabe des Ortes, Wind, Wetter, Seegang, Beleuchtung, Sichtigkeit der Luft, Mondschein usw.	Vorkommnisse
27.11.		**N o r d s e e:** Eine Reihe von Meldungen weist erneut auf den regen Dampferverkehr (Sammelfahrt oder Geleit) von Bergen nach Westen hin. Der Chef der Heimatflotte scheint sich vom 27. zum 28.11. aus den nordschottischen Gewässern durch die Irische See nach Süden zu begeben.(?) Nach einer Meldung aus Kopenhagen (auf Grund der Untersuchung des Untergangs der "Kanada") wird bekannt, daß vor dem Humber bereits z.Zt. des Untergangs, also am 3.11., nicht weniger als 26 Minenwracks gelegen haben. Neue englische Meldungen geben die Versenkung des britischen 10 500 t Tankers "James Maguira" und zweier weiterer Engländer an der Ostküste Englands durch Minentreffer bekannt. Die Meldung von der Schließung des Hafens von London wird von Daventry dementiert. Auch wenn der Hafen nicht offiziell geschlossen worden ist, so ist er praktisch doch nur mit allergrößtem Risiko zugänglich, da außer den Minen noch die zahlreichen vorhandenen Wracks die Einsteuerung erschweren. **E i g e n e L a g e 27.11.** **A t l a n t i k:** Keine besonderen Ereignisse. **N o r d s e e:** Seebefehlshaber West läuft gegen Mittag mit "Scharnhorst" und "Gneisenau" in voller Fahrbereitschaft planmäßig in Wilhelmshaven ein mit nur unwesentlichen Seeschäden. Nach Kurzbericht des Seebefehlshabers wurde

Datum und Uhrzeit	Angabe des Ortes, Wind, Wetter, Seegang, Beleuchtung, Sichtigkeit der Luft, Mondschein usw.	Vorkommnisse
27.11. (78)		in der Enge Faroer - Island am 23.11. der Hilfskreuzer "Rawalpindi" nach kurzem Feuergefecht versenkt und 1 Offizier und 25 Mann gefangen genommen. Der Seebefehlshaber hat dann in nordöstl. Seeraum außerhalb feindl. Luftaufklärung die Entwicklung der Lage in der Shetland-Enge abgewartet und ist am 26.11. trotz schwersten Wetters mit hoher Fahrt in die Nordsee zurückgekehrt. Die Schlachtschiffe haben sich schiffbaulich und maschinell sehr gut bewährt. Ergebnis Vernehmung der eingebrachten Kriegsgefangenen und Bericht der britischen Admiralität über die Versenkung des Hilfskreuzers "Rawalpindi" siehe Kriegstagebuch Teil B, Heft V, Blatt 58 und 59.

Die erste größere Unternehmung der Schlachtschiffe ist damit abgeschlossen. Sie war ein voller Erfolg und hat die von ihr erwarteten strategischen Auswirkungen weitgehend erzielt. Diese erstrecken sich im Wesentlichen auf folgende Punkte:

1.) Das Auftreten der Schlachtschiffe im Gebiet Faroer - Island hat dem Gegner bewiesen, wie wenig er trotz seiner ungeheuren Überlegenheit in der Lage ist, die Seeherrschaft in den heimatnahen Gewässern auszuüben. Die Wirkung auf die Neutralen kann hoch eingeschätzt werden. Ein Prestigeverlust Englands ist im gegenwärtigen Zeitpunkt besonders in Verbindung mit den starken Verlusten infolge der Minenverseuchungen an der Ostküste unvermeidbar.

2.) In der Erkenntnis einer unmittelbar drohenden Gefährdung des Nordatlantikweges erfolgt eine starke Konzentrierung schwerer Streitkräfte im Nordatlantikraum mit dem Ziel,

Datum und Uhrzeit	Angabe des Ortes, Wind, Wetter, Seegang, Beleuchtung, Sichtigkeit der Luft, Mondschein usw.	Vorkommnisse
27.11.		einen Vorstoß deutscher Streitkräfte in den Atlantik zu verhindern, bzw. den Gegner so bald wie möglich mit überlegenen Kräften zu stellen. Die strategische Diversionswirkung ist erreicht und wird sich voraussichtlich noch längere Zeit erhalten. Der Schwerpunkt der Abwehrstellung des Gegners hat sich eindeutig in den Nordatlantik verschoben. Es erfolgt ein Abzug schwerer Streitkräfte aus anderen wichtigen Schutzgebieten (Kanada - Nordatlantikweg - Mittelatlantik). Eine nach Rückkehr der "Deutschland" zu erwartende Kräftekonzentrierung im Südatlantik ist z.Zt. vermieden, eine Entlastung des Panzerschiffs "Graf Spee" damit erreicht. Die strategische Auswirkung zeigt sich im einzelnen in folgenden Maßnahmen: Umdirigieren des auf dem Marsch von Kanada nach England befindlichen Linienschiffs "Warspite" nach Norden in das gefährdete Seegebiet, damit Schwächung des Nordatlantik-Geleitzugweges. Ansatz des zur Ausreise nach dem Südatlantik bereits entlassenen Schlachtkreuzers "Hood" zur Aufklärung im Nordatlantik gegen gemeldete deutsche Streitkräfte, damit Verzögerung der Südatlantik-Ablösung. Heranziehung von "Repulse" und "Furious" aus dem Kanada-Gebiet nach Osten, damit entscheidende Schwächung der Kanada- und Westatlantik-Position. Entsendung Schlachtschiff "Dunkerque" mit einer Flottillenführerdivision in das Seegebiet südöstl. Island und Heranholung des Schlachtschiffs "Strassbourg" aus dem Gibraltarbereich in das Seegebiet von Brest, damit Schwächung der Mittelatlantik-Sicherung und der allgemeinen Geleitsicherung.

Datum und Uhrzeit	Angabe des Ortes, Wind, Wetter, Seegang, Beleuchtung, Sichtigkeit der Luft, Mondschein usw.	Vorkommnisse

27.11.

Weitere erhebliche Auswirkungen müssen im vorübergehenden Abstoppen des Geleitzugverkehrs, Eintreten von Unruhe und Unsicherheit, erhöhte Luftüberwachungstätigkeit, Beanspruchung von Personal und Material und im Umwerfen von Dislokationsplänen und Absichten erblickt werden.

/ Die operativ-taktischen Maßnahmen des Gegners bestanden in einem sofortigen Ansatz leichter Streitkräfte in mehreren Gruppen in der Enge Shetlands - Norwegen, im Heranholen von schweren Kreuzern ("Norfolk" und "Suffolk") aus dem Kanalgebiet nach Norden und in der Aufstellung der beiden Linienschiffe "Rodney" und "Nelson" bei den Shetlands in einer für einen Einsatz nach allen Richtungen hin günstig scheinenden Position.(

Bei der Bewertung der Gegenmaßnahmen des Gegners muß von der Wahrscheinlichkeit ausgegangen werden, daß die britische Admiralität sich in Unkenntnis über die tatsächliche Lage zunächst von der Überlegung leiten ließ, das im Nordatlantik stehende Panzerschiff "Deutschland" würde in die Heimat durchbrechen, während gleichzeitig die zu seiner Aufnahme operierenden Schlachtschiffe zu einer zeitlich begrenzten Unternehmung in den Nordatlantik vorstoßen würden.

/Die Maßnahmen des Gegners wurden stark beeinträchtigt durch das Fehlen jeglicher Luftaufklärung infolge sehr schlechter Wetterlage und die durch Seegang eingeschränkte Verwendung der leichten Streitkräfte. Besonders erschwerend wirkte sich für ihn der z.Zt. bestehende beträchtliche Mangel an schnellen, schweren Streitkräften aus. Das Fehlen von Flugzeugträgern mußte nachteilig in Erscheinung treten.

Die strategisch-operativen Maßnahmen des Gegners zum Ansatz schwerer Streitkräfte zwecks Stellung und Vernichtung eines Gegners im Nordatlantik unter eigener starker Kräftekonzentrierung entsprachen angesichts der derzeitigen Kräfteverteilung den gegebenen Möglichkeiten. Sie führten zu einer für den Gegner erwünschten Zusammenarbeit zwischen französischen und englischen Streitkräften.

Datum und Uhrzeit	Angabe des Ortes, Wind, Wetter, Seegang, Beleuchtung, Sichtigkeit der Luft, Mondschein usw.	Vorkommnisse
27.11.		Die takt**isch**-operativen Maßnahmen des Gegners zum Abfangen eines in die Nordsee durchbrechenden Panzerschiffs waren jedoch ohne ausgesprochenen Kampfwillen, zögernd, unsicher und zur Erzielung eines Erfolges nicht ausreichend. Bei völliger Ungewißheit über die deutsche Kampfstärke und die deutschen Absichten bestand im Gegenteil für die in der Nordsee eingesetzten leichten Streitkräfte die schwere Gefahr des Zusammentreffens mit überlegenen deutschen Kampfkräften, eine Bedrohung, die sich nur durch Zufall infolge des operativen Verhaltens der deutschen Streitkräfte nicht ausgewirkt hat. Es ist anzunehmen, daß der Gegner auf Grund der gemachten Erfahrungen eine Änderung seiner Streitkräfte-Dislokation vornimmt und bis zur Fertigstellung seiner schweren schnellen Schlachtschiffe und weiterer Flugzeugträger sein Heimatgebiet nicht von allen Schlachtkreuzern, schweren Kreuzern und Trägern entblößt. Die schwere Bedrohung seiner lebenswichtigen Erz- und Holztransporte von Norwegen wird ihm dabei deutlich vor Augen treten und ihn möglicherweise bestimmen, die Sicherung der laufenden Geleitzüge nicht nur Zerstörern oder leichten Kreuzern zu überlassen. Es ist ferner nicht ausgeschlossen, daß eine erhöhte Aktivität leichter Aufklärungsstreitkräfte in der nördlichen Nordsee verbunden mit laufender umfassenderer Luftaufklärung die Folge der gewonnenen Erkenntnisse sein wird. Schließlich muß mit der Möglichkeit gerechnet werden, daß der Gegner, sobald er materiell dazu in der Lage ist, den Überlegungen einer Northern-Barrage in der Enge Shetlands - Norwegen wieder näher tritt und ihr Auslegen mit Beginn einer Besserung der Wetterverhältnisse im Frühjahr 1940 ins Auge faßt. - . -

Datum und Uhrzeit	Angabe des Ortes, Wind, Wetter, Seegang, Beleuchtung, Sichtigkeit der Luft, Mondschein usw.	Vorkommnisse

27.11.

Die Auswirkungen der ersten Schlachtschiff-Operation für uns selbst sind besonders hoch zu bewerten. Der trotz schlechtester Wetterlage im Großen planmäßige Verlauf der Unternehmung wurde durch die schiffbauliche und materielle Bewährung der Schlachtschiffe erreicht. Die Schiffe haben sich in vollem Umfange für weiterreichende offensive Unternehmungen geeignet erwiesen. Vielfältige Verwendungsmöglichkeiten zeichnen sich ab, die im einzelnen auf Grund der gewonnenen Erkenntnisse der Überprüfung bedürfen. Das Vertrauen in die militärischen Eigenschaften der Schlachtschiffe wurde durch diese erste Unternehmung bei Führung und Besatzungen erheblich gesteigert, die Furcht vor einem "tatenlos auf Reede liegen" beseitigt.

Für die Überlegungen über weitere Operationsmöglichkeiten der Schlachtschiffe werden die Auswertung der eigenen Erfahrungen und das zukünftige Verhalten des Gegners abzuwarten sein. Im Zusammenhang mit diesen Überlegungen bedarf die Frage einer vorbeugenden offensiven Minenverwendung in der Flanke des Gegners im Seegebiet Orkney - Shetlands - Norwegen einer eingehenden Überprüfung zwecks rechtzeitiger Abwehr bzw. Erschwerung gegnerischer Absichten zur Abriegelung des nördlichen Ausgangs aus der Nordsee.

O s t s e e:

Um 0850 Uhr läuft in der Höhe von Kjels Nor der deutsche Fischdampfer "Island" im deutschen Warngebiet auf eine Mine und sinkt. Von der 17 Mann starken Besatzung wurden nur 3 gerettet. Zur Hilfeleistung war das dänische Torpedoboot "Laxen" und 1 deutsches Vorpostenboot zur Stelle.

Datum und Uhrzeit	Angabe des Ortes, Wind, Wetter, Seegang, Beleuchtung, Sichtigkeit der Luft, Mondschein usw.	Vorkommnisse
27.11.		Zur Klärung der Minenlage am Gr.Belt wird die Sperrbewachung und das Minenräumschiff 11 eingesetzt.

In der Danziger Bucht Fortsetzung der Räumarbeiten.

U-Bootslage 27.11.

A t l a n t i k:

Keine besonderen Ereignisse.
Im Operationsgebiet Atlantik befinden sich noch: U 28, 29, 43.
Vor der Kola-Bucht: U 38
Auf dem Rückmarsch: U 26, 49, 53, 41.

N o r d s e e:

Die noch im Shetlands-Orkney-Bereich stehenden Atlantik-Uboote U 35, U 47, U 48 erhalten vom B.d.U. den Befehl, im Aufklärungsstreifen zwischen den Shetlands und Norwegen aufzuklären und Angriffsaussichten auszunutzen.

U 56 und U 21 laufen ins Op.Gebiet Nordsee aus. Aufgabe: Torpedoangriffe im Gebiet Kinnaird Head bis Firth of Forth (U 21 nördl.Teil, U 56 südl.Teil).

Handelskrieg der U-Boote:
An B.d.U. ergeht hinsichtlich des Ansatzes von U-Booten gegen die Holz-und Erzverbindungen Englands nach Murmansk und Narvik folgende Weisung: |

Datum und Uhrzeit	Angabe des Ortes, Wind, Wetter, Seegang, Beleuchtung, Sichtigkeit der Luft, Mondschein usw.	Vorkommnisse
27.11.		

1.) Attaché Moskau meldet: Ab 18.11. keine einzige positive Auslaufmeldung mehr von Holzdampfern aus Murmansk. Dagegen 13 Meldungen des Einlaufens von Holzdampfern und Ausladens des Holzes. B-Dienst meldet: Seit 8.11. kein Auslaufen von Holzdampfern aus Murmansk mehr erfaßt, bis dahin noch laufender Verkehr festgestellt.

2.) Auf Grund dieser neuen, wahrscheinlich jahreszeitlich bedingten Lage Ansatz "U 38", "U 36" im Gebiet Narvik gegen dort gemeldete starke englische Erzausfuhr.

3.) Versorgung von "U 36" zur Erprobung Basis Nord und Verlängerung Operationszeit weiter vorsehen.

Britische Admiralität gibt bekannt:

Der durch brit.Kriegsschiff aufgebrachte Dampfer "Borkum", der in einen Hafen gebracht werden sollte, wurde durch ein U-Boot angegriffen und in Brand geschossen. Er wurde dann verlassen und trieb auf Grund. Das Prisenkommando hatte keine Verluste, 4 Deutsche wurden getötet.

(Siehe Meldung U 33 vom 26.11.)

Handelsschiffahrt 27.11.

Verluste: D.Tenerife (5000 BRT) selbst versenkt, vermutlich nordöstl. Island.
D.Eilbeck (2185 BRT) aufgebracht, vermutlich Gewässer um Island.
D.Konsul Hdr.Fisser (4458 BRT) aufgebracht, vermutlich nordwestl. Island.
2 Frachtdampfer an Chile abgetreten.

Datum und Uhrzeit	Angabe des Ortes, Wind, Wetter, Seegang, Beleuchtung, Sichtigkeit der Luft, Mondschein usw.	Vorkommnisse
27.11.		Nach einem Telegramm aus Washington ist der dortige Versuch, deutsche Dampfer an amerikanische oder sonstige neutrale Parteien zu verkaufen, wegen Versteifung der Haltung britisch-französischer Regierung gegenüber Verkauf deutscher Handelsschiffe an Neutrale und wegen ihrer Weigerung, Flaggenwechsel und Eigentumsübergang anzuerkennen, gescheitert.

    Die Frage der in neutralen Häfen aufliegenden deutschen Handelsschiffstonnage gewinnt im Hinblick auf die sehr hohen Unkosten und Devisenausgaben immer größere Bedeutung. Es handelt sich z.Zt. um etwa 150 deutsche Schiffe, die keine Möglichkeit haben, die Rückkehr in die Heimat zu versuchen. Der teilweise noch mögliche <u>Verkauf</u> der Schiffe an Neutrale bringt den Nachteil mit sich, daß das verkaufte Schiff dem prisenrechtlichen Zugriff des Feindes weiterhin unterliegt. Aus diesem Grunde sucht der neutrale Käufer in jedem Falle eine Anerkennung des Flaggenwechsels durch den Engländer zu erreichen, die ihm gewährt wird unter der Bedingung, daß die britische Regierung jederzeit berechtigt ist, das Schiff gegen Erstattung des gleichen Kaufpreises für ihre Zwecke zu übernehmen. Damit dient jedes deutsche Schiff, das in Übersee verkauft wird, der Stärkung des feindl. Schiffsraums.

    Als wirtschaftliche Kampfmaßnahme erscheint es daher notwendig, diejenigen deutschen Handelsschiffe, die nicht in der Lage sind, die Rückkehr in die Heimat zu versuchen und deren Inbesitzhalten aus Devisengründen nicht möglich ist, durch Zerstörung, d.h. Versenken außerhalb der Häfen auf tiefem Wasser, rechtzeitig dem feindlichen Zugriff zu entziehen.

    Der Sonderstab für Handelskrieg und wirtschaftliche Kampfmaßnahmen ist gebeten, die Frage mit den beteiligten Reichsministerien zu prüfen.

Datum und Uhrzeit	Angabe des Ortes, Wind, Wetter, Seegang, Beleuchtung, Sichtigkeit der Luft, Mondschein usw.	Vorkommnisse

27.11.

Wirtschaftskriegsmaßnahmen:

1200 Uhr Sitzung beim Sonderstab HWK im OKW. über die deutschen Maßnahmen zur Abwehr der von England geplanten Exportblockade.

Ergebnis:
Beim Führer ist Entscheidung über die deutschen Gegenmaßnahmen herbeizuführen auf Grund folgender zu erwägender Möglichkeiten:

1.) Abwarten der Auswirkung der bereits erfolgten Protestschritte der Neutralen. Steigerung der gegen England gerichteten Stimmung der Neutralen, Versuch zur Verschärfung der neutralen Protestnote. Einsetzen energischer Propaganda. Nochmalige Warnung der Neutralen vor Anlaufen der feindl. Häfen (Kriegsgebiet) unter Hinweis auf USA-Maßnahmen (Sperrzone). Erklärung, daß Deutschland sich alle Schritte vorbehalte.

Sind die neutralen Proteste, wie zu erwarten, erfolglos, dann Möglichkeiten zu weiterer Verschärfung des Wirtschaftskrieges evtl. unter Einsatz der Luftwaffe ausnutzen. Entscheidende Wirkung von Verschärfung Seekrieg z.Zt. noch nicht zu erwarten. Erkenntnis notwendig, daß deutsche Maßnahmen in erster Linie die Neutralen trifft.

2.) Deutschland antwortet sofort durch weitere Verschärfung des Handelskrieges unter Ausdehnung des Zugriffs auf engl.Export. Wenn möglich auch sofortiger Einsatz der Luftwaffe unter Freigabe der Häfen für Angriffe.
Diese Maßnahme kommt möglicherweise auch in Frage in der Zeit zwischen Erlaß "Order in council" und Landoffensive, wenn diese noch nicht in absehbarer Zeit anläuft.

3.) Unbeschränkter See - und Luftkrieg in Zusammenhang mit Landoffensive (ausgelöst durch "Order in council") gegebenenfalls Proklamation des Führers.

Datum und Uhrzeit	Angabe des Ortes, Wind, Wetter, Seegang, Beleuchtung, Sichtigkeit der Luft, Mondschein usw.	Vorkommnisse
27.11. (79)		Skl. glaubt, daß die britische Maßnahme grundsätzlich eine Beantwortung erfordert, da Zeitpunkt für Gegenschlag günstig. Die Antwort auf die "Order in council" braucht nach Auffassung der Skl. keineswegs in einer <u>gleichen</u> Maßnahme bestehen, sondern kann durch militärische Angriffe der Luftwaffe oder auch durch <u>wirtschaftliche</u> Kampfmaßnahmen erfolgen. Seekrieg hat bereits einen Verschärfungsgrad erreicht, der <u>weitere</u> Steigerung als Antwort auf die "Order in council" nicht ratsam und nicht notwendig erscheinen läßt. Nach Auffassung der <u>Skl.</u> ist es zweckmäßig, Wirkung der tatsächlichen Durchführung der "Order in council" und Ergebnis der Propagandaoffensive erst abzuwarten. Mit Gegenmaßnahmen Anschluß an "Order in council" behalten. Antwort im Zeitraum von etwa 10 - 14 Tagen notwendig. Änderung der Prisenordnung durch Erklärung feindl. Ausfuhr als Banngut oder Erlaß Sondergesetz in gleicher Richtung ist zu erwägen, falls allgemeine Offensive und dadurch mögliche Verschärfung des Handelskrieges sich weiter verzögert. Da Luftwaffe Art des Luftwaffeneinsatzes weitgehend von weiteren Absichten der <u>Marine</u> abhängig macht, erfolgt heute Mittag durch Skl. Ia Unterrichtung Generalstab der Lw. über Absichten und Auffassung der Kriegsmarine. --- Am Nachmittag unterzeichnet der engl. König die "Order in council" zur Verschärfung des englischen Blockadekrieges unter Abdrosselung des deutschen Exports. Nach Reutermeldung soll das Inkrafttreten um einige Tage hinausgeschoben werden, um Reibungspunkte mit den Neutralen vorher zu klären. Die Vertretungen der neutralen Regierungen in London erhalten von britischer Regierung in einer Begleit-

Datum und Uhrzeit	Angabe des Ortes, Wind, Wetter, Seegang, Beleuchtung, Sichtigkeit der Luft, Mondschein usw.	Vorkommnisse
27.11.		note eine ausführliche Darlegung der Kabinettsorder, die die Haltung der Neutralen in für England günstigem Sinne beeinflussen soll. Gleichzeitig ergeht eine Antwort auf die verschiedenen Protestschritte der Neutralen.

C/Skl.
1/Skl.
Ig
Ast II

Datum und Uhrzeit	Angabe des Ortes, Wind, Wetter, Seegang, Beleuchtung, Sichtigkeit der Luft, Mondschein usw.	Vorkommnisse

Datum und Uhrzeit	Angabe des Ortes, Wind, Wetter, Seegang, Beleuchtung, Sichtigkeit der Luft, Mondschein usw.	Vorkommnisse

28.11.

Lagebesprechung beim Chef der Seekriegsleitung:

Besonderes:

1.) Führerentscheid Stichwort 270).

2.) Gruppe Ost hat Sperrung der Flintrinne durch Netze beantragt und sieht darin folgende Vorteile:
geringere Länge, leichtere Bewachung, weniger Seegang, bessere Untersuchungsmöglichkeit.
Skl. erkennt Vorteil der leichteren Bewachung an, vermag aber im übrigen keine wesentlichen militärischen Vorteile zu sehen, die die Inkaufnahme erheblicher Nachteile, besonders auch auf politischem Gebiet, rechtfertigen würden. Chef Skl. einver-standen, dass zunächst abgewartet wird, wie sich die jetzt vorgenommene Sperrung auswirkt.

3.) Überlegungen hinsichtlich notwendiger Befestigung holländisch-belgischer Küste im Falle einer evtl. Inbesitznahme durch Deutschland führen zu folgendem Ergebnis:
Skl. ist der Auffassung, dass die Verteidigung der Küste nur insoweit vorzusehen ist, als es die Abwehr feindlicher <u>See-streitkräfte</u> erfordert. <u>Keine</u> grosse Küstenorganisation. Schaffung eines Marinekorps, wie im Weltkriege in Flandern, oder einer ähnlichen grösseren Landformation kommt keineswegs in Frage, da Verhältnisse grundsätzlich anders liegen als im Weltkriege. Die Luftwaffe hat im Fall Holland/Belgien weitgehend die Aufgaben der Küstenverteidigung zu übernehmen.
Aufstellung von Batterien nur dort, wo sie wirklich aus zwingenden Gründen erforderlich ist. Skl. sieht solche Notwendigkeiten an folgenden Punkten:

a) <u>H o l l a n d</u>:
   1.) Nord-Holland Befestigung Texelstrom zur Kontrolle des Ein- und Auslaufweges.
      Sperrbatterie 4 - 15 cm.
   2.) Einsatz der Eisenbahnbatterie "Gneisenau" im Raum Helder und südlich davon.
   3.) Jjmuiden: 1 Mittelbatterie (Sperrbatterie).

Datum und Uhrzeit	Angabe des Ortes, Wind, Wetter, Seegang, Beleuchtung, Sichtigkeit der Luft, Mondschein usw.	Vorkommnisse
28.11.		4.) Hoek von Holland: geeignet für 1 schwere Batterie. 5.) Walcheren: Zur Sperrung Scheldemündung: eine Mittelbatterie. 6.) Evtl. noch eine Mittelbatterie je nach Lageentwicklung Westseite Terschelling.

b) B e l g i e n :

       7.) Blankenberge zur Überdeckung der ganzen Küste eine schwere Batterie.

    Demnach Bereitstellung von 2 schweren, 3-4 mittleren und der Eisenbahn-Batterie erforderlich. Notwendige Vorarbeiten trifft A.

    Verteidigung gegen Luftangriffe ist Sache des Ob.d.L. Truppenluftschutz Aufgabe der Marine.

    Chef Skl. mit Vorschlägen einverstanden.

- - -

vorm.		Unterrichtung Korvettenkapitän B e s t h o r n (Hilfsattaché Holland) über Lage und Absichten. Korvettenkapitän Besthorn gibt Überblick über die Verhältnisse in Holland.

    Holländer glauben nicht mit einer englischen Landung rechnen zu müssen. Auch bei einem möglichen Einmarsch deutscher Truppen besteht anscheinend zur Zeit keine Neigung der holländischen Regierung, den Schutz Englands anzurufen und sich auf Seite der Westmächte zu stellen. Engländer sollen Holland bei Einmarsch Deutschlands versprochen haben, mit 800 - 1000 Flugzeugen sofort holländisches Gebiet zu überfliegen zum Angriff gegen deutsche Truppen.

    Attaché wird auf Notwendigkeit Erkundung holländischer Überwachungstätigkeit, Schiffahrtswege, Sperrlücken usw. hingewiesen.

- - -

-.-

Datum und Uhrzeit	Angabe des Ortes, Wind, Wetter, Seegang, Beleuchtung, Sichtigkeit der Luft, Mondschein usw.	Vorkommnisse

28.11.

Besondere Feindnachrichten 28.11.:
= = = = = = = = = = = = = = = = =

A t l a n t i k :

England:

Englischer Überwachungsdienst vor Lissabon soll in letzter Zeit verstärkt worden sein. Einsatz von Zerstörern.

In Kapstadt wird zur Zeit der britische P.und O. Dampfer "Comorin" (15 241 t) als Hilfskreuzer umgebaut (An "Spee" übermittelt). Flugzeugträger "Hermes" und 1 franz. Flott.Führer Freetown eingelaufen ("Spee" wird unterrichtet).

Frankreich:

Kreuzer "Duguay Trouin" und Fl.Führer "Valmy" zur Brennstoffergänzung in Lorient, Linienschiff "Paris" im östlichen Mittelmeer - 1 Kreuzer (vermutlich "Primauguet")im Seegebiet von Freetown festgestellt.

Marine Paris erteilt Befehl, Durchsuchung der Handelsschiffe wie bisher durchzuführen bis besonderer Befehl für neuen Massstab für Handelskontrolle erfolgt.

N o r d s e e :

Verschiedene Feindeinheiten werden im Seegebiet Shetlands - Norwegen festgestellt. 1 schwerer englischer Kreuzer wird von "U 35" etwa 60 sm östlich der Shetlands gesichtet und etwa 12 sm nordöstlich davon von "U 47" torpediert. (siehe Ubootslage).

Abends Angriff von 8"BristolBlenheim" auf Seefliegerhorst Borkum.

Im Seegebiet Dünkirchen wird durch Landsend-Radio Minengefahr mitgeteilt und Minensucharbeiten durch franz. Einheiten auf Dünkirchen Reede beobachtet.

- - -

-.-

Datum und Uhrzeit	Angabe des Ortes, Wind, Wetter, Seegang, Beleuchtung, Sichtigkeit der Luft, Mondschein usw.	Vorkommnisse
28.11.		

Eigene Lage 28.11.:
= = = = = = = = = = = = = = =

Atlantik:

Keine besonderen Eteignisse. (siehe Ubootslage).

Panzerschiff "Graf Spee" wird über Vorstoss der Schlachtschiffe in das Seegebiet Island - Faroer und über Erfolge Minenkriegführung unterrichtet.

Nordsee:

Nachdem um 1328 Uhr "U 35" etwa 60 sm östlich der Shetlands ein Aufklärungssignal über einen schweren englischen Kreuzer, Typ "London", gegeben hatte, meldete 1334 Uhr "U 47" mit Standort etwa 12 sm nordöstlich der Aufklärungsmeldung von "U 35": "Habe torpediert einen Kreuzer der London-Klasse, einen Treffer, Windstärke 10".

Der von B.d.U. gebildete Aufklärungsstreifen östlich der Shetlands hat sich damit glänzend bewährt. Zum zweiten Mal hat Kapitänleutnant P r i e n mit seinem Boot einen herrlichen Waffenerfolg erzielen können, von dem zu wünschen ist, dass er zum völligen Verlust des Schiffes geführt hat. Nach dem Wortlaut der Meldung muss ein sicherer Treffer erzielt worden sein. Die Versenkung des Kreuzers ist jedoch noch zweifelhaft, wenn auch bei der vorliegenden sehr schlechten Wetterlage mit einer starken Gefährdung des getroffenen Schiffes gerechnet werden kann.

Aus dem Funkbild des Gegners kann zunächst nichts geschlossen werden. Admiralität gibt eine kommentarlose Wiedergabe der deutschen Rundfunkveröffentlichung an die Befehlsstellen des Heimatbereiches. Der englische Rundfunk dementiert die Meldung wenig nachdrücklich durch die Mitteilung, dass eine Bestätigung der deutschen Nachricht von der Admiralität noch nicht zu erhalten gewesen sei.

-.-

Datum und Uhrzeit	Angabe des Ortes, Wind, Wetter, Seegang, Beleuchtung, Sichtigkeit der Luft, Monsdchein usw.	Vorkommnisse

28.11.

In der Abenddämmerung Luftangriff feindlicher Kampfflugzeuge im Tiefflug auf Fliegerhorst Borkum mit M G. <u>Keine</u> Bomben. Keine Verluste, geringer Sachschaden. Flugzeuge werden auf 23 km vom Dete-Gerät erfasst. Abwehr mit 3,7 cm und MG/15 erfolglos. Beim Abflug werden die auf der Ems liegenden Handelsdampfer vom Gegner mit MG unter Feuer genommen. Der Luftangriff hat bedenkliche Lücken und Mängel in der Flak-Abwehr des Fliegerhorstes gezeigt. <u>Ob.d.L.</u>, dem der Flak-Schutz untersteht, hat Weisung erteilt, die Abwehrmittel sofort und beschleunigt zu verstärken. Zur Zeit besteht Flakschutz für Fliegerhorst nur aus 2 - 3,7 cm Flak und einigen MG C 15, ist also völlig ungenügend (für die im Festungsgebiet Borkum stehenden 4 Flakbatterien sind ferner je 2 - 2 cm Geschütze als Tiefflliegerschutz vorhanden und notwendig. Abzug für Schutzaufgaben des Fliegerhorstes wird nicht möglich sein). Station N wird aufgefordert, weiteres zu prüfen. Der Einsatz von Sperrballons kommt möglicherweise in Frage.

Die Schlachtschiffe "Scharnhorst" und "Gneisenau" beginnen mit Werftliegezeit und fallen damit bis Anfang Januar für Unternehmungen aus.

O s t s e e :

Die Ubootsgefahr in der Ostsee wird vom BSO, der sich zur eigenen Beurteilung der Lage auf Vp.-Dampfer "Rugard" eingeschifft hatte, <u>gering</u> eingeschätzt. Auch bei Anlegen strengsten Maßstabes sind sehr häufig Ubootsalarmmeldungen gegeben, die sich bei näherer Nachprüfung als <u>falscher</u> Alarm herausgestellt haben. Die vielen Ubootssichtmeldungen der letzten Zeit müssen daher mit grosser Vorsicht betrachtet werden.

Trotzdem müssen alle Massnahmen auf tatsächliches Vorhandensein von feindlichen Ubooten in der Ostsee abgestellt werden.

-.-

Datum und Uhrzeit	Angabe des Ortes, Wind, Wetter, Seegang, Beleuchtung, Sichtigkeit der Luft, Mondschein usw.	Vorkommnisse
28.11.		Nach ausländischen Presse-und Rundfunkmeldungen haben sowohl das schwedische wie auch das dänische Marine - ministerium mitgeteilt, dass die Durchfahrt durch die 5 m - Fahrrinne südlich von Falsterbo wegen Treibminengefahr geschlossen sei. Nach anderen Meldungen weigerten sich die Lotsen wegen der verstärkten Minengefahr durch die schmale Fahrrinne zu fahren. In Trelleborg und Malmö blieben alle Schiffe liegen, die Häfen seien überfüllt. Sogar der dänische Postdampfer sei in Bornholm geblieben. Schwedische Minensuchboote seien zur Freiräumung eingesetzt worden. In internationalen Schiffahrtskreisen herrsche grosse Verbitterung.

Aus einer anderen Quelle geht hervor, dass im Auslande behauptet wird, unsere Minensperre sei bis zur 2 sm an die Küste herangerückt worden.

Die schwedische Presse bringt die Ankündigung eines schwedischen Protestschrittes bei der Deutschen Regierung.

Auf Grund der schwedischen Behauptung, die in den letzten Wochen vorgekommenen Zwischenfälle zwischen deutschen Handelskriegsstreitkräften und schwedischen Seestreitkräften bezw. Luftstreitkräften hätten sich innerhalb der schwedischen 3 sm-Grenze abgespielt, wird eine nochmalige Überprüfung der Frage der Hoheitsgewässer befohlen.

Bei der vorgesehenen Klärung der zurückliegenden Zwischenfälle in einer Besprechung mit dem schwedischen Attaché soll dieser darauf hingewiesen werden, dass für unsere Streitkräfte von der Skl. bindende Unterlagen über den Verlauf der schwedischen 3 sm-Grenzen in der Form von Seekarten mit Eintragung dieser Hoheitsgrenzen ausgegeben worden sind.

Die Karten sind dem Attaché auf Anforderung zur Einsichtnahme vorzulegen.

> Gruppen und B.d.U. erhalten Weisung,
> Streitkräfte auf die Innehaltung der
> bisher angegebenen und in Spezialkarten
> eingetragenen Grenzen hinzuweisen.
>
> Bei Zwischenfällen ist sofort festzustellen, ob Schiffsort einwandfrei ausserhalb dieser Grenzen. Bejahendenfalls rück-

-.-

Datum und Uhrzeit	Angabe des Ortes, Wind, Wetter, Seegang, Beleuchtung, Sichtigkeit der Luft, Mondschein usw.	Vorkommnisse
28.11.		sichtslos erforderliche Maßnahmen durchführen. Bei sich ergebenden Verhandlungen Schweden g.F. auf Unterlagen der für deutsche Streitkräfte vorgeschriebenen Grenzziehung hinweisen und spätere Klärung über OKM in Aussicht stellen. - - - U b o o t s l a g e 28.11.: A t l a n t i k : Keine besonderen Ereignisse. "U 49" läuft von Fernunternehmung kommend im Heimathafen ein. "U 29" meldet, dass Durchführung Minenaufgabe Bristol-Kanal wegen Wetter und Mond jetzt nicht durchführbar. Boot ist bemerkt worden, hat bisher keine Erfolge erzielt. N o r d s e e : Erfolg "U 47" siehe unter Nordsee. "U 61" und "U 58" ausgelaufen ins Operationsgebiet Nordsee. Aufgaben: "U 61" Minenaufgabe vor Newcastle. "U 58" Minenaufgabe vor Lowestoft. - - - H a n d e l s s c h i f f a h r t 28.11.: 2 Dampfer von Vigo kommend Norwegen eingelaufen. Dampfer "Santa Fé" durch franz. Streitkräfte aufgebracht. Damit steigen die bisherigen Gesamtverluste an Handelsschiffen auf 32 = 3,7 %. -.-

Datum und Uhrzeit	Angabe des Ortes, Wind, Wetter, Seegang, Beleuchtung, Sichtigkeit der Luft, Mondschein usw.	Vorkommnisse
28.11. 1400ʰ		

Wirtschaftskriegsfragen:
= = = = = = = = = = = =

Sonderstab HWK (Kapitän zur See Weichold) teilt mit:

"Nach Mitteilung Chef des Generalstabes der Luftwaffe beabsichtigt Ob.d.L. heute Nachmittag 1500 Uhr beim Vortrag beim Führer folgendes vorzuschlagen:

Als Antwort auf englische Order in council zur Drosselung deutschen Exports: Angriffe der Luftwaffe grossen Stiles auf Neubauten, Dockanlagen, Schiffe in Häfen, Hafenanlagen.

Schiffe in See können als Angriffsobjekte nur in Frage kommen, falls auch Kriegsmarine zu einer allgemeinen Verschärfung übergehen würde.

   Schwerpunkt Luftwaffe: englische Westküste
   Schwerpunkt Kriegsmarine: englische Ostküste.

Durchführung derart, dass zunächst eine gewisse Anlaufzeit abgewartet wird, die benötigt wird
 a) für Vorbereitung der Luftwaffe selbst
 b) für Warnung der Neutralen, die in Anlehnung an die bereits ergangene Note der Kriegsmarine zu erfolgen hätte.

Die Presse wäre derart zu steuern, dass sie durchblicken lässt, dass Deutschland nunmehr gezwungen wäre, verschärft gegen England vorzugehen und sich alle Massnahmen in Beantwortung der order in council vorbehalten müsse."

   Sonderstab erbittet Stellungnahme der Skl.
   1.Skl. nimmt folgendermassen Stellung:

1.) Skl. würde eine schon lange erwartete Verschärfung im Einsatz der Luftwaffe nur begrüssen. Diese Verschärfung braucht <u>nicht</u> in ursächlichem Zusammenhang mit der "order in council" gebracht zu werden.

2.) Die Order ist noch nicht bekannt. Von ihrem Inhalt wird der Grad der Gegenaktion abhängig zu machen sein.

3.) Vorläufig bleibt die Kriegsmarine bei ihrer Auffassung, dass auf die Order zunächst nur mit einem "Mobilmachen" der Neu-

Datum und Uhrzeit	Angabe des Ortes, Wind, Wetter, Seegang, Beleuchtung, Sichtigkeit der Luft, Mondschein usw.	Vorkommnisse

28.11. tralen zu antworten ist. Alles weitere muss entsprechend der Lage vorbehalten bleiben.

Um 1745 Uhr teilt Kapitän zur See Weichold mit, dass der Führer die Vorschläge des Ob.d.L. für den jetzigen Zeitpunkt <u>abgelehnt</u> hat.

Es bleibt daher bei der Auffassung der Seekriegsleitung, zunächst abwartende Haltung einnehmen, alle weiteren Massnahmen vorbehalten, energische Propaganda-Offensive zur Beeinflussung der Neutralen.

= = =

C/Skl.
1.Skl.

I A   Ast II

Datum und Uhrzeit	Angabe des Ortes, Wind, Wetter, Seegang, Beleuchtung, Sichtigkeit der Luft, Mondschein usw.	Vorkommnisse

Datum und Uhrzeit	Angabe des Ortes, Wind, Wetter, Seegang, Beleuchtung, Sichtigkeit der Luft, Mondschein usw.	Vorkommnisse
29.11.		Besondere politische Nachrichten 29.11.:

1.) Norwegische Regierung erörtert Plan, die kriegführenden Mächte zu einer Änderung der Haager Seekriegsordnung anzuregen. Danach soll die Durchfahrt von Kriegsschiffen der kriegführenden Mächte durch norwegische oder allgemeine neutrale Gewässer auf die Dauer von 48 Stunden beschränkt werden.
 Es ist nicht ausgeschlossen, dass dieser norwegische Vorstoss <u>von England</u> inspiriert ist.

2.) Eingang schwedischer Protestnote wegen Sperrung des Sundes bis zur 3 sm-Grenze.
 (Siehe Teil C, Heft VIII).

3.) Russische Regierung soll beabsichtigen, die 4 sm-Hoheitsgrenze für die Gewässer der Randstaaten zu beanspruchen.
 Sollte dies der Fall sein, so sieht sich die deutsche Seekriegsleitung ausser Stande, diesen Anspruch anzuerkennen. Es erscheint zweckmässig, den Russen, diese Erklärung rechtzeitig vorher zu machen.

4.) Lage im russisch-finnischen Konflikt siehe Auslandspresse. - Weitere Verschärfung der Spannung. - Amerikanisches Vermittlungsangebot.

5.) Japanische Regierung bittet bei englischer und deutscher Regierung um offizielle Erklärungen zum Untergang des japanischen Dampfers "Terakumi" Maru".(Weiteres siehe Kriegstagebuch Teil C, Heft VIII).

6.) <u>Englische Exportblockade:</u> Amtlicher Text des englischen Exportblockade-Dekrets und Auszüge aus den französischen Verordnungen siehe Auslandspresse Nr. 550.
 Die gleichzeitig an die Neutralen gerichteten Ausführungsbestimmungen und die englischen Presse-und Propagandamassnahmen müssen als sehr geschickte politische Untermauerung der englischen Blockadeverschärfung anerkannt werden. In ihnen wird insbesondere auf den für die Neutralen entscheidenden Unterschied hingewiesen, dass die deutsche Seekriegführung <u>den Verlust neutraler Schiffe und Ladung</u> zur Folge habe, dass England jedoch nicht daran denke, |

Datum und Uhrzeit	Angabe des Ortes, Wind, Wetter, Seegang, Beleuchtung, Sichtigkeit der Luft, Mondschein usw.	Vorkommnisse
29.11.		

neutralen Schiffsraum <u>zu versenken</u>, sondern bereit sei, die Interessen der Neutralen weitgehend zu schonen und die Schädigung der Neutralen vermittels Kompensationen zu verringern. In der englischen Presse wird ferner auf die Notwendigkeit hingewiesen, neben der Ausdehnung der Blockade auf den deutschen Export, folgende Wirtschaftskriegsmassnahmen energisch zu betreiben:

    Eroberung der deutschen überseeischen Märkte.
    Ankauf von Lebensmitteln aus den baltischen Staaten.
    Aufkauf der südosteuropäischen Produkte.

7.) Bericht Botschaft Madrid, dass spanischer Regierungschef Bereitwilligkeit erklärt habe, zu der von Deutschland erbetenen Unterstützung hinsichtlich Ubootsversorgung in spanischen Häfen oder Buchten. Spanischer Aussenminister stimmt Vorschlag zu, einen einzelnen Vertrauensmann, möglichst ehemaligen Marineoffizier zu bestimmen, der von Regierung schriftliche Vollmacht erhält, um gewisse Angelegenheiten deutschen Wünschen entsprechend bei unteren spanischen Dienststellen durchzusetzen.

- - - - -

Lagebesprechung beim Chef der Seekriegsleitung:

Besonderes:

Der bisherige Einsatz der Minen vor der englischen Ostküste hat in Verbindung mit dem Ubootsminenkrieg einen Erfolg gebracht, dessen Auswirkungen im Einzelnen noch nicht abzusehen sind, dessen mittelbare Auswirkung die tatsächlichen Versenkungsergebnisse aber weit übersteigt. Die Schlachtschiffoperation hat diese Wirkung weiter verstärkt. Da eine Verschärfung der Luftkriegführung zur Unterstützung der Massnahmen der Kriegsmarine bisher <u>nicht</u> eingetreten ist, bleibt damit der Kampf gegen England zunächst alleinige Aufgabe der

Datum und Uhrzeit	Angabe des Ortes, Wind, Wetter, Seegang, Beleuchtung, Sichtigkeit der Luft, Mondschein usw.	Vorkommnisse

29.11.

Kriegsmarine. Unter Bezug auf die für die Kriegführung in der Nordsee bisher erteilten Richtlinien erhalten Gruppe West und B.d.U. folgende Weisungen für die Fortführung der Nordseekriegführung:

a) Konzentration auf offensive Minenverwendung ist vordringlich. Mineneinsatz soll neben den grösseren auch die kleineren Häfen der Ostküste, die Ansteuerungspunkte der Geleitzugwege und die bisher noch nicht verminten Häfen der Westküste (Clyde und Liverpool) erfassen. Zeitweises Zurücktreten des Torpedo-Uboots-Krieges gegenüber Minen-Uboots-Einsatz ist notwendig.

b) Neben Fortführung des Handelskrieges in Nordsee und Skagerrak gelegentliches Vorgehen gegen Geleitwege Norwegen - England mit Überwasserstreitkräften.

c) Zugriffe gegen die feindliche Fischerflotte, südlich Doggerbank und bei der Indefatigable Bank. Nach Möglichkeit Einbringung der Fischerfahrzeuge zwecks Zuführung zur eigenen Fischerflotte.

- - -

Ob.d.M. richtet folgendes Telegramm an:
Gruppe West
Gruppe Ost
Flotte
Station N
Station O

"Der Führer hat in einem Vortrag vor den Frontbefehlshabern aller Wehrmachtteile die Leistungen und Erfolge der Marine, die den Stempel gesunden Offensivgeistes und persönlicher voller Einsatzbereitschaft tragen, hoch anerkannt. Er hat dem Oberbefehlshaber der Kriegsmarine für die Haltung der ihm unterstellten Verbände seinen besonderen Dank ausgesprochen.

In stolzer Freude gebe ich dies der Kriegsmarine bekannt in der Erwartung, dass die Anerkennung uns Ansporn sein wird für weitere Taten."

-.-

Datum und Uhrzeit	Angabe des Ortes, Wind, Wetter, Seegang, Beleuchtung, Sichtigkeit der Luft, Mondschein usw.	Vorkommnisse
29.11.		

Besondere Feindnachrichten 29.11.:
= = = = = = = = = = = = = = = =

A t l a n t i k :

England:
Schlachtkreuzer "Hood", dessen Ausreise in den Südatlantik zur Ablösung "Renown" infolge der deutschen Schlachtschiffoperation verschoben wurde, steht anscheinend jetzt im Seegebiet Faröer.

Frankreich:
Funkaufklärung stellt fest:
    Der Chef der Atlantikflotte steht 29.11. mittags etwa 350 sm nordwestlich Irland, wahrscheinlich auf "Dunkerque", bei und südöstlich von ihm befinden sich anscheinend 2 Kreuzer der 4. Division und Fl.F. des 2. leichten Geschwaders, von denen einige nach Brest zurückgeschickt werden, wo sie am 2.12. vormittags eintreffen sollen. Fl.F. "Mogador" im Bristol-Kanal festgestellt.
    "Strassbourg", 5 Fl.Führer und 2 Zerstörer sind um 1100 Uhr ebenfalls Brest eingelaufen. Dieser Verband untersteht seit dem 27.11. dem Befehl des Admirals W e s t .
    Weitere zahlreiche französische Einheiten werden im Brestbereich in See beobachtet. Funkbeobachtung erfasst ferner verschiedene Geleitzugbewegungen.
    Kreuzer "Colbert" am 28.11. Freetown eingelaufen.
    Auf der Suche nach deutschen Dampfern stehen Uboote im Seegebiet der Azoren und vor Vigo, wo teilweise Zusammenarbeit mit bewaffneten Fischdampfern festgestellt wird.

N o r d s e e :

    Die Verteilung der feindlichen Streitkräfte steht noch völlig im Zeichen der Meldung vom Auftreten deutscher Schlachtschiffe im Seegebiet Island - Faröer. Die Linienschiffe "Nelson" und "Rodney" befanden sich am 28. nachm. im Gebiet der Orkneys; "Hood" wird bei den Faröer vermutet, während zahlreiche Funkpeilungen in das Gebiet Faröer - Shetlands weisen und die Luftaufklärung leichte Streitkräfte etwa 60 sm westlich Bergen erfasst.

-.-

Datum und Uhrzeit	Angabe des Ortes, Wind, Wetter, Seegang, Beleuchtung, Sichtigkeit der Luft, Mondschein usw.	Vorkommnisse

29.11.

Der Gegner hält nach wie vor die Behauptung aufrecht, dass es sich bei dem Gefecht am 23.11. um die "Deutschland" gehandelt habe.

Trotzdem muss mit Sicherheit angenommen werden, dass er – besonders nach dem Wiedereinlaufen der Schlachtschiffe in Wilhelmshaven – genaue Kenntnis von den tatsächlich südlich Island aufgetretenen Streitkräften erhalten hat.

Die Torpedierung eines Kreuzers der "London"-Klasse wird von englischen Rundfunk weiter dementiert.

Ein Norwegen-Geleitzug sollte heute morgen den Prince's Channel passieren. Hiernach muss angenommen werden, dass auf der Themse noch Passiermöglichkeiten bestehen.

- - -

Ostsee:

Erneuter Ubootsalarm in der Kieler Bucht auf Grund Beobachtungen der K H A Bülk.

- - -

Eigene Lage 29.11.:

Atlantik:

Keine besonderen Ereignisse.
"Admiral Graf Spee" erhält folgende Weisung:
"Soweit Lage erlaubt, Bannwaren von für
   deutsche Kriegswirtschaft erheblicher Bedeutung, Edelmetalle, Zahlungsmittel, Wert-
   papiere, seltene Metalle, Schiffskasse usw.
   vor Versenkung aufgebrachter Schiffe sicherstellen."

- - -

-.-

Datum und Uhrzeit	Angabe des Ortes, Wind, Wetter, Seegang, Beleuchtung, Sichtigkeit der Luft, Mondschein usw.	Vorkommnisse
29.11.		**Nordsee:** Die Luftaufklärung der Seeluftwaffe sichtet in der Shetland - Norwegenenge leichte Streitkräfte etwa 60 sm westlich Bergen und einen Geleitzug etwa 70 sm westlich des Sogne-Fjords mit nördlichem Kurs. Die Flugzeuge werden <u>unter der norwegischen Küste</u> verschiedentlich von feindlichen Bombern angegriffen. Da Streitkräfte des Fliegerkorps X wegen Wetterlage nicht starten können, wird die Aufklärung vormittags zurückgerufen. Der Tag erweist sich als schwarzer Tag der Seeluftwaffe. Von 17 gestarteten "Do 18" gerieten 5 Maschinen in Verlust; davon 3 notgelandet, Besatzungen geborgen und interniert (1 auf den Faröer, 2 in Norwegen), 1 abgestürzt, 1 vermisst. - - - Gruppe West meldet, doppelte Netzsperre Elbe bei Kugelbake ausgelegt. - - - **Ostsee:** Fortsetzung Handelskrieg führt zur Aufbringung von 2 Finnen. Nach Meldungen aus Gotenburg wurden am 28.11. über 40 treibende Minen in den Gewässern von Gotenburg gemeldet. Der Verkehr in dem gefährdeten Seegebiet soll wegen der Minengefahr bei Nacht stillgelegt worden sein. Rundfunk Kopenhagen teilt am 29.11. abends mit, dass nach einer schwedischen Meldung die 5 m-Fahrrinne nach Falsterbo wieder benutzbar sei, man solle sich an die dort stationierten Lotsenfahrzeuge wenden. Im Kleinen Belt sollen nach Meldungen aus Dänemark von der dänischen Marine schnell fahrende Motorfischkutter als Minenwachtschiffe bei der Beltsperre eingesetzt sein. -.-

Datum und Uhrzeit	Angabe des Ortes, Wind, Wetter, Seegang, Beleuchtung, Sichtigkeit der Luft, Mondschein usw.	Vorkommnisse

29.11.

Nach Ansicht der Gruppe Ost ist durch die dänische Minenlegung eine äusserst schwierige Lage entstanden. Gruppe steht auf dem Standpunkt, dass die in letzter Zeit im Grossen Belt eingetretenen Verluste auf dänische Treibminen zurückzuführen seien und dass durch die mit ihren Ankern treibenden Minen die gesamte Durchfahrt durch Gr.Belt gefährdet sei. Der Ausfallweg aus der Ostsee durch Gr.Belt sei daher zur Zeit für die Flotte gesperrt und könne, da wegen schlechten Wetters Minensuch-und Räumtätigkeit nicht möglich sei, erst in einigen Tagen wieder freigegeben werden. Gruppe fordert Freiräumen der bereits gelegten dänischen Minen und dafür Auslegen von Netzen, falls das nicht möglich, Anforderung genauer Unterlagen über die Sperren von Dänemark.

Skl. vertritt hierzu folgende Auffassung:
Die auf Betreiben der Skl. von den Dänen ausgelegten Minensperren stellen einen Abschluss der Belteingänge dar, an dessen Wirksamkeit zu zweifeln zur Zeit noch kein Grund vorliegt.

Die Tatsache, dass vielleicht auch die dänischen Minen ebenso wie die Minen der deutschen Gr.Belt-Sperre, ins Treiben gekommen sind, ist höchst unangenehm und störend, zumal bereits 2 eigene Schiffsverluste zu bedauern sind. Aus dieser derzeitigen Lage kann aber keineswegs der Schluss gezogen werden, dass die gesamten soeben durchgeführten dänischen Sperrlegungen nunmehr sinnlos geworden seien.

An Gruppe Ost und BSO geht folgendes Fernschreiben aus:

" 1.) Derzeitige durch vertriebene Minen entstandene Lage am Grossen Belt bringt keine grundsätzliche Änderung der Auffassung zur Frage dänischer Sperrlegung.
 2.) Dänen sind aufgefordert worden, Sperrlage und Sperrlücken zu überprüfen.
 3.) Beschaffung Unterlagen über dänische Sperrlegung ist eingeleitet.
 4.) Sobald Wetterlage es gestattet, Seegebiet freisuchen, Ergebnis über tatsächlich festgestellte Minenvertreibungen melden.
 5.) Der auch von Seekriegsleitung für zweckmässiger erachteten und Dänemark nahegelegten Sperrung durch Netze entsprechen Dänen nicht, da

-.-

Datum und Uhrzeit	Angabe des Ortes, Wind, Wetter, Seegang, Beleuchtung, Sichtigkeit der Luft, Mondschein usw.	Vorkommnisse

(82)		1.) keine eigenen Netze vorhanden
		2.) mit Übernahme deutscher Netze nicht einverstanden
		3.) nach dänischen Erfahrungen Netzsperrungen bei Stromverhältnissen in Belten unzweckmässig."
		
		Der Marineattaché Kopenhagen wird gleichzeitig von der Skl. über die noch bestehender Wünsche der deutschen Kriegsmarine unterrichtet (Siehe Schreiben der Skl. Kriegstagebuch Teil B, Heft V, Blatt 59). Sie erstrecken sich auf folgende Punkte:
		1.) Notwendigkeit stichprobenartiger Überwachung auch der nördlich der Sperren liegenden Seegebiete bis ins Kattegat hinein durch deutsche Streitkräfte.
		2.) Angaben über Sperrlage, Sperrdichte und Minenmaterial der dänischen Sperren.
		3.) Notwendigkeit eines sicheren Abschlusses der Durchfahrt durch den Grönsund gegen einen Einbruch von Ubooten durch Dänemark.
		4.) Sicherung Alsensund durch Balkensperre bei Sonderburg.
		
		- - - -
		
		U b o o t s l a g e 29.11.:
		A t l a n t i k :
		
		Im Operationsgebiet Atlantik:
		    U 28, 29, 41, 43.
		    Am 29. abends erfasst Funkbeobachtung den Ansatz von 11 Bewachungsfahrzeugen im Bristol-Kanal zur Jagd auf ein bei Bull Point gemeldetes Uboot (U 28 ? U 29).
		Im Operationsgebiet östlich Shetlands:
		    U 35, U 47, U 48.
		U 47 meldet Schussunterlagen von Angriff auf schweren Kreuzer 28.11. Boot hat

-.-

Datum und Uhrzeit	Angabe des Ortes, Wind, Wetter, Seegang, Beleuchtung, Sichtigkeit der Luft, Mondschein usw.	Vorkommnisse
29.11.		Detonation nach 86 Sekunden gehört. Aufschlag nicht beobachtet, weil Sehrohr untergeschnitten. Beobachtete Trefferwirkung unter St.B. Torpedorohrsatz nach Freikommen Sehrohr. Kreuzer abgedreht und abgelaufen. Danach erscheint <u>Treffer</u> sehr wahrscheinlich Totalverlust jedoch unsicher. -- "U 53" von Fernunternehmung aus dem Atlantik kommend eingelaufen. "U 38" meldet Beobachtung vor Kola-Bucht und Teriberka: Kein Schiffsverkehr. Lebhafte Fischdampferüberwachung. Bisher keine Erfolge. Von russischem Dampfer wahrscheinlich bemerkt. - - - N o r d s e e : "U 35" erhält als Operationsgebiet zusammen mit "U 21" das Seegebiet Kinnaird Head bis 57 Grad. "U 31" besetzt Gebiet Abbs-Head bis Coquet-island. "U 56" steht südlich 57 Grad bis Firth of Forth. Boote haben Befehl, <u>keinen Handels</u>krieg nach Prisenordnung zu führen. Auf dem Anmarsch: "U 61", "U 58". - - - Handelskrieg der Uboote: Marineattaché Madrid meldet: "Gerüchte, dass deutsche Uboote ins Mittelmeer eingedrungen sind, haben rege Luftaufklärung östlich Gibraltar und vor Oran sowie Abstoppen von Truppentransporten und Einrichtung Unterwasserhorchstationen bewirkt. V-Mann aus Oran bestätigt am 18.11. diese Meldung.

Datum und Uhrzeit	Angabe des Ortes, Wind, Wetter, Seegang, Beleuchtung, Sichtigkeit der Luft, Mondschein usw.	Vorkommnisse
29.11.		In den letzten Tagen wiederholt Ubootsmeldungen westlich und östlich Gibraltar bis südlich Almeria."

(Es besteht Möglichkeit einer Auswirkung von Sehrohratrappen, die von unseren Booten im Mittelmeer Verwendung finden sollten ("U 53", "U 26").

- - -

Handelsschiffahrt 29.11.:
===========================

Eigene Schiffahrt:
----

2 Dampfer von Übersee bis Norwegen gekommen. Dampfer "Dresden" (Versorgungsschiff für "Graf Spee") ist nach Meldung Konsulat Rio am 26.11. Santos eingelaufen.

An alle deutschen Handelsschiffe in Ost-und Nordsee wird 29.11. folgende Weisung gefunkt:
"Gr.Belt vorläufig gesperrt. Nach eigenem Ermessen durch Sund oder Kl.Belt gehen. Marineleitung."

Desgleichen wurden sämtliche Sbv'en und K.M.D.'en benachrichtigt, dass die Schiffahrt durch den Gr.Belt wegen Minengefahr bis auf weiteres gesperrt sei. RVM drahtet über Ausw.Amt an die norweg. Konsulate: "Bis zur Wiederfreigabe des Gr.Beltes Schiffe, die wegen Masthöhe den Kl.Belt nicht passieren können, Ladung nehmen nur bis 23 Fuss Tiefgang. Reichsverkehrsministerium."

Neutrale Schiffahrt:

Nach Aussage eines dänischen Dampferkapitän fahren dänische Dampfer für England neuerdings dicht unter schwed. und norweg. Küste bis zum 64. Breitengrad (etwa Höhe Drontheim). Weitere Kurse unbekannt.

-.-

Datum und Uhrzeit	Angabe des Ortes, Wind, Wetter, Seegang, Beleuchtung, Sichtigkeit der Luft, Mondschein usw.	Vorkommnisse
29.11. (83)		K.O. Spanien meldet: Längs Westküste Spaniens schwacher neutraler Schiffsverkehr, Schiffe haben nachts Landesfarben beleuchtet. Abgeblendete Schiffe mit südlichen Kursen. Nach Dampfermeldungen Geleitzüge durch Gibraltarstrasse auf dem Wege Valencia-Balearen mit wahrscheinlichem Ziel Frankreich. ---- Wirtschaftskriegsmassnahmen: = = = = = = = = = = = = = Niederschrift "Institut für Konjunkturforschung" über Besprechungsergebnis mit Wehrwirtschaftsabteilung OKW über Exportmöglichkeiten Dänemarks siehe Kriegstagebuch Teil C, Heft XII. = = =

C/Skl.   1.Skl.   Id   AstO II

Datum und Uhrzeit	Angabe des Ortes, Wind, Wetter, Seegang, Beleuchtung, Sichtigkeit der Luft, Mondschein usw.	Vorkommnisse

Datum und Uhrzeit	Angabe des Ortes, Wind, Wetter, Seegang, Beleuchtung, Sichtigkeit der Luft, Mondschein usw.	Vorkommnisse

30.11.

Lagebesprechung beim Chef der Seekriegsleitung.

Besonderes:

1.) Vortrag Ia über die operativen Absichten des Gruppenbefehlshaber West für die Streitkräfte des Seebefehlshabers in den nächsten Wochen:
(siehe Gruppe West GKdos. 295/39 A I Chefs. vom 28.11.)
Schreiben hat sich mit Weisung der Skl. (siehe 29.11.) gekreuzt.
A u s z u g :
a) Infolge Überholung der Zerstörer <u>kein</u> operativer Einsatz von Streitkräften bis 3.12. möglich. 2 Zerstörer auf Schillig Reede als Vorpostendivision.
b) Unternehmung mit Zerstörern gegen englische Fischerflotte südlich Doggerbank bis Hoofden in der Zeit vom 3. - 6.12. beabsichtigt.
c) Ab 8.12. Bereitstellung der Streitkräfte für Sondermaßnahmen.
d) Bei weiterer Verschiebung Sondermaßnahmen oder ihre Erledigung: Minenunternehmungen mit Zerstörern im Gebiet von Newcastle und ostwärts Yarmouth - Lowestoft.
e) Schlachtschiffe, Torpedoboote und S-Boote in nächster Zeit nicht verfügbar.

(84)

2.) <u>Vortrag B.d.U. über Stand der U-Bootskriegführung und weitere Absichten:</u> (s.auch Kriegstgb.Teil C Heft IV)
a) Überblick über bisherige Erfolge im Handelskrieg und im Mineneinsatz, Torpedoversager-Schwierigkeiten, Beurteilung Feindwirkung, Bewährung der Besatzungen.

Datum und Uhrzeit	Angabe des Ortes, Wind, Wetter, Seegang, Beleuchtung, Sichtigkeit der Luft, Mondschein usw.	Vorkommnisse
30.11.		b) Absichten für den weiteren U-Bootsansatz. Schwerpunkt Minenunternehmungen, jedoch kein Verzicht auf Torpedo-U-Bootseinsatz.

I. Minenunternehmungen:

Grundgedanke:
Planmäßiges Dichtmauern der für Mineneinsatz geeigneten Plätze. I.A. Durchführung in den Neumondperioden notwendig.
Nach bisherigen Erfahrungen hat TMB-Mine tödliche Wirkung bis 25 m. Auf Forderung B.d.U. hat S.J. kurzfristig Änderung der TMA als Grundmine mit vergrößerter Ladung (1000 kg) vorgenommen (TMC). Vernichtende Wirkung wird bis 36 m erwartet, erste Minen voraussichtlich bis Mitte Dezember fertig. Damit erweiterte Anwendungsmöglichkeit der Grundmine von U-Booten aus.

B.d.U. beabsichtigt:
Ausbau Minenlage im Firth of Forth.
Sehr schwierige Aufgabe, für deren Durchführung nur sehr erfahrene Kommandanten in Frage kommen.
Versuchung Firth of Clyde gegen militärische Ziele
      (nur nach Vorhandensein TMC).
Versuchung Bristol Kanal gegen Handelsschiffahrt.
Versuchung Liverpool-Gebiet.

   Durchführung schwierig. Völlige Sperrung nicht möglich. Neben diesem Großprogramm laufen weitere kleinere Unternehmungen zur Abriegelung der engl. Ostküste mit dem Ziel Minenverseuchung vor Newcastle, Lowestoft.
   Für späteren Mineneinsatz sind in erster Linie vorgesehen: Falmouth, Plymouth, St.Albans-Head, St.Catherines Deep, Royal Sovereign, Dungeness.

                                                            - . -

Datum und Uhrzeit	Angabe des Ortes, Wind, Wetter, Seegang, Beleuchtung, Sichtigkeit der Luft, Mondschein usw.	Vorkommnisse
30.11.		II. Torpedounternehmungen: Beibehaltung Torpedoansatz grundsätzlich neben Minenverwendung notwendig: zur Sicherung und Beunruhigung des Gegners besonders an Brennpunkten, die für Mineneinsatz nicht in Frage kommen, zur Schaffung einer breiteren Ausgangsbasis für weitere Entwicklung, besonders im Hinblick auf die katastrophale Tatsache bisheriger vieler Torpedoversager und zur eingehenden Erprobung neu eingeführter Verbesserungen, als Kampfaufgaben für junge Kommandanten, die mit schwierigen Minenunternehmungen noch nicht betraut werden können. Ansatz Torpedo-Uboote vornehmlich in folgenden Gebieten: Westausgang Kanal, Ostküste Englands, besonders im Gebiet Kinnaird Head - Newcastle, Seegebiet Orkneys-Shetlands.

c) Einsatz von U-Booten an der norwegischen Küste hält B.d.U. für wenig erfolgversprechend, da Austrittsstelle Dampferverkehr aus Hoheitsgewässern unbekannt.

d) Von Skl. als besonders wünschenswert bezeichnete Aufgabe Minenversuchung vor Halifax wird vom B.d.U. eingehend geprüft werden. Z.Zt. hält B.d.U. jede Zersplitterung für nachteilig. Operationszeit infolge des durch Winter-Wetterlage sehr langen Anmarsches äußerst gering. Voraussichtlich Durchführung nur bei Bereitstellung Versorgungsschiff unter Grönland möglich.

e) Bau von U-Tankern nach Ansicht des B.d.U. dringend erforderlich. Besser kleine bis mittlere Tanker als große. Keine Torpedos. Chef Skl. entscheidet für Bau von mindestens 2 U-Boots-Tankern. Bau soll beschleunigt werden.

- . -

Datum und Uhrzeit	Angabe des Ortes, Wind, Wetter, Seegang, Beleuchtung, Sichtigkeit der Luft, Mondschein usw.	Vorkommnisse
30.11.		f) Von Erklärung Warngebiet an schottischer Ostküste rät B.d.U. ab, da U-Boote im gegenwärtigen Zeitpunkt noch sehr gute Erfolgsmöglichkeiten in diesem Gebiet vorfinden und Auswirkungen der Erklärung eines Warngebiets nicht zu übersehen sind. B.d.U. schlägt vor, Operationserfahrungen der jetzt in diesem Gebiet angesetzten Boote abzuwarten.
		Skl. stimmt der Auffassung des B.d.U. zu. Nach eingehender Überprüfung der Frage einer Warngebietserklärung kommt die Skl. zum augenblicklichen Zeitpunkt zu folgendem Ergebnis:
		Von der bisher für den 1.12. vorgesehenen Erklärung eines Warngebiets wird Abstand genommen.
		Begründung:
		1.) Eine Steigerung der Erfolgsaussichten für U-Boote ist nach den Ausführungen des B.d.U. nicht zu erwarten. Die Boote haben z.Zt. gute Erfolgsmöglichkeiten. Auswirkungen einer Warngebietserklärung sind nicht zu übersehen.
(85)		2.) Ein Abgehen von der bisher verfolgten Linie einer Minenverwendung ohne Warngebietserklärung ist politisch unerwünscht. Ziel der deutschen Seekriegführung ist die Unterbindung jeglichen Handelsverkehrs von und nach England und Abschreckung der Neutralen, überhaupt noch englische Küstengewässer zu befahren. Die Neutralen werden bei einer Warngebietserklärung nunmehr unter Bezug auf die von Deutschland bereits vor Themse, Humber usw. ausgelegten Minen erklären, daß Deutschland dann in diesen Gebieten gleichfalls ein Warngebiet hätte erklären müssen, und werden das Recht beanspruchen, da, wo keine Warngebiete erklärt sind, die Möglichkeit zur Fortführung des ungestörten Handelsverkehrs zu erhalten. Eine ungünstige Auswirkung auf die beabsichtigte Minenverwendung an der Westküste ist möglich.
		- . -

Datum und Uhrzeit	Angabe des Ortes, Wind, Wetter, Seegang, Beleuchtung, Sichtigkeit der Luft, Mondschein usw.	Vorkommnisse

30.11.

3.) Jedes Festlegen auf bestimmte Begriffe wie "Warngebiet" oder "Sperrgebiet" birgt die Möglichkeit zu politisch unerwünschten Nachteilen in sich, deren Inkaufnahme nur dann gerechtfertigt erscheint, wenn damit große militärische Vorteile verbunden sind. Diese sind jedoch im gegenwärtigen Zeitpunkt <u>nicht</u> zu erkennen.

<u>Besondere politische Nachrichten 30.11.</u>

Beginn der Feindseligkeiten zwischen Sowjet-Rußland und Finnland. Einmarsch russischer Truppen auf der Karelischen Landenge. Bombenangriffe auf Helsinki. Beschießung von Küstenplätze von See aus. Besetzung finnischer Insel Seiskari durch russische Truppen. Vorgehen auf der Fischer-Halbinsel auf Kola. Finnland Kriegszustand erklärt. General Mannerheim Oberbefehlshaber. USA. Vermittlung angeboten. Weitere Entwicklung noch unklar. Finnische Regierung zurückgetreten.

Sowjetrussische Regierung versucht unter starkem militärischen Druck doch noch friedlichen Ausgleich unter Nachgeben Finnlands zu erzielen.

<u>Englische Blockadeverschärfung:</u>

Nach Mitteilung Botschaft Washington beabsichtigen USA. <u>nicht</u>, irgendwelche Protestschritte gegen England zu unternehmen oder sich einem Kollektivprotest der neutralen Staaten anzuschließen. Regierung hält britische Maßnahmen anscheinend als Vergeltungsaktion gegen deutsche Minenkriegführung für berechtigt und völkerrechtlich begründet. Im übrigen völlige Zurückhaltung, da amerikanische Interessen nicht berührt.

Datum und Uhrzeit	Angabe des Ortes, Wind, Wetter, Seegang, Beleuchtung, Sichtigkeit der Luft, Mondschein usw.	Vorkommnisse
30.11.		Besondere Feindnachrichten 30.11.

- - - - - - - - - - - - - - - - - - - -

A t l a n t i k :

England:
Streitkräfteverteilung: Funkbeobachtungsdienst meldet Möglichkeit, daß "Hood" sich entgegen gestriger Meldung wieder im Kanal befindet. Anscheinend befindet sich der Chef des Schlachtkreuzergeschwaders, der westlich Nordschottland geortet wurde, nicht mehr an Bord "Hood".

Kriegsgefangene des "Rawalpindi" sagten aus: Zur Northern Patrol gehörten 4 Hilfskrz. von je etwa 15 000 t ("Irania", "Cattaro", "Stonwall" und "Rawalpindi"). Die Schiffe waren stets 9 Tage auf Position, je 3 Tage wurden für Anmarsch, Rückmarsch und Ruhe gerechnet. Tätigkeitsgebiet zwischen Island und Faroer. Eigene Kreuzer und Zerstörer wurden auf Position nie gesichtet. Die Kriegsschiffeinheiten der Northern Patrol sollen zwischen den Shetlands und Norwegen stehen.

Frankreich:
Streitkräfteverteilung: Der Chef der Atlantikflotte auf "Dunkerque" und die zugehörigen leichten Streitkräfte, die in Verbindung mit deutscher Schlachtschiffunternehmung nach Norden vorgestoßen waren, befinden sich auf dem Wege vom Seegebiet westlich der Hebriden nach Brest. Ein Fl.Führer steht 30.11. 2300 Uhr 60 sm westlich der Hebriden, um dort auf das Schlachtschiff zu warten. Am 2.12. soll der Verband südwestlich Irland und von dort aus "Dunkerque" unter stärkerer Sicherung nach Brest gehen. Bei der Sicherung wahrscheinlich die 4.Krz.Div. Eintreffen 3.12. bei Quessant. Von engl.Befehlsstellen wird den Chef der Atlantikflotte mitgeteilt, daß nordwestl.Irland (auf dem Kurs der "Dunkerque") am 30.11. 0900 Uhr ein aufgetauchtes U-Boot gesichtet (U 41?)

Datum und Uhrzeit	Angabe des Ortes, Wind, Wetter, Seegang, Beleuchtung, Sichtigkeit der Luft, Mondschein usw.	Vorkommnisse

30.11.

Geleitzugbewegungen: K.O. Spanien meldet 1400 Uhr Geleitzug aus 37 Handelsdampfern und 17 bewaffneten Tankern Gibraltar nach Westen ausgelaufen. Geleit durch Flottillenführer und Zerstörer.

N o r d s e e:

Nach Mitteilung des Attachés in Stockholm, des norwegischen Telegrafen-Büros und des Daventry-Senders sind ein beschädigtes feindliches U-Boot und 2 weitere Einheiten (Kreuzer oder Zerstörer) bei Stavanger in die norw. Hoheitsgewässer gegangen.

Die Minenlage an der Ostküste:
Nach Osloer Nachrichten ist die innere Themse durch ein Wrack gesperrt, die Schiffahrt eingestellt und nach Liverpool umgeleitet.
Ein neues englisches Warngebiet wurde zwischen Themse und Schelde-Mündung bekanntgegeben.
Die Schiffahrtshindernisse und Sperren vor den Hauptstützpunkten sollen gegen neue ausgewechselt sein.
Der norwegische Tanker "Realf" (8000 t), der engl.Dampfer "Sheaf Crest" (2700 t) und der engl.Dampfer "Ionian" (3100 t) liefen an der engl.Ostküste auf Mine.

Streitkräfteverteilung:
Linienschiff "Rodney" mit Zerstörern im engeren Scapa-Bereich.
Leichte Bewachungsstreitkräfte in der Enge Shetland-Norwegen.

Datum und Uhrzeit	Angabe des Ortes, Wind, Wetter, Seegang, Beleuchtung, Sichtigkeit der Luft, Mondschein usw.	Vorkommnisse
30.11.		**Eigene Lage 30.11.** **Atlantik:** Panzerschiff "Graf Spee" im Südatlantik erhält folgende Weisung: 1.) Entscheidung über weiteren Kreuzerkrieg oder Antritt Heimmarsch entsprechend Zustand Schiff von dort treffen. Wenn Lage erlaubt, Absicht und Standort melden. 2.) Bei sofortigem Rückmarsch rechnet Skl. etwa mit Passieren Bahia-Freetown bei Neumond Dezember, Durchbruch Shetlands-Norwegen Ende Dezember oder Anfang Januar. Auf Rückmarsch außer bei besonders günstiger Gelegenheit keine Tätigkeit im Mittel- und Nordatlantik zur Geheimhaltung Rückkehr. Troßschiff wird ebenfalls in die Heimat zurückgenommen. Durchführung ob getrennt oder gemeinsam, nach Ermessen "Spee". 3.) Wenn weiterer Kreuzerkrieg möglich, Wahl Operationsgebiet für Dezember nach eigenem Ermessen. Diversionswirkung im Hinblick auf nachfolgenden Heimmarsch anstreben. Skl. rechnet dann etwa mit Passieren Bahia-Freetown bei Neumond Januar, Durchbruch Shetlands-Norwegen Ende Januar oder Anfang Februar. Unterstützung durch Vorstoß Schlachtschiffe dann möglich. **Nordsee:** Keine besonderen Ereignisse. -.-

Datum und Uhrzeit	Angabe des Ortes, Wind, Wetter, Seegang, Beleuchtung, Sichtigkeit der Luft, Mondschein usw.	Vorkommnisse

30.11.

Ostsee:

U-Bootsjagd in westlicher Ostsee ohne Ergebnis. Behinderung durch Wetterlage.

Handelskrieg:

Starker Dampferverkehr durch die schwedische Falsterbo-Rinne. Schwedische Wachboote und Minensucher bewachen die Hoheitsgrenze, ein schwedisches Flugzeug hat wiederholt in geringer Höhe über eigenen Booten gekreist. Nachts ist bisher kein Verkehr durch die Rinne beobachtet worden.

Im Handelskrieg bei Öland und Gotland 1 Dampfer eingebracht.

Lage an Beltsperren: Marineattaché Kopenhagen teilt mit:

1.) Dänische Marine läßt Seegebiet nördlich dänischer Sperre ständig durch Patrouillenschiffe und Flugzeuge überwachen. Bei Sichtung von Einzelminen erfolgt sofort Bekanntgabe Sichtungsstelle an Schiffahrt, bei Massenauftreten von Minen erfolgt Schiffahrtswarnung für gesamtes Seegebiet. Zu letzterer Maßnahme nach Ansicht dänischer Marine im Augenblick kein Anlaß. Sperrlücke wird laufend auf treibende Minen abgesucht.

2.) Dänen legen Wert auf Beseitigung der in ihren Hoheitsgewässern liegenden Wracks "Vp.Boot 301" und Fischdampfer. Einverständnis erteilt, daß Wracks von Deutschen geräumt werden.

- . -

Datum und Uhrzeit	Angabe des Ortes, Wind, Wetter, Seegang, Beleuchtung, Sichtigkeit der Luft, Mondschein usw.	Vorkommnisse
30.11. (86)		3.) Hinsichtlich Herkunft der Minen, die zu den Schiffsverlusten geführt haben, versicherten die Dänen mit aller Bestimmtheit, daß es sich keinesfalls um dänische Minen handeln könnte. Ihre Minen würden durch Schließen des Stromes von Land aus scharf gemacht; wenn sie sich losrissen, würde die Stromzuführung unterbrochen, und sie seien dann unbedingt entschärft. Durch das angewandte Verfahren sei jedoch auf Jahre hinaus eine völlig wirsame Sperrung erreicht. 4.) Dänen einverstanden, daß Minenkontrollfahrten durch <u>deutsche</u> Streitkräfte auch innerhalb dänischer Hoheitsgewässer vorgenommen würden. 5.) Gleichfalls dänische Zustimmung für Einrichtung ständigen deutschen Lotsendienstes in beiden Richtungen. Lotsenfahrzeug auf Nordposition mit Rücksicht auf Wahrung dänischer Neutralität möglichst als Zivilfahrzeug erbeten. (Schreiben Mar.Att. siehe Kr.Tagebuch Teil B Heft V Blatt 61). <u>U-Bootslage:</u> <u>A t l a n t i k:</u> Keine Änderungen. "U 38" meldet Standort Kola-Bucht. Rückmarsch angetreten. "U 29" erhält vom B.d.U. Befehl, falls Verseuchung vor Milford Haven <u>nicht</u> durchführbar, Verseuchung im Bristol Kanal östl. 3°56'W und südlich 51°27'N auf 15 - 20 m Wasser durchzuführen. Boot soll bei Minenlage spätere Unternehmungen **berücksichtigen** <u>N o r d s e e:</u> "U 59" ausgelaufen ins Operationsgebiet Nordsee.

Datum und Uhrzeit	Angabe des Ortes, Wind, Wetter, Seegang, Beleuchtung, Sichtigkeit der Luft, Mondschein usw.	Vorkommnisse

30.11.

Handelsschiffahrt:

Als Anhalt für zurückkehrende deutsche Schiffe wird folgende W-Nachricht Nr.105 an die in Betracht kommenden Reichsvertretungen im Auslande gegeben:
"Nach neuesten Beobachtungen liegt Eisgrenze in Dänemark-Straße zur Zeit dicht unter Grönlandküste".

Deutsches Konsulat Porto Alegre teilt die richterliche Beschlagnahme deutschen M. "Montevideo" auf Grund Schuldforderung Bankhaus Schroeder, London mit. Marineattaché Buenos-Aires hat daraufhin Ausrüstung des Dampfers als Versorgungsschiff eingestellt.
Beschlagnahme weiterer Dampfer steht zu erwarten.

Neutrale Schiffahrt:

Nach Meldungen aus Lissabon und Amsterdam weigern sich eine Anzahl Besatzungsangehöriger holl. und griech. Schiffe die Ausreise wegen der bestehenden großen Minengefahr anzutreten.

Englische Kriegswirtschaft:

Nach dem Bericht eines V-Mannes aus Melilla hat die Compania "Minas del Rif" mit England und Frankreich einen Abschluß über die Lieferung von 150 000 bzw. 120 000 t Eisenerz bis Ende d.J. gemacht. Da das Erz noch in diesem Jahre verladen werden muß, ist mit regem Schiffsverkehr in Melilla zu rechnen.

C/Skl.   1/Skl.   Ia   Asto/II

Datum und Uhrzeit	Angabe des Ortes, Wind, Wetter, Seegang, Beleuchtung, Sichtigkeit der Luft, Mondschein usw.	Vorkommnisse

Anmerkungen

(1) In der Spalte für die meteorologischen Angaben finden sich folgende handschriftliche Eintragungen: 1. Zeile: "S. 30, 43, 83", das in Klammer gesetzte - nicht auflösbare - Wort stammt nicht von der Hand, welche die Notizen in den Zeilen 2 bis 6 machte. 2. Zeile: "91 (Luftangriff 13.XI.), 105"; 3. Zeile: "127 (X. Fl/ieger/. K/orps/ am 17.11.)"; 4. Zeile: "S. 134 (1. /!/ g/egnerischer/ Geleitzug am 18.11)"; 5. Zeile: "S. 156 (1. Minenabwurf d/urch/ He 59) u. 162"; 6. Zeile: "S. 250 'Besonderes' / /". Es ist nicht ersichtlich, welchen Zweck diese Bezugnahmen auf verschiedene Eintragungen im KTB dienten. Rechts, unter "Prüf.Nr. 1" wurde von Hand vermerkt: 1. Zeile: "auf F 07/03.40" und 2. Zeile: "Auswertung s. Sei 183/184" (unterstrichen), darunter: F 08/03.40". Diese Bemerkungen können sich - wie aus den Datierungen hervorgeht - nicht auf den vorliegenden Band des KTB beziehen.

(2) Der Band 3 des KTB wurde täglich vom Chef des Stabes der Seekriegsleitung, Konteradmiral Otto Schniewind (rot), vom Chef der 1. Abteilung der Seekriegsleitung, Konteradmiral (befördert am 1.11.1939) Kurt Fricke (blau), vom 1. Skl., Gruppenleiter Ia, Kapitän zur See Gerhard Wagner, und vom Asto 2, Korvettenkapitän Heinz Aßmann, abgezeichnet. Gleiches gilt für den Ob.d.M., Großadmiral Dr. h.c. Erich Raeder, dessen mit grünem Stift vorgenommene Unterschrift sich in der Regel links außen findet. Sie ist in der Faksimile-Wiedergabe schwer und mitunter nicht erkennbar. Im folgenden wird auf die Abzeichnung des KTB durch die genannten Personen nicht mehr hingewiesen.

(3) In der Spalte für die meteorologischen Angaben findet sich die handschriftliche Bemerkung (grün) des Ob.d.M.: "In amerikanischer Sicherheitszone". Zum Hinweis auf das Heft "Lage Handelsschifffahrt" siehe BA-MA RM 7/109: 1. Skl KTB Teil B VII, Handelsschifffahrt, (Bd 1) September 1939 - Dezember 1941.

(4) BA-MA RM 7/124: 1. Skl KTB Teil C II, Nordsee - Norwegen, (Bd 2) September 1939 - Oktober 1940, mit Unterlagen Mar.Gr.Kdo. West über Operation der Schlachtschiffe vom 18.-21.2.1940.

(5) Handschriftliche Verbesserung: "eigene".

(6) BA-MA RM 7/91: 1. Skl KTB Teil B V, Anlagen Allgemeinen Inhalts zum Teil A, (Bd 1) September 1939 - Dezember 1939.

(7) BA-MA RM 7/172: 1. Skl KTB Teil C VI, Minenkrieg, (Bd 1) 3.9.1939 - 21.1.1941, mit Studie (Frühjahr 1939) "Die Mine als Mittel der Blockade in einem Seekrieg England-Deutschland".

(8)   BA-MA RM 7/91 (s.o. Anm. 6) und BA-MA RM 7/198: 1. Skl KTB Teil C
      VIII, Völkerrecht, Propaganda und Politik, (Bd 1) August 1939 -
      Dezember 1939.

(9)   BA-MA RM 7/109 (s.o. Anm. 3).

(10) BA-MA RM 7/198 (s.o. Anm. 8).

(11) BA-MA RM 7/168: 1. Skl KTB Teil C V, Luftkrieg, (Bd 1)
      20.09.1939 - 19.12.1940.

(12) BA-MA RM 7/198 (s.o. Anm. 8).

(13) Von Hand korrigiert in: "Minensperre".

(14) Handschriftlicher Zusatz: "Grenze".

(15) BA-MA RM 7/91 (s.o. Anm. 6).

(16) Gestrichen "dürfen", dafür handschriftlich: "darf".

(17) BA-MA RM 7/118: 1. Skl KTB Teil C I, Kreuzerkrieg in außerheimischen Gewässern mit Lageüberblick Atlantik hinsichtlich der Panzerschiffe, (Bd 1) August 1939 - Mai 1940.

(18) Von Hand "Möglichkeit" in "Möglichkeiten" geändert.

(19) BA-MA RM 7/91 (s.o. Anm. 6).

(20) BA-MA RM 7/91 (s.o. Anm. 6).

(21) BA-MA RM 7/91 (s.o. Anm. 6).

(22) BA-MA RM 12 II/247: Oberkommando der Kriegsmarine - MAtt. -
      Kriegstagebuch des Marine-Attachés und militärischen Leiters der
      Großetappe Japan-China, (Bd 1) 25. August 1939 - 23. August
      1940.

(23) BA-MA RM 7/198 (s.o. Anm. 8).

(24) BA-MA RM 7/198 (s.o. Anm. 8).

(25) Handschriftlich ergänzt: "Kaptl. Dau". Kapitänleutnant Rolf Dau
      geriet am 13.10.1939 in britische Gefangenschaft. Sein Boot,
      U 42, wurde nach dem Angriff auf einen Konvoi versenkt. Vgl.
      auch Eintragung vom 13.11., S. 93.

(26) Von Hand ergänzt: "Stichwortangabe".

(27) BA-MA RM 7/118 (s.o. Anm. 17).

(28) Zum Lagevortrag am 10.11.1939 vgl.: Lagevorträge, S. 43-46.

(29) Punkt 7 ergänzt (grün): "7. Stützpunkte an holl.-belg. Küste".

(30) BA-MA RM 7/159: 1. Skl KTB Teil C III, Ostsee, (Bd 1) September 1939 - Dezember 1942.

(31) Gestrichen: "belgisches Fahrwasser", handschriftlich darüber: "die Zufahrt nach Antwerpen".

(32) BA-MA RM 7/891: Seekrieg 1939 Heft 4-1, B.d.U.: Befehle und Absichten, 22.8.1939 - 17.7.1940. Die genannten Operationsbefehle sind in der Akte enthalten.

(33) BA-MA RM 7/728: 1. Skl KTB Teil D 8 d (3. Skl), B-Berichte (Funkaufklärung), (Bd 1) 8.9.1939 - 5.1.1940 (Nr. 1/39 - 18/39 und
1 Sonder-B-Bericht).

(34) BA-MA RM 7/118 (s.o. Anm. 17).

(35) BA-MA RM 7/198 (s.o. Anm. 8).

(36) BA-MA RM 7/124 (s.o. Anm. 4), dort 1. Skl A I op Chefs. v. 13.11.1939: "Weisung für eine Unternehmung der Schlachtschiffe in der Zeit zwischen 15. und 25.11.1939".

(37) BA-MA RM 7/419: 1. Skl KTB Teil D 2, Auslandspresseberichte (Bd 7), 16.10. - 15.11.1939. Die Akte enthält die Berichte Nr. 469-525.

(38) Nach "englandfeindliche" handschriftlicher Zusatz (blau): " - wenn auch nicht eindeutig deutschlandfreundliche -".

(39) BA-MA RM 7/875: Fall "Gelb" Chefsache Bd 17, 5.11.1939 - 9.5.1940. Alle in dieser Akte enthaltenen Dokumente beziehen sich auf Aktionen der Kriegsmarine im Rahmen des "Feldzuges gegen Frankreich" und deren Unterstützung durch andere Wehrmachtteile. Unmittelbar dazu vgl. Hitlers Weisungen, S. 32 f.: Weisung Nr. 6 (Vorbereitung des Angriffs im Westen); S. 37-40: Weisungen Nr. 8 und 8a (Aufmarsch im Westen); S. 46: Weisung Nr. 10 (Aufmarschanweisung "Fall Gelb"). Zum Fall "Gelb" siehe: Das Deutsche Reich und der Zweite Weltkrieg, Bd 2: Klaus A. Maier, Horst Rohde, Bernd Stegemann und Hans Umbreit, die Errichtung der Hegemonie auf dem Kontinent, Stuttgart 1979, S. 244-275 (Umbreit), dort weiterführende Literatur.

(40) BA-MA RM 7/198 (s.o. Anm. 8).

(41) Gestrichen "und", handschriftlich geändert in "oder".

(42) Zu der allmählichen Verschärfung des Seekrieges gegen Großbritannien vgl. ADAP, D, Bd 8, Dok. 361, S. 324 f.: Aufzeichnung des Legationsrats von der Heyden-Rynsch (Pol.Abt.), vom 15.11.1939. In den Anmerkungen Hinweise auf weitere relevante Dokumente, u.a. abgedruckt in IMT.

(43) BA-MA RM 7/91 (s.o. Anm. 6).

(44) BA-MA RM 7/172 (s.o. Anm. 7).

(45) BA-MA RM 7/91 (s.o. Anm. 6).

(46) S.o. Anm. 42.

(47) BA-MA RM 7/198 (s.o. Anm. 8).

(48) BA-MA RM 7/661: 1. Skl KTB Teil D 4, Politische Übersicht, (Bd 1) 3.10. - 30.11.1939. Die Akte enthält die Übersichten Nr. 28-86, wobei allerdings die Nr. 30 fehlt (5.10.1939).

(49) BA-MA RM 7/661 (s.o. Anm. 48).

(50) BA-MA RM 7/172 (s.o. Anm. 7).

(51) BA-MA RM 7/728 (s.o. Anm. 33).

(52) BA-MA RM 7/91 (s.o. Anm. 6)

(53) BA-MA RM 7/91 (s.o. Anm. 6).

(54) BA-MA RM 7/118 (s.o. Anm. 17).

(55) BA-MA RM 7/91 (s.o. Anm. 6).

(56) Gestrichen "1700 Uhr", handschriftlich darüber "Hov".

(57) BA-MA RM 7/760: 1. Skl KTB Teil D 8 f. (3. Skl FH = Fremde Handelsschiffahrt), 20.11.1939 - 25.4.1940. Die Akte enthält die "Berichte Ausländische Handelsschiffahrt Nr. 1/39 - 4/39 (20.11. - 22.12.1939) und Nr. 1/40 - 7/40 (9.1. - 25.4.1940).

(58) BA-MA RM 7/91 (s.o. Anm. 6).

(59) BA-MA RM 7/172 (s.o. Anm. 7).

(60) Links außen handschriftlich (rot) angemerkt: "Hat es auch im letzten Krieg nicht!", Paraphe Schniewind.

(61) Direkt dazu ADAP, D, Bd 8, Dok. 367, S. 328: Aufzeichnung des Botschafters Ritter vom 17.11.1939. Dort Einzelheiten zum Vorgehen gegen fremde Handelsschiffahrt. Das Auswärtige Amt hegte zwar politische und völkerrechtliche Bedenken, wollte aber den Absichten der Marine dennoch zustimmen.

(62) S.o. Anm. 39.

(63) BA-MA RM 7/232: 1. Skl KTB Teil C XII, Wirtschaftskriegführung, März 1939 - November 1943.

(64) BA-MA RM 7/87: 1. Skl KTB Teil B II und IIa, Entwicklung der Lage in der Nordsee; Lageüberblick Nordsee/Norwegen, 25.8.1939 - 31.12.1943 (ohne 26.3.1940 - Juni 1941).

(65) BA-MA RM 7/91 (s.o. Anm. 6).

(66) BA-MA RM 7/177: 1. Skl KTB Teil C VI, Überlegungen des Chefs der Seekriegsleitung und Niederschriften über Vorträge und Besprechungen beim Führer, (Bd 1) 3.9.1939 - 27.12.1940 (Prüfnr. 1). Zum Vortrag am 22.11.1939 vgl. Lagevorträge, S. 46-49.

(67) Handschriftliche Ergänzung: "als erstrebenswert".

(68) BA-MA RM 7/760 (s.o. Anm. 57).

(69) BA-MA RM 7/661 (s.o. Anm. 48); und BA-MA RM 7/420: 1. Skl KTB Teil D 2, Auslandspresseberichte, (Bd 8) 16.11. - 15.12.1939. Dort auch die im Punkt 1.) der Eintragungen erwähnte "Auslandspresse Nr. 541".

(70) BA-MA RM 7/198 (s.o. Anm. 8).

(71) Vgl. dazu ADAP, D, Bd 8, Dok. 397, S. 362; Aufzeichnung des Staatssekretärs vom 28.11.1939. Bemerkenswerterweise enthält das KTB in diesem Zusammenhang keinen Hinweis auf die "Besprechung beim Führer" am 23.11.1939, zu der alle Oberbefehlshaber befohlen waren (Lagevorträge, S. 49-55). Hitler informierte bei dieser Gelegenheit über seine damalige Lagebeurteilung und weiteren Entschlüsse. Direkt zu dieser Ansprache vgl. Hans-Adolf Jacobsen, Fall Gelb. Der Kampf um den deutschen Operationsplan zur Westoffensive 1940, Wiesbaden 1957 (= Veröffentlichungen des Instituts für Europäische Geschichte Mainz, Bd 16), S. 59-64. Dort findet sich eine quellenkritische Erörterung und die historische Einordnung des Dokuments.

(72) BA-MA RM 7/124 (s.o. Anm. 4).

(73) BA-MA RM 7/198 (s.o. Anm. 8).

(74) BA-MA RM 7/420 (s.o. Anm. 69).

(75) BA-MA RM 7/420 (s.o. Anm. 69).

(76) BA-MA RM 7/420 (s.o. Anm. 69).

(77) BA-MA RM 7/91 (s.o. Anm. 6).

(78) BA-MA RM 7/91 (s.o. Anm. 6).

(79) Handschriftlich ergänzt: "zweckmäßig - wenn auch ... nicht".

(80) BA-MA RM 7/198 (s.o. Anm. 8).

(81) BA-MA RM 7/198 (s.o. Anm. 8).

(82) BA-MA RM 7/91 (s.o. Anm. 6).

(83) BA-MA RM 7/232 (s.o. Anm. 63).

(84) BA-MA RM 7/844: 1. Skl KTB Teil C IV, U-Bootskriegführung, (Bd 1) August 1939 - November 1940.

(85) Handschriftlich (rot): "Sehr richtig".

(86) BA-MA RM 7/91 (s.o. Anm. 6).